Karl-Wilhelm Weeber

COUCHSURFING IM ALTEN ROM

Zu Besuch bei Wagenlenkern, Philosophen, Tänzerinnen u. v. a.

wbg THEISS

Karl-Wilhelm Weeber, geb. 1950, ehem. Direktor des Wilhelm-Dörpfeld-Gymnasiums Wuppertal, ist Honorarprofessor für Alte Geschichte an der Universität Wuppertal sowie Lehrbeauftragter für die Didaktik der Alten Sprachen an der Ruhr-Universität Bochum. Er hat zahlreiche Bücher zur römischen Kulturgeschichte verfasst, bei wbg Theiss sind von ihm zuletzt erschienen: *Die Straßen von Rom. Lebensadern einer antiken Großstadt* und *Neues über die alten Römer. Von A wie Aftershave bis Z wie Zocker.*

Die Deutsche Nationalbibliothek verzeichnet diese Publikation in der Deutschen Nationalbibliografie; detaillierte bibliografische Daten sind im Internet über www.dnb.de abrufbar.

wbg Theiss ist ein Imprint der wbg.

Die Herausgabe des Werkes wurde durch die Vereinsmitglieder der wbg ermöglicht.
Lektorat: Melanie Kattanek, Gunzenhausen
Gestaltung und Satz: Arnold & Domnick, Leipzig
Einbandgestaltung: Finken & Bumiller, Stuttgart
Einbandmotiv: Kline aus der Villa des P. Fannius Synistor in Boscoreale, nördlich von Pompeji. © akg-images/Werner Forman

Gedruckt auf säurefreiem und alterungsbeständigem Papier
Printed in Europe

Besuchen Sie uns im Internet: www.wbg-wissenverbindet.de

ISBN 978-3-8062-4418-2

Elektronisch sind folgende Ausgaben erhältlich:
eBook (PDF): 978-3-8062-4540-0
eBook (epub): 978-3-8062-4541-7

INHALT

EINFÜHRUNG

Corona und kein Ende, jedenfalls vorerst nicht. Was macht man als Sachbuch-Autor, wenn Verlage bei einem Buchprojekt über das ganz andere Image von „Corona" in der Antike – Lebensgenuss, Erfolg und Dankbarkeit – abwinken und der „analoge", eigentlich jedes Jahr „fällige" Rombesuch wegen der grassierenden Pandemie immer wieder aufgeschoben wird? Man beamt sich gewissermaßen in Gedanken ins alte Rom zurück und reist virtuell. Und zwar ins Jahr 60, in das Rom des Kaisers Nero. Couchsurfing ist als Reiseform heute in. Und es war in der Antike bei der „feinen" Gesellschaft weit verbreitet. Weil die Herbergen, Gasthäuser und Hotels wenig einladend waren, knüpften Wohlhabende sich ein möglichst dichtes Netz von Freunden und Bekannten, in deren Häusern sie auf Reisen übernachten konnten.

Mein virtuelles Couchsurfing ist breiter angelegt. Ich möchte unterschiedliche Lebens- und Arbeitswelten kennenlernen, nicht nur die der Oberschicht. Und wo es sich aus räumlichen oder anderen Gründen nicht anbietet, trete ich mit ganz unterschiedlichen Menschen wenigstens gesprächsweise in Kontakt. Im Lateinischen duzt man sich, im Deutschen unter Fremden nicht. Daher sind die Gespräche – auch aus Respekt vor den imaginären Gesprächspartnerinnen und -partnern – in die Sie-Form übersetzt.

Der Alltag der Römer ist mein Thema, ihre Kulturgeschichte experimentell in einem anderen Format darzustellen mein Anliegen in diesem Buch. Meine Spurensuche orientiert sich an Werken der lateinischen Literatur – bekannten und weniger bekannten. Ihnen habe ich einige Settings und Plots entnommen und dann mit historischem Wissen sozusagen aufgefüllt. Wer solchem „Histotainment" skeptisch gegenübersteht, mag gute Gründe dafür haben. Der Historiker soll sich auf möglichst festem Quellengrund bewegen. Das Fabulieren geht darüber hinaus. Allerdings habe ich mich durchweg an verlässliche Quellen gehalten; eine Übersicht über die Textstellen findet sich am Ende des Buches. Mir geht es darum, Geschichte lebendig zu halten – auch Alte Geschichte. Sie ist kein exotisches Terrain, sondern Teil unserer eigenen Geschichte, auch wenn diese Gewissheit zu schwinden scheint.

Umso wichtiger sind unterschiedliche, auch populäre Formen der Vermittlung, die die Interessierten da abholen, wo sie stehen. Dieses „Abholen" kennt man aus der Pädagogik. Es mag eine abgegriffene Metapher sein; Richtiges und Wichtiges beschreibt sie gleichwohl. Apropos Pädagogik. Dort gibt es nach wie vor zum Glück einen Raum, der das Bewusstsein für das alte Rom als Teil unserer Geschichte, Kultur und Sprache in besonderer Weise wachhält und fördert. Das ist der Lateinunterricht. Er hat sich selbst in schweren Corona-Zeiten bewährt, auch bei modernen digitalen Formaten. Was mich schon deshalb nicht überrascht, weil die Begriffe „modern", „digital" und „Format" allesamt auf die Sprache der alten Römer zurückgehen.

Karl-Wilhelm Weeber, im Januar 2022

ALS GERMANE IN ROM

1 Zu Gast bei Aulus Umbricius Scaurus, Fischsoßen-Produzent: „Mit Igittigitt hat das nichts zu tun!"

Das da vorn musste es sein – das römische Domizil des „*garum*-Königs" von Pompeji! „Eine *domus* im Villenviertel auf dem Aventin", hatte mir mein letzter Gastgeber den Weg gewiesen. „Es ist kein großes Kunststück, dort das Haus des Umbricius Scaurus zu finden. Notfalls fragen Sie in der Nachbarschaft, aber ich garantiere Ihnen, dass Sie auch so darauf stoßen werden", versprach er.

Als ich das Haus sah, war mir klar, was er meinte: Die Vorderfront ist mit Fresken geschmückt, die Fische und Amphoren zeigen. Einige der Amphoren sind beschriftet: *flos scombri Scauri*, las ich, oder *garum optimum ex officina Scauri*, „1A-Makrelen-*garum* des Scaurus" und „bestes *garum* aus der Produktion des Scaurus". Derartiges Wand-Marketing ist nicht üblich in Rom; ich hatte es bis dahin nur selten gesehen. In solch einem Nobelviertel abseits des City-Trubels war es umso weniger zu erwarten. Aber gut, der Besitzer ist ein Millionär aus der Provinz, in Pompeji eine stadtbekannte Persönlichkeit, der dort auch Spitzenämter bekleidet hat. In Rom dagegen spielt er, wenn er auch nicht gerade ein Nobody ist, gewiss nicht in der ersten gesellschaftlichen Liga.

Ich war sicher, an der richtigen Adresse zu sein, und klopfte an die Tür. Sie öffnete sich, und ein ziemlich mürrisch dreinschauender *ianitor* erschien auf der Bildfläche. Er musterte mich von oben bis unten und fragte dann nach meinem Anliegen. „Ich möchte Aulus Umbricius Scaurus sprechen, ich komme aus Germanien, und man hat mich angekündigt", sagte ich. – „Sind Sie *garum*-Importeur? Für Geschäftskontakte ist der Buchhalter zuständig. Unser Herr kümmert sich um solche Dinge nicht."

„Ich bin einfach ein Gast. Ihr Herr erwartet mich." – „Moment, ich frage nach." Er ging einige Schritte ins Haus zurück. Nach wenigen Augenblicken war er wieder da: „Hier weiß keiner von einem Gast aus Germanien. Wir kennen so was. Netter Versuch. Verschwinden Sie!"

Während des Gesprächs hatte ich einen Hund knurren hören. Die *cave-canem*-Warnung an der Hauswand war offenbar keine leere Drohung. „Sie vertun sich", erwiderte ich, „ich bin angekündigt und willkommen. Ein guter Freund des Scaurus hat bei Ihrem Herrn angefragt und eine positive Antwort erhalten. Aber gut, ich gehe. Vielleicht darf ich in einer Stunde noch mal nachfragen?" – „Am besten kurz vor der *cena*, was?", höhnte der *ianitor*. „Aber heute gibt's hier keine Party. Pech gehabt! Und jetzt Schluss mit dem Gerede! Scylax knurrt schon. Möchten Sie ihn kennenlernen?"

„Ich liebe Tiere", antwortete ich, „aber nur ohne Türhüter. Werde es später noch mal versuchen." Ich wandte mich ab, ziemlich frustriert und wütend. Das war meine erste Begegnung mit einem dieser berüchtigten *ianitores*. Ein Türsteher, wie er im Buche steht – oder besser: wie er in Satiretexten, die in Rom so kursieren, beschrieben wird: hochnäsig, arrogant, unzugänglich, ein Sklave, der sich als Herr aufspielt. Vielleicht wäre ich mit einem Trinkgeld weitergekommen. Aber was, wenn der Türhüter nicht bestechlich war? Das hätte meinen zweiten Versuch von vornherein zum Scheitern verurteilt. Andererseits: Reiche Leute müssen tatsächlich aufpassen, wen sie ins Haus lassen. Da hat der *ianitor* schon eine wichtige Vertrauensstellung – zumal auch die *arca* nur wenige Schritte von der Tür entfernt im Atrium steht, in der der Hausherr sein Geldvermögen aufbewahrt, im Fall des Scaurus ganz sicher erhebliche Summen. Ob das überhaupt so eine gute Idee ist, die Geldtruhe ausgerechnet dort zu platzieren, wo alle Besucher sie erblicken? Römische Familienväter sehen das offenbar anders: Diese *arca* ist ja auch ein Statussymbol, mit dem man punkten kann, und römische Hausbesitzer, den Eindruck hatte ich schon gewonnen, tun Einiges, um zu punkten. Und natürlich ist die Geldtruhe durch dicke Schlösser gesichert …

Mein Zorn verrauchte allmählich, während ich über den Aventin schlenderte. Hier hat sich in den letzten Jahren Einiges getan, dachte ich bei mir. Dass der Hügel jahrhundertelang sozusagen in der Hand der Plebs war, kann man nur noch an einigen Lagen erkennen. Anderswo sind mittlerweile aufwendige Stadtpaläste an die Stelle einer eher schlichten Wohnbebauung getreten. Die feine Gesellschaft hat den Aventin entdeckt. Das erklärt sich auch mit der Verkehrssituation: Der Hügel liegt etwas abseits der City: An der Osteite thront er gewissermaßen über dem Circus Maximus. Aber es gibt außer dem Clivus publicius nur wenige größere Durchgangsstraßen, und auch die *taberna*-Dichte ist deutlich reduziert. Ich bin mir sicher, dass die aristokratische „Metamorphose" des relativ ruhigen Viertels noch lange nicht zu Ende ist.

Nach einiger Zeit startete ich den zweiten Versuch. Sollte ich mich wirklich von einem aufgeblasenen Lakaien davon abschrecken lassen, einen der führenden *garum*-Produzenten Italiens kennenzulernen?

Entschlossen klopfte ich, bereit zu einem Konfliktgespräch. Aber es kam ganz anders. Der *ianitor* war wie ausgewechselt. Er begrüßte mich wie einen alten Bekannten seines Herrn, strahlte übers ganze Gesicht, als bereite mein Anblick ihm größte Freude. „Ein bedauerliches Versehen vorhin", entschuldigte er sich, „eine ärgerliche Kommunikationspanne in unserem Haushalt. Der *atriensis* hat den schuldigen Kollegen schon ordentlich in die Mangel genommen. Sie sind natürlich herzlich willkommen. Treten Sie ein, mein Herr erwartet Sie schon. Und er freut sich riesig auf Sie", fügte er hinzu – für meinen Geschmack ein bisschen zu emphatisch.

Ich trat in das Atrium. Mein Blick fiel auf einen schwarz-weißen Mosaikfußboden mit zahlreichen Bildflächen. In den meisten von ihnen haben die Mosaizisten kleine Amphoren mit gut lesbarer Beschriftung gelegt. Im Wesentlichen sah ich hier die gleichen „Inhaltsangaben", die auch die Fassade des Hauses schmücken: *garum* mit Spezifizierungen wie „Makrele" und „Muräne" sowie Qualitätsstufen. Kaum ein Etikett kommt ohne *flos*, „Blüte", aus; die Verdopplung *flos flos* bzw. die Hinzufügung eines Genitivattributs *flos floris*, „Blüte der Blüte", weisen auf besonders exquisite Fischsoßen hin. Das Atrium als Reklame-Raum – für römische Verhältnisse schon etwas Ungewöhnliches. Niemand, der dieses Atrium betritt, kann sich der Werbewirkung des Dekors entziehen: Scaurus betont den Markencharakter seines Produkts. Der Name des Produzenten fehlt auf kaum einer

Inhaltsangabe. Dass Besucher aus altem Adel die Nase rümpfen, wenn sie auf diesen originellen Bodenschmuck stoßen, kann ich mir schon vorstellen.

Während ich noch darüber nachdachte, stand er schon vor mir, der wohl bekannteste *garum*-Produzent seiner Zeit. Er begrüßte mich sehr freundlich, bat auch noch einmal „wegen der blöden Panne", wie er sagte, um Verzeihung und deutete meinen erstaunten Blick ganz richtig: „Sie wollten einen *garum*-Spezialisten kennenlernen und haben, als sie ins Atrium traten, sofort erkannt, dass Sie an der richtigen Adresse sind, stimmt's? Ja, wissen Sie, meine Aristokraten-Freunde hier in Rom schmücken ihr Atrium mit den Wachsmasken ihrer berühmten Vorfahren. Das ist ja mit Verlaub auch eine Form der Eigenwerbung. Ich bin nur ein schlichter Kaufmann aus Pompeji und handle mit Fischsoße. Und das kann und soll auch jeder wissen, der in meine Häuser kommt – mein ‚Stammsitz' in Pompeji ist ähnlich geschmückt. Dem *garum* verdanke ich übrigens auch dieses Haus in Rom. Bei den Grundstücks- und Baupreisen in der Hauptstadt müssen Sie schon ordentlich was auf den Tisch legen, wenn Sie sich hier eine *domus* leisten wollen. Rentiert sich aber auch geschäftlich. Hier knüpfe ich viele lukrative Kontakte. Denn hier sitzt das große Geld. Wenn Sie das anzapfen wollen, ist so eine Dependance eine gute Kapitalanlage."

„Den Eindruck macht Ihre prächtige *domus* durchaus", sagte ich, während Scaurus mich in einen Nebenraum führte. Wir nahmen in bequemen Korbsesseln Platz. „Und ich persönlich finde überhaupt nichts dabei, dass Sie Ihre Produkte auf geradezu künstlerische Weise präsentieren. Werbeprofis nötigen mir Respekt ab. Erstaunt bin ich allenfalls darüber, dass man für so einen Basisstoff der römischen Küche überhaupt werben *muss.*" – „Marktanteile fallen nicht vom Himmel, mein lieber Freund", entgegnete Scaurus. „Es gibt genügend Konkurrenten, die auch nicht schlafen, sowohl einheimische *garum*-Produzenten hier in Italien als auch Importeure. Das ist ein Muränenbecken, sage ich Ihnen, da wird mit harten Bandagen gekämpft. Außerdem gibt es zwei weitere Hindernisse, die man bekämpfen muss …"

Ein Sklave trat ein. Er brachte Gläser, eine Karaffe Wein und einen Krug Wasser. „Sie trinken doch auch ein Schlückchen Falerner mit", lud Scaurus mich ein. „Verdünnt oder nach germanischer Sitte *merum*?" – „Auch wenn Sie mich jetzt für einen barbarischen Alkoholiker halten, würde ich gern mal unvermischten Wein probieren", sagte ich, wohl wissend, dass ich damit das Klischee vom germanischen Säufer bediente. – „Ganz, wie Sie wollen", lächelte Scaurus, „trinken Sie nur *more Germanico* – auch wenn *more Romano* eigentlich der Gastgeber das Mischungsverhältnis bestimmt. *Ich* bleibe aber, wenn Sie erlauben, beim bewährten 1:1-Verhältnis."

„Sie sprachen von Hindernissen. Ich habe eher den Eindruck, dass der *garum*-Konsum geradezu boomt." – „Was gut läuft, kann noch besser laufen. Aber im Ernst: Sie haben recht. *Garum* ist bei uns nicht mehr wegzudenken. Aber erst seit ein paar Jahrzehnten. Bis vor zwei Generationen war das keineswegs so. So gesehen ist die Fischsoße also ein junges Produkt, und da müssen Sie die Nachfrage sozusagen am Köcheln halten, bevor der Absatz plötzlich zurückgeht."

„Und das zweite Hindernis?", fragte ich. – „Das sind ausgesprochen dämliche Vorurteile. Ja klar, wenn Sie kleine oder größere Fische in die pralle Sonne legen, um einen Fermentierungsprozess auszulösen, stinkt es. Gewaltig sogar. Aber nach zwei Monaten in den Gärungsbecken hat das schon lange aufgehört. Und wenn dann die Brühe durchgeseiht wird, entsteht erst das *garum*: Dünnflüssig ist es und von heller Farbe. Es schmeckt salzig und nach Fisch. Aber mit Igittigitt hat das nichts zu tun. Was aber sogar gewisse Prominente nicht daran hindert, von einer *pretiosa malorum piscium sanies* zu sprechen, einer ‚kostbaren Jauche aus faulenden Fischen'. Dieser Quatsch geht mir auf die Nerven."

„Verraten Sie mir, welcher Prominente sich so geäußert hat?" – „Einer, der auch als ehemaliger Erzieher unseres Kaisers seine Worte auf die Goldwaage legen sollte, bevor er eine aufstrebende Branche in Misskredit bringt: Seneca. Er behauptet dann auch noch, das *garum sociorum* verbrenne die Eingeweide der Menschen. Der Einzige, der sich dabei was verbrennt, ist er selbst, nämlich seinen Mund."

„‚*Garum* der Bundesgenossen' – ist das nicht die in Spanien produzierte Fischsoße? Und kommt Seneca nicht selbst aus Spanien?" – „Das ist ja der nächste Skandal bei dem Kerl! Der sollte es wahrhaftig besser wissen. Beschmutzt sein eigenes Nest!"

„Meinen Sie denn, dass sich viele Menschen vom kulinarischen Urteil eines Intellektuellen beeindrucken lassen?" – „Na ja, der erreicht mit seinen Schriften schon ziemlich viele – natürlich nur von denen, die lesen und sich Bücher leisten können. Aber das sind ja zum großen Teil die *opinion leaders*, die so was auch auf Partys mitnehmen – ist ja ein leichteres geistiges Gepäck als philosophische Dispute. Aber lassen Sie uns erst einmal ein Gläschen heben. *Bene tibi! Bene Caesari!*"

„*Bene tibi!* Und vielen Dank, dass Sie sich Zeit nehmen!" Ich nahm einen kräftigen Schluck. Der Wein war überraschend stark, ich schätzte an die 18 Prozent. „Sehr köstlich, Ihr Falerner", sagte ich, „aber wenn irgendwas die Eingeweide verbrennt, dann dieser starke Edelwein. Ich glaube, ich verdünne ihn doch lieber mit Wasser. Die Römer haben recht!" – „Das können Sie laut sagen. Man sieht's ja auch an unserer Stellung in der Welt", erwiderte Scaurus, und es blieb offen, ob da ein selbstironischer Ton mitschwang.

„Und mit Ihrer Werbung kämpfen Sie gegen Vorurteile im Sinne von ‚kostbare Jauche' an?" – „Und ob! Zumal ja ‚Jauche' und ‚wertvoll' eine ziemlich perfide Verbindung ist. Damit spielt Seneca darauf an, dass *garum* schon in einer etwas höheren Preisklasse angesiedelt ist. Das ist ja kein Billiggewürz, erst recht nicht der *flos gari*. Darunter versteht man den ersten Vorgang des Durchseihens."

„Aha, das ist also die ‚Blüte'. Und was bedeutet *flos flos* und *flos floris*?" – „Nichts anderes als *flos*. Aber es hört sich noch exquisiter an. Verbraucher lieben es, wenn sie das Beste vom Besten bekommen."

„Und dafür auch mehr bezahlen müssen?" – „Auch Illusionen haben ihren Preis. Wobei das *garum Scauri* schon ganz überwiegend Qualitätsware ist. Wir machen unseren Kunden mit blumigen Begriffen und schönen Adjektiven ein bisschen was vor, aber wir betrügen sie nicht."

„Das kann ich von meiner Erfahrung her bestätigen. Ihr *garum*, das gestern das *convivium* sozusagen würzte, war ja wirklich exzellent und hat bei mir den Wunsch geweckt, den Hersteller kennenzulernen. Dass der auch noch so ein gewiefter Werbeprofi ist, hätte ich nicht gedacht." – „Aber Sie sehen doch, wenn Sie durch die Stadt laufen, auch alle mögliche andere Werbung: auf Fassaden, an Läden, Buchhandlungen, Gaststätten und auch auf Verpackungen. Bei mir zu Hause in Pompeji stoßen Sie überall auf Wahlwerbung für die Kandidaten, die sich um die Spitzenämter bewerben. Oder auch für öffentliche Spiele im Amphitheater. Oder nehmen Sie die Sponsoren-Inschriften auf öffentlichen Gebäuden. Natürlich ist das auch eine Form der Werbung für den, der zehntausend oder dreißigtausend Sesterze für die Renovierung eines Tempels oder eines Bades gespendet hat. Sogar Legionen werben für sich mit Ziegelstempeln; das ist ja eine Art *made-by*-Reklame für den Produktionsstandort. Oder schauen Sie sich die Bilder und Slogans auf unseren Münzen an. Da wirbt der Kaiser für sein Programm oder allgemein für seine Herrschaft. Also –Werbung ist doch nichts Schlechtes."

„Ich wollte Ihnen mit dem ‚Werbeprofi' auch wirklich nicht zu nahe treten. Das war eigentlich eher als Kompliment gemeint. Darf ich fragen, woher Sie Ihr *garum* beziehen?" – „Wir haben Produktionsstätten vor allem in Kampanien, speziell in Pompeji. Da hat mein Vater den Betrieb gegründet: Fisch und Salz als Basiszutaten plus Sonne als Gärungsbeschleuniger – übrigens sehr viel natürlicher und qualitativ hochwertiger als die Billigkonkurrenz, die mit Aufkochen arbeitet. Als Rohstoffe kommen alle Fischarten infrage: Sardelle, Makrele, Lachs, Sardine und auch Aal."

„Und dann haben Sie expandiert?" – „Ja, wir beziehen mittlerweile beachtliche Mengen aus Spanien. Da gibt es an der wilden Küste jenseits der ‚Säulen des Herkules' eine Reihe von Orten mit vorzüglicher *garum*-Produktion. Unser Partner produziert in Baelo Claudia. Ich war selbst mal da: Eine kleine Stadt, wunderschön am Meer gelegen mit herrlichen Sandstränden – und dort kommen zweimal im Jahr riesige Thunfisch-Schwärme vorbei. Wegen der nahen Meerenge schwimmen die Fische dicht an der Küste, sodass man das Rohmaterial einfach nur noch einsammeln muss. Die Stadt lebt zum großen Teil von der *garum*-Herstellung, und das sind auch wirklich Spitzenqualitäten. Die Konsumentenpreise für dieses hervorragende *garum sociorum* sind erfreulicherweise stark gestiegen. Gerade bauen wir einen Vertrieb auf, der das berühmte *garum Scauri* auch in den Nordprovinzen des Reiches bekannter machen soll. Die Barbaren dort – oh, entschuldigen Sie, ich wollte Sie nicht beleidigen –, die Völker dort haben noch einen gewaltigen Nachholbedarf. Wie man hört, sind sie aber durchaus schon auf den Geschmack gekommen."

Als wäre ihm das herausgerutschte B-Wort wirklich peinlich, hob er sein Glas und stieß mit einem kräftigen *„Bene tibi! Bene Germanis!"* auf seinen Gast und dessen „barbarische" Heimat an. „Sie sehen, dass wir Römer die Errungenschaften unserer Kultur durchaus an unsere Untertanen und Nachbarn weitergeben", fügte er hinzu, „nicht nur Theater und Thermen, sondern auch *vinum* und *garum*. Und wenn ihr da oben im Norden den kulinarischen Wert noch nicht in vollem Umfang erkennt: Unser Wundergewürz verfügt auch über heilende Kräfte. Als Medikament hat es sich bei frischen Brandwunden bewährt, auch bei Tierbissen – etwa von Hunden und, nun ja, Krokodilen; außerdem ist es gut gegen Ohren- und Mundgeschwüre, bei Hüftweh, Unterleibs- und Kopfschmerzen. Wenn Sie es in größerer Menge zusätzlich zu Öl, Kohl oder Linsen einsetzen, wirkt es auch als Abführmittel. Ein echtes Breitbandtherapeutikum!"

„Das ist jetzt aber keine Werbepoesie à la *flos floris*?", deutete ich eine gewisse Skepsis an. – „Sie trauen mir aber auch alles zu", erwiderte Scaurus aufgeräumt. „Nein, das ist tausendfach erprobt und erwiesen. Sie können es auch in der seriösen Fachliteratur nachlesen. Oder fragen Sie einfach einen erfahrenen Arzt! In Pompeji beliefern wir einige Arztpraxen sogar mit *garum optimum*. Aber natürlich sind Küche und Gastronomie mit Abstand der Hauptmarkt. Da zeichnen sich neue Absatzchancen mit Spezialprodukten ab."

„Nämlich?", fragte ich höflich. Scaurus erwartete die Frage, und ich wollte ihn nicht enttäuschen. – „Mischungen mit anderen Flüssigkeiten: *oenogarum* mit Wein, *oxygarum* mit Essig und – allerdings weniger nachgefragt – *hydrogarum* mit Wasser. Diese Mischungen kann ja jeder eigentlich selbst herstellen. Aber Misch-*garum*-Rezepte vom Spezialisten sind natürlich noch etwas ganz anderes", setzte er lächelnd hinzu.

„Jetzt haben Sie mich aber tief in die Geheimnisse eingeweiht, die sich mit dem berühmten *garum Scauri* verbinden", fasste ich meinen Eindruck mit nicht allzu viel Augenzwinkern zusammen und griff zu meinem Weinglas: *„Bene Scauro, bene garo, bene Scauri garo!"*, prostete ich ihm zu. „… ich würde mir nur gern auch mal die *garum*-Logistik ansehen – überhaupt hier die Logistik im Stadthafen von Rom. Da ist *garum* ja wohl nur ein Importgut unter vielen." – „Aber schon ein nennenswertes, lieber Freund! Unterschätzen Sie nicht, wie viele *garum*-Amphoren aus Unteritalien, Nordafrika und Spanien – ich sage nur: Baelo Claudia – da jeden Tag hereinkommen! Aber wissen Sie was: Ich habe da unten am Emporium einen Freigelassenen; tüchtiger Mann, den ich gern in meiner Mannschaft gehalten hätte. Aber er wollte partout in die Selbstständigkeit, hat es jetzt zum stellvertretenden Leiter eines Lagerhauses gebracht. Der wird Sie sicher gern ein bisschen herumführen. Sagen Sie ihm einfach schöne Grüße von seinem *patronus*. Ich vermisse ihn. Wenn er will, kann er sofort wieder bei mir anfangen – natürlich erst, wenn er Ihnen den Hafen gezeigt hat."

„Wunderbar", sagte ich. „Ich will Ihre Zeit dann auch nicht weiter beanspruchen. Ganz, ganz herzlichen Dank!" – „Das wäre ja noch schöner, wenn ich Sie jetzt gehen ließe!" Scaurus klang tatsächlich entrüstet. „Sie bleiben natürlich hier, sind heute Nachmittag beim *convivium* mein Ehrengast. Es ist heute nur eine kleine Gesellschaft, aber mein Koch wird uns mit manchen Genüssen verwöhnen – und mit pikanten Gewürzen."

„Am Ende mit *garum Scauri*?" – „Wie kommen Sie denn darauf?", führte mein Gastgeber die Ironie fort und brachte mich, als ich seine Einladung dankend angenommen hatte, in ein *cubiculum*: „Eines unserer bescheidenen Gästezimmer", erläuterte er. „Machen Sie es sich bequem, ruhen Sie noch ein bisschen aus. Unser *convivium* wird sich sicher ordentlich in die Länge ziehen. Ich lasse Sie dann rechtzeitig von einem Sklaven abholen."

Es wurde dann tatsächlich ein langer Abend in netter Gesellschaft. Und zwar ganz ohne weitere *garum*-Lektionen. Scaurus wusste offenbar, dass man mit zu viel Werbung seine Mitmenschen auch anöden und nerven kann. Das Wort *garum* fiel kein einziges Mal.

2 Zu Gast bei Lucius Umbricius Gerulus, Lastenträger und Lagerverwalter: „Ein Handelsplatz der ganzen Welt – ohne Übertreibung."

Ein strahlender, warmer Spätsommertag war angebrochen, als ich mich vom Haus des Aulus Umbricius auf den Weg machte. Mein Gastgeber hatte mir den Besuch eines seiner ältesten *clientes* empfohlen. Von ihm könne ich eine Menge über die *garum*-Logistik und den Warenverkehr nach und in Rom erfahren, hatte er in Aussicht gestellt. Das Lagerhaus, in dem Umbricius Gerulus tätig ist, liegt wie seine *domus* in der 13. Region, „Aventinus", direkt am Tiber. Die Gegend heißt Emporium, griechisch für „Handelsplatz" – denn eben dort machen die meisten Tiberschiffer fest und löschen ihre Ladungen. Ich musste also nicht allzu weit gehen, und ein Lagerhaus wie die *horrea Albi* müsste leicht zu finden sein. Dachte ich. Am Fuß des Aventins angekommen, merkte ich aber schnell, dass das ein Irrtum war. Denn das ganze Viertel ist mit Lagerhallen geradezu übersät. Sie erstrecken sich am Fluss entlang und weiter nach Süden, unterbrochen nur von der riesigen Porticus Aemilia mit ihren Speichern, Schiffswerften und Handelshöfen.

Das hier war also der „Bauch" der Millionenstadt; hier werden all die Güter gelagert, die das Überleben der Bewohner sicherstellen: Getreide und Öl, Wein und *garum*, aber auch andere haltbare Lebensmittel, Gebrauchsgegenstände, Töpferwaren und Baumaterialien. Selbst Marmor wird hier eingelagert, bevor er zu den Baustellen in der City gebracht wird. Unmittelbar am Tiberufer liegen Arbeitsstätten der *marmorarii*: Sie behauen die von den Schiffen abgeladenen Blöcke schon grob – Rohlinge sozusagen, die dann in den *horrea* schlummern, bis sie für einen Tempelbau oder ein vornehmes Privathaus „abgerufen" werden.

Und überall sind hier Träger unterwegs. Sie schleppen Säcke auf den Schultern von den Schiffen und bringen sie in die Speicher; sie transportieren Amphoren auf Karren und ächzen unter den schweren Lasten. Manches wird, sobald es von Bord getragen wird, auch auf Maultiere umgeladen. Schwere Ochsenfuhrwerke sind dagegen kaum zu sehen. Für die kurzen Strecken in die *horrea* lohnt sich der Aufwand nicht; außerdem sind die meisten Wege zu eng und Treppenstufen für Gespanne nicht zu befahren. Und was über eine weitere Entfernung direkt ins Stadtzentrum gebracht werden soll, muss eh auf die Nacht warten: Das Tagesfahrverbot wird nach meinem Eindruck ziemlich strikt befolgt. Mit Ausnahme der Baufahrzeuge für Sakralbauten natürlich; die haben auch tagsüber freie Fahrt. Na ja, angesichts des notorischen *traffic jam* besser formuliert: Sie dürfen sich im Schritttempo bewegen ... Geprägt ist das Bild aber von direkter Muskelkraft, wenn ich so sagen darf: Männer und Tragetiere sind in unermüdlichem Einsatz, um die Versorgung der Riesenstadt zu gewährleisten.

Angesichts der Vielzahl der großen und kleinen *horrea* war es reichlich naiv gewesen von mir, davon auszugehen, dass ich den „richtigen" Speicher auf Anhieb finden würde. Sicher, er sollte unmittelbar am Tiber liegen, aber da liegen etliche – und natürlich wie das meiste in Rom ohne Beschilderung oder gar Wegweiser. Wie so oft musste ich mich wieder durchfragen. Das gehört hier dazu, die Passanten sind daran gewöhnt und geben meist bereitwillig Auskunft – wenn sie nicht gerade unter Zeitdruck stehen. Die Aufseher achten schon darauf, dass Verschnaufpausen die Ausnahme bleiben. Das gilt für unfreie wie für freie Hafenarbeiter. Unterscheiden kann man als Beobachter nicht, welchen Rechtsstatus der Einzelne hat.

Ich bekam also auf meine Frage nach dem *horreum Albi* nur sehr knappe Antworten und mit dem Kopf angedeutete Richtungsangaben. Der eine oder andere konnte mit der „Adresse" gar nichts anfangen, zuckte mit den Achseln und ging einsilbig weiter. Aber irgendwann war ich am Ziel – und wurde auch rasch an Umbricius Gerulus „weitergereicht". Als zweiter Mann, Vize-*vilicus* des Lagerhauses, war er natürlich bekannt. Ein drahtiger Vierzigjähriger stand da vor mir, bartlos, mit sonnengebräuntem Gesicht und, wie alle, die hier zu tun haben, mit einer dunklen Tunika bekleidet. Die Leitungsfunktion sah man ihm nicht an, wohl aber, dass er weiß, was Tragen heißt, und dass er wohl auch oft genug noch selbst mit anpackt.

Ich stellte mich vor, berichtete ihm, dass er gewissermaßen eine Empfehlung seines früheren Arbeitgebers sei, und erläuterte auch kurz mein Anliegen: „Ich finde es faszinierend, wie alle diese Menschen hier in Rom zuverlässig mit lebenswichtigen Gütern versorgt werden, und hätte gern einen tieferen Einblick in diese Logistik. Auf dem Weg hierhin habe ich ja schon Einiges gesehen. Irre, was hier für ein Betrieb herrscht! Und wie wenig Zeit die Leute auch nur für ein kurzes Gespräch haben!" – „Ja, hier geht es richtig rund", lachte er. „Die Schiffe sollen möglichst schnell wieder nach Ostia zurückfahren, da wird von den Kontrolleuren ordentlich Druck gemacht. Auch wenn sie selbst penibel darauf achten, was da mit welchem Gewicht von Bord geht. Besonders beim staatlichen Getreide wird genau hingeguckt; die *mensores frumentarii*, die Getreidemessbeamten, beschränken sich meist nicht auf Stichproben!"

„Das heißt, es wird auch ziemlich genau Buch darüber geführt, was in die *horrea* eingelagert wird?", fragte ich. – „Und ob! Trotzdem gibt's genügend Leute, die zu tricksen versuchen – Leute im System, meine ich, die sich mit den Abläufen auskennen und wissen, wie man so Einiges rausschmuggelt und auf eigene Rechnung verkauft."

„Vermutlich auch der eine oder andere außerhalb des Systems?" – „Na klar, Diebe und Einbrecher treiben sich nachts gern hier herum. Aber die *horrea* sind gut bewacht, die staatlichen und kaiserlichen sowieso, aber auch wir Privaten verlassen uns lieber auf unsere Nachtwächter. Klar, das ist ein zusätzlicher Kostenfaktor, rechnet sich aber, wenn man sich nicht dauernd beklauen lässt. – Aber Sie sind ja sicher nicht hergekommen, um sich solche Einzelheiten über die Hafenlogistik anzuhören. Weshalb hat mein Ex-Chef Sie zu mir geschickt?"

„Ob Sie's glauben oder nicht: Genau wegen dieser Insiderinformationen. Ich finde es spannend, wie die Versorgungsketten hier funktionieren, und würde mir das gern von einem echten Insider erklären lassen. Der sind Sie ja wohl, und vielleicht könnten Sie mich auf einen kleinen Rundgang durch das Logistikviertel hier am Tiber begleiten? Hätten Sie Zeit dafür?" – „Na ja, ob ich da der Richtige bin ... Aber gut, sicher bin ich schon ein paar Jahrzehnte im Transportgeschäft, und da schnappt man so Einiges auf. Also – grundsätzlich gern. Aber Sie wissen ja, ich bin hier nur der Vize-Chef. Und Publius, der Vorsteher unseres Lagerhauses, legt größten Wert darauf, dass er gefragt wird und er einem was ‚gewähren' kann. Er ist Sklave, wissen Sie. Und da ist es gut fürs Ego, wenn man mal um etwas gebeten wird ..."

„Verstehe. Und Ihnen macht das nichts aus, als freier Mann sozusagen unter einem Sklaven zu arbeiten?" – „Das gibt's in Rom viele Hundert Mal. Fast eine Selbstverständlichkeit, jedenfalls keine Ausnahme. Und wenn der Chef einen ordentlich behandelt, ist mir das auch egal. Sofern er Ahnung hat. Und die hat Publius. Der packt auch noch selbst mit an, wenn's eng wird. So wie ich auch. Ich frag ihn mal, bin gleich wieder da."

Nach wenigen Augenblicken kam Umbricius zurück. „Alles klar", sagte er, „ein, zwei Stündchen sind drin, ‚ohne Nacharbeiten', hat Publius großzügig hinzugefügt ... Die vielen *horrea* haben Sie bestimmt schon gesehen" – Umbricius zeigte in nördliche Richtung. „Wir liegen hier ziemlich im Süden der Speicheranlagen, aber es werden ständig neue gebaut."

„Wegen der steigenden Bevölkerungszahl?" – „Ja, einerseits, Rom ist ja ein Magnet, der Neubürger geradezu magisch anzieht – zehntausend im Jahr bestimmt, schätze ich –, andererseits aber auch, weil immer mehr Waren eingeführt werden. Auch exotische aus Arabien, Spezereien und teure Salben, oder auch Seide von der Serern. Rom ist ein Riesenmarkt, weil die ‚Oberen' jede Menge Geld haben und wie wild konsumieren. Die machen da, glaube ich, eine Art Wettkampf daraus. Kein Wunder, dass sich viele Kaufleute ‚dranhängen' und auswärtige Großhändler und Reeder aus aller Herren Ländern hier und vor allem in Ostia Agenturen und Büros haben. Da verdient sich manch einer 'ne goldene Nase – auch wenn manche Schiffsladungen komplett in Neptuns Rachen verschwinden. Pech gehabt, sagen die dann achselzuckend und beladen das nächste Schiff. Und wir hier schleppen dann das ganze Zeug", fügte er lachend hinzu.

„Aber doch auch mithilfe von Kränen", sagte ich und zeigte auf die zahlreichen Seilwinden an den Kais. – „Ja sicher, um die Amphoren aus den Schiffen zu heben, sind unsere mechanischen ‚Kollegen' sehr hilfreich. Aber auch sie müssen natürlich mit Muskelkraft in

Gang gehalten werden. Und für den Umschlag der meisten Güter benötigen wir jede Menge Lastenträger. Klar, für den Weg zu den Märkten kann man auch Maultiere einsetzen, aber innerhalb des Hafens – von den Schiffen zu den Lagerhallen – läuft nichts ohne *geruli*, Träger."

Wie zum Beweis seiner Aussage zog gerade ein langer Zug von Getreideträgern an uns vorbei, alle mit einem schweren Sack auf der Schulter. „*Saccarii*", sagte mein Hafen-‚Führer' und wies auf die schwitzenden und ächzenden Männer, „ohne die läuft beim Getreidetransport nichts. Eine superschwere Tätigkeit, wenig Pausen, harte Kontrollen, damit nichts verschwindet. Man kann davon leben, aber viel mehr auch nicht. Immerhin ein Job auf Dauer. Ohne Angst, dass sie dich morgen nicht mehr brauchen. Nur krank werden darfst du nicht, dann bist du schnell draußen – wie überall. Übrigens: die *saccarii* haben eigene Berufsvereine; einmal im Monat treffen sie sich, so wie andere *collegia* auch. Ich glaube auch nicht, dass die Säcke so bald durch andere Verpackungen abgelöst werden. Die haben sich bewährt. In Provinzen im Norden setzen sie ja jetzt, höre ich, viel auf Holzfässer. Holz haben sie ja genug. Hier wird sich das nicht durchsetzen, glaube ich."

„Sie selbst haben den Knochenjob des Lastenträgers auch eine Zeit lang gemacht?", fragte ich. – „Viele Jahre, zuerst bei meinem *patronus*, der Sie hergeschickt hat, danach, als er mich freigelassen hatte, einige Zeit als Freiberufler. Als selbstständiger Unternehmer, wenn Sie so wollen. Knallhart, sage ich Ihnen, kein Vergleich mit der Arbeit beim *garum*-Produzenten."

„Ich wundere mich auch, dass Sie da weggegangen sind. Der war doch sehr zufrieden mit Ihnen; mir gegenüber hat er geradezu von Ihnen geschwärmt: ‚Von solchen Leuten bräuchte man mehr.'" – „Die Arbeit war durchaus ok; auch nicht zu viele unbezahlte *operae*, wie andere ehemalige Herren sie in den Freilassungsvertrag reindrücken. Auch die Bezahlung war nicht schlecht."

„Aber Sie wollten lieber auf eigenen Beinen stehen? Den Rücken sozusagen nur für sich selbst krumm machen? Selbst Chef sein?" – „Den Chef vergessen Sie mal schnell. Wissen Sie, es ist nicht immer leicht mit dem eigenen Freilasser. Ich will mich nicht beklagen; ich verdanke Scaurus viel. Das ist schon eine große Wohltat, wenn einer einen Sklaven freilässt – auch wenn man die Steuer selbst berappt. Man ist danach ein freier Mann, aber viele lassen es einen doch spüren, wo man herkommt. *Macula servitutis* – das ist nicht nur so ein Wort. Und Scaurus, mehr will ich nicht sagen, hat nicht viel dafür getan, mich den ‚Makel der Sklaverei' nicht mehr spüren zu lassen. Im Gegenteil. Hat er mich mal zu einer seiner Partys eingeladen, dann wurde die Diskriminierung schon deutlich. Besseres Essen und Trinken für seine Freunde, und richtig ins Gespräch wurde man auch nicht einbezogen. Das hat mir nicht so gepasst, deshalb bin ich auf Distanz gegangen, eben auch räumlich."

„Ich glaube, ich weiß, was Sie meinen. Aber die Selbstständigkeit war ein hartes Brot?" – „Und ob! Sie sind ja froh, wenn Sie Aufträge kriegen – auf den Märkten, am Bau, von Geschäftsleuten oder auch von Touristen, die Sie ihr Gepäck schleppen lassen. Aber die Leute sind manchmal total dreist, kommandieren einen rum, machen Druck ohne Ende, dass du mehr trägst, als du eigentlich kannst, und natürlich alles immer ganz schnell, zack, zack. Denen muss man schon mal klarmachen, dass sie *einen Menschen* gemietet haben, keinen Gaul oder ein Lastschiff zum Steintransport. Da hilft nur noch zetern und furzen. *Die* Sprache verstehen sie."

„Als Wasserträger ist es vermutlich auch nicht einfacher? Da erlebt man andere Sachen, habe ich gehört." – Umbricius lachte: „Schon klar, worauf Sie anspielen. Den *aquarius* habe ich auch zwischendurch mal gemacht. Auch kein Traumjob, mit vollen Wasserkrügen vier, fünf Stockwerke hoch, und das praktisch von morgens bis abends. Und mit den erotischen Abenteuern, die Sie da angeblich erleben, ist es auch nicht weit her. Ist mir ganz selten passiert, dass da eine Hausfrau was von mir wollte."

„Woher kommt dann dieses Gerücht?" – „Wahrscheinlich davon, dass Prostituierte häufig Auftraggeber von *aquarii* sind. Die brauchen ja schon 'ne Menge Wasser; manche schicken ihren Wasserträger auch als Werber für sich durch die Gegend. Hab ich mir nicht angetan; da müssen Sie sich von den Leuten ganz blöd anmachen lassen – noch blöder als sonst."

„Und dann sind Sie schließlich als stellvertretender Leiter Ihrer *horrea* hier am Emporium gelandet?" – „Genau. Und zwar über die Tätigkeit als *horrearius*, Lagerarbeiter. Erst als Vorarbeiter, dann noch ein Stück weiter hoch. Du musst dich durchsetzen und ein bisschen organisieren können. Auch lesen und schreiben. Na ja, so in etwa. Es dauert schon, bis ich mehrere Wörter hintereinander entziffert habe."

„Die meisten Lastenträger können das nicht?" – „Nein, woher denn?"

„Aber auf vielen Säcken und Amphoren steht doch, was drin ist, wie schwer es ist, woher es kommt oder für wen es bestimmt ist." – „Dafür braucht man ja ein paar Leute wie mich, die das lesen können!", lächelte er. „Aber auch die normalen Kollegen kennen natürlich die Schriftbilder von *vinum*, *garum* und so weiter und die Gewichtsabkürzungen – einfach als Bilder."

Während des Gesprächs waren wir ganz nah an den Tiber getreten. Ich sah, wie einige Männer von einem Boot aus nahe am Ufer in den Fluss sprangen und tauchten. „Wassersportler? Hier im Hafen?" – „Nee, in *die* Brühe steigt keiner freiwillig. Die Leute werfen ja alles in den Tiber", empörte sich mein Begleiter, „schön bequem, aber der Fluss verdreckt so ganz heftig. Nein. Da vorn, das sind *urinatores*, Taucher, die ins Wasser gefallene Waren zu bergen versuchen. Bei dem Betrieb hier geht ja so Einiges über Bord. Da braucht ein Träger auf dem Steg zwischen Schiff und Kai nur mal kurz aus dem Gleichgewicht zu kommen, und schon landet eine Kiste oder was anderes im Wasser. Das holen die *urinatores* wieder raus, wenn es von Wert ist. Zumindest versuchen sie es. Und glauben Sie mir: Das sind Profis, die geben so schnell nicht auf. Die haben sogar einen eigenen Berufsverein, zusammen mit den ‚Fischern des Tiberbetts'. – Tüchtige Leute", fügte er anerkennend hinzu, als zwei gerade wieder auftauchten und irgendwelche Gegenstände triumphierend in die Höhe streckten, und: „Offenbar keine ausgelatschten Schuhe oder irgendein kaputter Pisspott, was die da als ‚Beute' rausgezogen haben."

Tatsächlich ist es nicht erstaunlich, dass beim Entladen so manches im Wasser landet. Unser Blick fiel auf etliche Schiffe, die am Kai lagen, andere näherten sich, von Treidlern oder Zugtieren gezogen, dem Hafen, wieder andere waren tiberabwärts auf dem Weg zurück nach Ostia. „Meistens hat man ja vor lauter Arbeit keine Zeit dafür", kommentierte mein Begleiter diese Aussicht, „aber wenn man sich das mal in Ruhe ansieht, ist dieser Hafen geradezu ein Wunder. Eine irre Jobmaschine außerdem: dreitausend Träger nur für die Einlagerung des Getreides; pro Schiff rechnet man eine Viertelstunde Entladungszeit, im Sommer wegen der längeren Tagesstunden noch weniger, dann sind alle Säcke von Bord. Bei Amphoren und sperrigen Kisten mit anderen Gütern dauert das Löschen der Ladung natürlich länger. Na, was meinen Sie, wie viele Schiffe allein mit Getreide Rom jedes Jahr anlaufen?"

„Wenn ich das hier so sehe, würde ich schätzen: zweitausend." – „Legen Sie noch einen Tausender drauf! Es sind rund dreitausend; acht Flussschiffe pro Tag im Durchschnitt. Und, wie gesagt, nur für die *annona*. Sechzig Millionen *modii* brauchen wir schon, besser noch mehr, denn ungefähr ein Fünftel geht beim Umladen sowie durch Hitze und Nässe verloren."

„Haben Sie auch die Zahlen für andere Grundnahrungsmittel im Kopf?" – „Klar, das weiß man, wenn man hier so lange arbeitet wie ich: Mehr als eine Viertel Million Amphoren Öl und vier Millionen Amphoren Wein."

„Beeindruckende Zahlen", sagte ich und fügte grinsend hinzu: „Auch ein ordentlicher Weinkonsum pro Kopf!" – „Und da kommt auf dem Landweg *auch* noch Einiges in die Stadt. Aber wissen Sie, das Tolle ist eigentlich, dass außer diesen Grundnahrungsmitteln und gigantischen Mengen an Baustoffen – nicht weit von hier landen die Schiffe mit Marmor an … –, ich meine, dass da Waren aus der ganzen Welt hier ankommen, aus Griechenland und Syrien, aus Arabien und sogar von den Serern. Ich weiß, dass ich da nur ein ganz kleines Licht bin, aber ich genieße es trotzdem, in dieser weltumspannenden Handelsmaschinerie ein Rädchen zu sein."

„Diese Stellung Ihrer Stadt als Handelsmetropole der Superlative gibt Ihnen persönlich etwas, verstehe ich das richtig?“ – „Genau so. Wissen Sie, ich habe neulich die Rede eines griechischen Profi-Redners auf Rom gehört. Natürlich übertreiben diese Leute kräftig, um uns zu schmeicheln. Aber was er zu unseren Häfen und zu unserem Import gesagt hat, das stimmt haargenau: Entweder man reist in der ganzen Welt herum, so hat er gesagt, um alles anzuschauen – oder man kommt einfach nach Rom. Da findet sich alles, was bei allen Völkern wächst oder produziert wird. Lastschiffe ohne Ende bringen Waren aus aller Herren Ländern hierher: Einen ‚Handelsplatz der ganzen Erde‘ hat er Rom genannt. Und das ist nicht übertrieben, wenn ich auf die Warenströme schaue, die sich hier in die *horrea* und direkt auf die Märkte ergießen. Selbst unser relativ kleiner Speicher könnte Ihnen da Geschichten erzählen – wenn die Waren reden könnten, die wir einlagern und weiterverkaufen.“

„Das klingt so, als hätten Sie das Narrativ von der *domina Roma* völlig verinnerlicht …“ – „Narrativ? Ich weiß nicht genau, was Sie damit meinen, aber eine ‚Erzählung‘ ist das nicht nur, sondern blanke Realität. Für Rom jedenfalls ist das klasse, dass wir Herren der Welt sind. Auch wir kleinen Leute profitieren davon. Schauen Sie sich um, wie viele Arbeitsplätze der Hafen hier – und übrigens auch der in Ostia – garantiert. Sicher, die ganzen Edelwaren rauschen an uns vorbei. Wir dürfen sie nur von A nach B befördern. Aber nur so kriegen viele von uns ihre Familien satt. Ich finde schon, dass der griechische Schmeichelredner völlig recht hat, wenn er Rom als einzigartigen Umschlagplatz aller möglichen Güter rühmt und das ständige Ein- und Auslaufen der Schiffe hier als nie dagewesenen Glücksfall schildert. Der erzählt nicht nur, *narrat*, wie Sie sagen, der listet Fakten auf!“

„Entschuldigen Sie. Mit dem ‚Narrativ‘ wollte ich Sie nicht angreifen. Ich selbst bin ja schwer beeindruckt, was hier los ist – und wie gut das aus meiner Sicht organisiert ist.“ – „Das ist es auch,“ erwiderte mein Begleiter, jetzt wieder relativ entspannt, „und das ist der Normalfall. Alltag sozusagen, was Sie jetzt bestaunen. Der kommt nur durcheinander, wenn der Tiber mal wieder verrücktspielt. Hochwasser bringt natürlich alles durcheinander, und die *urinatores* haben dann alle Hände voll zu tun. Zum Glück kommt das nur selten vor. Es gibt eine Vorwarnzeit – und die Sache geht schnell vorbei. Statistisch einmal in einer Generation geht es allerdings nicht so glimpflich ab. Da ist dann in den *plana*, Roms Ebenen, Land unter und die *horrea* werden schwer verwüstet. Wenn das Getreide nass wird, können Sie es direkt in den Fluss werfen zur Entsorgung. Kenne ich allerdings nur aus Erzählungen älterer Kollegen. So was muss ich nicht erleben ..."

„Kann ich mir vorstellen", erwiderte ich. „Dann wird die Versorgungslage in Rom vermutlich schnell prekär." – „Ist wohl so. Wie gesagt, weiß ich nur vom Hörensagen. Aber da ist es gut, dass viele Waren, auch viel Getreide, in die *horrea* in Ostia einlagert wird. Zur Not springen die dortigen Speicher ein, bevor die Getreidepreise in Rom explodieren. Da passt auch der Kaiser auf, dass gar nicht erst Hunger-Unruhen entstehen. Nero hat kürzlich sogar mal demonstrativ Getreide in den Tiber schütten lassen, als sich eine Knappheit anbahnte. Damals waren mehr als hundert Schiffe im Sturm gekentert bzw. von einem Großfeuer vernichtet worden. Das Signal ‚Wir haben genügend Vorräte' hat zum Glück funktioniert: Die Preise für Korn haben sich schnell normalisiert. Hinterher hörte man übrigens, dass das demonstrativ weggekippte Getreide durch zu lange Lagerung sowieso verdorben war."

„Sie sprachen vorhin von spezifischen Kais für Marmortransporte. Können wir uns einen davon ansehen?" – „Gern. Das ist kein weiter Weg."

Tatsächlich gelangten wir binnen Kurzem zu einem Marmorlager – der Blick darauf war zuvor nur von *horrea* verstellt gewesen. Schiffe waren gerade nicht an einem der großen Steine vertäut, aber „frische" Lieferungen stapelten sich noch auf dem Kai. Etwa ein Dutzend *marmorarii* waren mit der Bearbeitung der Blöcke beschäftigt – von Blöcken aus weißem und buntem Marmor, hauptsächlich gelbem afrikanischem Marmor sowie „Zwiebelmarmor" aus Griechenland.

Viele Rohlinge, Halbfabrikate, Säulenschäfte, Kapitelle und auch einige weitgehend fertige Skulpturen wiesen darauf hin, dass die eigentlichen Baustellen im Stadtzentrum durch Vorfertigung hier im Emporium entlastet werden.

„Wenn Sie wollen, zeige ich Ihnen abschließend noch etwas Besonderes“, bot Umbricius an. „Ich muss bald zu meinem Arbeitsplatz zurück, aber dafür reicht die Zeit noch. Und der geheimnisvolle Ort liegt nicht weit von unserem *horreum* entfernt.“ – „Geheimnisvoller Ort? Sie machen es ja spannend! Natürlich bin ich dabei!“

Wir wandten uns nach Süden und liefen eine Zeit lang an kleineren und größeren Speicheranlagen vorbei. Wohnhäuser gab es hier so gut wie keine. Nach einigen Minuten wies Umbricius mit dem Finger nach vorn: „Dort entsteht er – Roms achter Hügel.“

Ich schaute ihn erstaunt an. „Bisher wusste ich nur von den berühmten sieben Hügeln, und Sie wollen mir jetzt den achten präsentieren? Der sieht aber etwas anders aus“, merkte ich an, während wir ihm näher kamen.

„Deutlich anders“, schmunzelte mein Guide. „Und riechen tut er auch ein bisschen streng. ‚Achter Hügel‘ ist natürlich ein Spitzname, aber da ist was ganz Großes im Entstehen. Das ist eine Abfallhalde. Genauer gesagt: Ein Begräbnisplatz für Zehntausende Amphoren, die meisten in viele Teile zerborsten. Noch ist diese Deponie erst ein paar Meter hoch, aber sie wächst von Tag zu Tag. In ein paar Jahrzehnten werden sich Millionen Amphoren zu einem riesigen Scherbenberg auftürmen“, erklärte mir Umbricius.

„Was wird hier entsorgt – und vor allem warum?“, fragte ich. – „Amphoren, hauptsächlich aus der Baetica, aber auch aus Africa. In denen werden Öl und *garum* nach Rom gebracht. Den Inhalt – jeweils über zweihundert Pfund – können wir hier gut gebrauchen, aber mit der Verpackung können wir nichts anfangen: reiner Müll!“

„Könnte man die Amphoren nicht wiederverwenden?“ – „Könnte man schon, aber es lohnt sich nicht, die Dinger leer um die halbe Welt zurückzubringen. Jede davon wiegt leer fast hundert Pfund. Da haut man sie lieber hier in Stücke.“

„Und schafft so eine neue Sehenswürdigkeit in der Ewigen Stadt?" – „Ich fürchte, Müllhalden sind für Touristen eher uninteressant, auch wenn man ihnen fantasievolle Namen gibt."

„Sie wollen den ‚achten Hügel' nicht zum achten Weltwunder aufwerten?" – „Gute Idee, aber nicht sehr realistisch. Bisher hat der Amphorenfriedhof noch nicht einmal einen offiziellen Namen."

„*Mons Testaceus* vielleicht?" – „Vielleicht, wenn er noch ein bisschen gewachsen ist. So, ich muss mich jetzt aber sputen. Mein Chef wartet bestimmt schon."

„Sagen Sie ihm nochmals vielen Dank, dass er Sie freigestellt hat. Vor allem aber Ihnen ganz herzlichen Dank für die kleine Stadthafen-Tour. Sie waren ein wunderbarer Begleiter: interessant, informiert und präzise … – und nicht so redselig und uferlos in Ihren Ausführungen wie viele Ihrer professionellen Fremdenführer-‚Kollegen'." – „Sie waren ja auch ein guter Zuhörer! Wenn Sie nach Germanien zurückkehren, tun Sie mir dann einen Gefallen?"

„Und zwar?"

„Sehen Sie zu, dass die römischen *geruli* und *baiuli*, die *saccarii* und die *horrearii* in Erinnerung bleiben. Das sind alles systemrelevante Berufe."

„Sie haben ja Begriffe drauf! Aber ich verspreche es: Ich werde vom Ruhm der Lasten tragenden Muskelmänner im alten Rom künden."

3 Zu Gast bei Hylas, Wagenlenker: „Wie – Fairness?"

Ein paar Tage hatte ich im Haus des Marcus Ateius zugebracht. Er ist ein bekannter und wohlhabender Mann, allerdings auch einer, auf den viele nicht gut zu sprechen sind. Das liegt nicht an seinem Charakter oder Lebensstil, sondern an seiner Funktion: Er ist der Chef der „Blauen", der *dominus factionis venetae*, einer der vier Renngesellschaften. Und da sich in Rom fast jeder und jede zu einer „Farbe" bekennt, liegen seine Sympathiewerte bei den Fans der Weißen, Roten und Grünen im unteren Bereich, ja für die Ultras ist er eine regelrechte Hassfigur. Denn natürlich tut er alles, um bei Wagenrennen für möglichst viele „blaue" Siege zu sorgen. Schon in normalen Zeiten ist dieser Job nicht leicht; mit der Thronbesteigung Neros wurde er indes noch deutlich schwerer. Denn der Kaiser ist bekennender Anhänger der grünen Partei, und er macht keinen Hehl daraus. Im Gegenteil, er fördert „seine" Farbe mit allen Mitteln – und nicht nur mit erlaubten.

Nero setzt sich auch schon mal mit schmutzigen Tricks für die Grünen ein – was freilich dem Business des Circus-Sports nicht gerade fremd ist. Da wird auch mit Methoden gearbeitet, für die „unsauber" fast ein Euphemismus ist. Und das von allen Beteiligten: den Rennställen, den Wagenlenkern, den Zuschauern und den eingefleischten Fans. Von denen wenden sich manche sogar an Dämonen mit der Bitte, die Pferde und Wagenlenker der gegnerischen Parteien stürzen und zu Tode kommen zu lassen, sie nach Kräften zu behindern und zu quälen. In der Umgebung der Rennstall-Quartiere vergraben Hardcore-Anhänger bleierne Fluchtafeln mit solchen „frommen" Wünschen im Boden. Das einzig „Ausgleichende" dabei ist, dass es alle tun. Aber eben nicht alle mit inoffiziellem kaiserlichem „Segen" …

Ob diese verdeckte Hatespeech nicht sehr belastend sei, mit der seinen Rennfahrern da schwere Unfälle und sogar der Tod gewünscht werde, fragte ich Marcus Ateius einmal. Er lachte laut auf: „Wissen Sie, unsere Jungs, das sind harte Kerle, die lassen sich von so was nicht einschüchtern. Und außerdem", setzte er schmunzelnd hinzu, „ist das ja alles tief im Boden vergraben. Außer dem Dämon liest das keiner. Und ob der das ABC beherrscht, ist auch noch die Frage. Da sind eher die Sprechchöre im Circus ein Nerventest. Da müssen sich alle so Einiges anhören, zum Glück auch Anfeuerungsrufe der eigenen Fans. Wir von der Rennstallleitung passen da schon auf, dass das im richtigen Augenblick orchestriert rüberkommt. Aber wer die Nerven hat, mit einem Viergespann hart an der Wendemarke vorbeizurasen, den bringt so leicht nichts aus der Fassung. Dämonen! Das sind Ammenmärchen!"

Auch Marcus Ateius ist das, was er von seinen Wagenlenkern sagte: ein harter Hund, Geschäftsmann durch und durch, der mit eisernen Bandagen kämpft, wenn er mit den Beamten verhandelt, die die Spiele qua Amt ausrichten, aber aus eigener Tasche bezahlen müssen. Da wird heftig um die Konditionen gerungen, zu denen die vier *factiones* ihr „Rennmaterial" bereitstellen, und um die Höhe der Siegesprämien. Ateius ist sich wie seine Kollegen von den anderen drei Farben bewusst, dass sie über eine Oligopolstellung verfügen, dank derer sie auch überzogene Forderungen leicht durchsetzen können. „Es gibt zwar immer mal wieder Bestrebungen, neue Farben als Rennparteien zu etablieren", erzählte er mir bei einem Gespräch über seine Tätigkeit und die Macht eines *dominus factionis*. „Aber das wird nicht funktionieren. Nicht in Rom. Römer sind Traditionalisten. Woher sollen die Fans für diese neuen Rennställe kommen? Außerdem würde das kaum zu einer Eindämmung der Kosten führen. Das ist Wunschdenken der Spielgeber. Eher müsste das Budget aufgestockt werden. Aber das kommt sowieso nicht.

Im Moment läuft es übrigens bestens bei uns. Die Rennbegeisterung des Kaisers sorgt dafür, dass die spielgebenden Beamten uns bei den ‚Tarifverhandlungen' entgegenkommen müssen. Und wenn da auf der Gegenseite mal einer bockt und mauert, dann springt der Fiscus ein. Ein ärgerlicher Umweg. Mein Job ist verdammt fordernd, aber er macht trotzdem Spaß."

Das war deutlich zu merken. Ateius hat seinen „Laden" gut im Griff. Während ich bei ihm wohnte, sah ich ihn kaum. Er war ständig auf der Geschäftsstelle seiner *factio*. Sie liegt mitsamt Stallungen und anderen Gebäuden in einem gemeinsamen Komplex mit denen der

Konkurrenz; *stabula IIII factionum*, die „Ställe der vier Rennparteien", nennt sich die Gegend auf dem südwestlichen Marsfeld, etwas unterhalb des Tiberknies. In unmittelbarer Nähe befindet sich auch das *trigarium*, der Trainingsplatz für Pferde und Wagenlenker, den alle vier Farben benutzen. Wenn Ateius abends ein *convivium* ausrichtet, dreht sich auch meist alles um seinen Beruf. Der Mann ist sozusagen Tag und Nacht im Dienst seiner Farbe.

Da ich zu den Partys meines Gastgebers Zutritt hatte, bekam ich im Laufe meines Aufenthalts bei ihm eine Menge Insiderwissen mit, das ich aber – „Geschäftsgeheimnisse! Ich bitte Sie herzlich um Diskretion!" – unbedingt für mich behalten sollte. Es war natürlich die Direktorensicht, die ich da in besonderer Weise mitbekam, weniger die Perspektive der Wagenlenker. Von denen sind die meisten Sklaven, einige auch Freigelassene; bei den Blauen zumindest ist kein einziger „Normaler", das heißt frei geborener Römer, hörte ich heraus. Ob er mir nicht ein Treffen mit einem seiner Wagenlenker vermitteln könne, damit ich einen Einblick in deren Alltag bekäme, fragte ich meinen Gastgeber. – „Sehr gern", ging er sofort auf meine Bitte ein. „Sie könnten sogar Ihre Couch vorübergehend bei einem aufschlagen, natürlich nur, wenn Sie wollen. Ich denke da an einen unserer Nachwuchsfahrer, ein Riesentalent, der auch schon etliche Siege für uns eingefahren hat. Dem habe ich kürzlich ein eigenes Appartement zur Verfügung gestellt – ganz ungewöhnlich für einen Sklaven. Aber wir fanden, dass er sich das verdient hat. Der war sehr dankbar für diesen Vertrauensbeweis, und er wird sicher nichts dagegen haben, wenn ich Sie für ein paar Tage bei ihm unterbringe."

„Von mir aus sehr gern. Aber sollte er das nicht selbst entscheiden?" – „Ich will ihn ja fragen. Andererseits: Er ist Sklave, und das Appartement gehört unserer *factio*. Der sagt nicht nein. Der ist auch noch nicht so arrogant wie unsere Spitzenfahrer. Wir haben da einige, die schon mehrere Hundert Siege auf dem Konto und eine große Fangemeinde haben. Das steigt manch einem zu Kopf, wenn er als Idol gefeiert wird, mit großem Gefolge durch die Straßen zieht und überall spontan Beifall kriegt. So weit ist es mit Hylas noch nicht. Der stammt aus Kleinasien; unser Scout dort hat ihn vor ein paar Jahren entdeckt, hat ihn gekauft und nach Rom geschickt. Ein Super-Geschäft. Der Junge ist jetzt schon das Vielfache seines Kaufpreises wert."

„Klingt interessant", kommentierte ich und bedankte mich für sein Angebot. „Verstehe ich das richtig, dass es unter Ihren Wagenlenkern auch eine Rangordnung gibt?" – „Ja klar, das kann nicht ausbleiben. Wir sind hier in einem Umfeld, das von Konkurrenz geprägt ist. Die setzt sich auch in der einzelnen *factio* fort. Da gibt es den *primus agitator*, den Superstar einer Renngesellschaft, wenn Sie so wollen, und die besonders erfolgreichen Fahrer, die wir natürlich auch so oft wie möglich einsetzen – fünf, sechs Starts pro Renntag, wenn sie fit sind. Und es gibt Nachwuchsfahrer wie Hylas und Neulinge, die wir in anderen *circi* für ihren ersten Einsatz im Circus Maximus ausbilden und aufbauen. Ein breites Spektrum mit entsprechenden Hierarchien unter den Fahrern."

„Und im Rennen selbst sind sie dann auch Konkurrenten?" – „Unbedingt. Jede *factio* schickt im Normalfall drei Gespanne in jedes Rennen. Jeder der Drei kämpft für uns, aber auch für sich; es gibt so gut wie keine Stallorder, auch keine verbindlichen Absprachen unter den Wagenlenkern. Blau gegen Blau – auch solche Duelle erleben wir, manchmal so erbittert, dass man eingreifen möchte. Würde aber nicht funktionieren. Die Jungs sind auf Sieg gepolt. Klar, nicht jeder schafft's nach ganz oben. Da gibt's auch ein breites Mittelfeld, und viele bleiben während ihrer aktiven Zeit da drin. Aber den Ehrgeiz haben die alle, es in die Elite der Spitzenfahrer zu schaffen – und so ist dann auch der Einsatz."

Am nächsten Tag bestellte Ateius seinen Wagenlenker Hylas in sein Büro. Ich war dabei, als er ihm seinen „Vorschlag" machte, mich ein paar Tage lang zu beherbergen. Hylas erklärte sich erwartungsgemäß einverstanden und nahm mich direkt in seine Wohnung mit. Sie liegt ganz in der Nähe des Hauptquartiers der Blauen und besteht aus zwei Zimmern. Eines davon überließ er mir. „So richtig" verstehe er ja nicht, wieso ich mich auf diesen Tausch einließe – Ateius könne mir doch einen ganz anderen Wohnkomfort bieten, meinte er, aber ich sei ihm als Gast willkommen und dürfe ihn überallhin begleiten. „Und wenn Sie Fragen haben, fragen Sie mich einfach."

Bald darauf musste Hylas zum Training. Ich schloss mich ihm an und kehrte zu den Stallungen seiner blauen *factio* zurück. Dort gibt es ein großes *gymnasium* für die Wagenlenker. Eine knappe Stunde lang stand für Hylas Bodybuilding auf dem Programm. Er ist ein athletischer Typ, schmal gebaut und äußerst muskulös. Aber es geht ihm darum, seinen Körper weiter zu stählen. „Beim Rennen stehst du ja über die gesamte Distanz bei rasendem Tempo auf dem Wagen, hast die Zügel um den Körper geschlungen und musst den Fliehkräften mit deinen Muskeln standhalten. Das erfordert enorme Körperdisziplin", erläuterte er mir schwer atmend, während er Gewichte stemmte. Anschließend stand Joggen auf seinem Trainingsprogramm: „Nicht sprinten, sondern bei relativ hohem Tempo ausdauernd laufen", erklärte er. Ein Physiotherapeut überwachte und begleitete das Training und walkte anschließend seinen Körper durch.

Nach einer Erholungspause ging es auf die Übungsrennbahn. Das *trigarium* ist deutlich kleiner als ein normaler Circus. Geübt werden hier vor allem Wendemanöver: Wie kommt das Viergespann möglichst dicht, aber eben auch heil um die *metae*, Wendemarken, herum? Hylas hat einen eigenen Coach, der Stärken und Schwächen seiner Technik ausgiebig mit ihm bespricht. Als ich dabei war, gesellte sich zwischenzeitlich auch einer der Tierärzte der Blauen zu ihm; sie tauschten sich unter anderem über die Form eines Leithengstes aus, der ein von Hylas gesteuertes Viergespann am nächsten Renntag anführen sollte. Als „Pertinax" stellte er mir das linke Leitpferd vor. „Er ist im wahrsten Sinne mein bestes Pferd im Stall. Mit ihm habe ich schon einige Siege errungen. In den letzten Tagen ging es ihm nicht gut; er ist aber auf dem Weg der Besserung, sagt der Doc. Sie glauben nicht, wie haarscharf der um die Wendemarke fliegt – immer mit genügend Platz noch für den Wagen. Bisher jedenfalls."

Hylas' Kontakt zu seinen Kollegen, die wie er schweißtreibend trainierten, beschränkte sich auf ein „Hallo" oder floskelhafte Worte. Darauf angesprochen, meinte er: „Richtig gute Kumpel unter den

Wagenlenkern habe ich nur zwei oder drei. Zu den ganz Großen kriegst du kaum Kontakt; die leben in ihrer eigenen Ego-Welt und sehen dich vor allem als potenziellen künftigen Konkurrenten im eigenen Stall. Tricks verraten die dir nie. Aber alle anderen hier, vom Stallknecht bis zum Veterinär, kümmern sich prima um dich. Das sind Profis, die wissen, wem sie ihre Arbeitsplätze letztlich verdanken."

„Was in gewisser Weise auch umgekehrt gilt?", wandte ich vorsichtig ein. – „Unbedingt. Als Fahrer bist du von diesem Apparat der *factio* total abhängig; für Spitzenleistungen brauchst du Spitzenpersonal, das vor allem weiß, wie man mit den Pferden umgeht. Das Ganze ist ja ein Riesenbetrieb: Allein unsere *factio veneta* hat mehrere Hundert Pferde und Dutzende Angestellte. Das ist ein hocheffizienter Laden mit Mitarbeitern, die für ihren Rennstall brennen. Die meisten jedenfalls sind top motiviert. Sie haben ganz recht: Ohne so ein professionelles Team bräuchtest du als Wagenlenker gar nicht an den Start zu gehen, da könntest du dir die ganze Mühe sparen. Das Dumme ist nur, dass das bei den anderen Farben genauso perfekt läuft."

Auf dem Rückweg vom Training zu Hylas' Wohnung gingen wir noch an einigen ausgesuchten Ställen vorbei. Mein Begleiter wollte ein paar seiner Lieblingspferde „begrüßen". Dabei trafen wir auch auf einige Besucher. „Sozusagen die Schlachtenbummler unseres Rennstalls", erklärte er mir. „Eine Maßnahme zur Fanbindung. Ausgewählte Anhänger der Blauen dürfen hier rein und sich umschauen, meist Prominente. Die werden allerdings von der Security gnadenlos gefilzt. Wir hatten schon mal den Fall, dass sich ein Fan der Weißen eingeschlichen und versucht hat, Leitpferde von uns zu vergiften. Der ist damals gerade noch rechtzeitig aufgeflogen. Seitdem wurden die Sicherheitsmaßnahmen massiv verstärkt."

Einige Besucher erkannten Hylas und riefen ihm ein paar aufmunternde Worte zu. „Superleistung am letzten Renntag!", kommentierte einer. „Und vielen Dank dafür! Ich hatte auf dich und deine Quadriga gesetzt und habe die Wette gewonnen. Dein Sieg war auch mein Sieg. Weiter so, dann machst du uns beide zu Millionären!"

Hylas winkte ihm zu und rief: „Den Multimillionär zum Millionär machen – das geht doch nur durch Niederlagen und Wettverluste. Ich streng mich an!“ Mir erläuterte er: „Der Mann ist einer der größten Weinhändler der Stadt. Der scheffelt Geld ohne Ende. Der braucht keine Siege von mir. Aber schön, dass so ein Typ einem die Daumen drückt!“

„Wetten viele Leute auf die Wagenrennen?“, fragte ich ihn. – „Sehr viele, die meisten nur kleine Summen; mehr haben die ja nicht. Aber dadurch kommt zusätzlich Spannung in die Rennen. Wer Geld gesetzt hat, fiebert natürlich umso heftiger mit, wenn's losgeht; *sponsio*-Fieber sozusagen.“

Auf dem weiteren Weg begegnete uns ein Wagenlenker-Kollege. Er trug einen edlen scharlachroten Mantel und roch nach teurem Parfüm. „Hallo, Nicanor, so herausgeputzt? Noch 'ne City-Runde drehen?“, fragte Hylas ihn. „Ein Bad in der Menge nehmen?“ – „Nur kein Neid, Hylas“, erwiderte der andere. „Schon mal was von Kundenbindung gehört? Vielleicht bringst du es ja in einigen Jahren auch zu einem großen Gefolge. Kleiner Tipp: Siegen hilft!“ – „Könntest du auch mal wieder!“, replizierte Hylas spitz. – „Der hat seine beste Zeit hinter sich“, raunte er mir zu. Und fügte, während wir weitergingen, hinzu: „Der war mal einer der ganz Großen. Allerdings ist er erst vor ein paar Monaten zu uns Blauen gewechselt – und die Erwartungen hat er leider nicht so recht erfüllt. Klassischer Fehleinkauf, sagen manche. Aber für seine Fans ist er noch immer ein Idol. Er genießt es, mit seinen Anhängern durch Rom zu ziehen und sich feiern zu lassen. Sie haben ja gesehen, wie der sich in Schale wirft. Celebrity-Allüren; vielleicht sollte er stattdessen härter trainieren. Aber mir soll's recht sein: ein Rivale weniger in den eigenen Reihen!“

Von Hylas konnte man wirklich nicht sagen, dass er zu wenig trainierte. Der Mann lebte ganz und gar für seinen Sport, und er stand zu seinem brennenden Ehrgeiz. Eines Abends führten wir ein langes Gespräch, bei dem ich ihn nach seiner Biografie und seinen Plänen befragte. Hylas freute sich erkennbar über mein Interesse an seiner Person und gab bereitwillig Auskunft. Er war als Säugling in seiner Heimatstadt Kios in Kleinasien ausgesetzt worden. Ein Handwerker hatte ihn gerettet und in seiner Familie aufgezogen – allerdings als Sklaven. Das ist sozusagen die Belohnung für jemanden, der ein ausgesetztes Kind aufzieht. Hylas fand schon sehr früh Gefallen an Pferden. Als sich eine Gelegenheit ergab, verkaufte sein Ziehvater und Herr ihn an den Besitzer eines Gestüts in Nikomedia. Dort war er anfangs als Stallbursche tätig, wurde dann aber per Zufall als Jockey-Talent entdeckt und im Hippodrom von Nikomedia ausgebildet. Schon mit vierzehn Jahren errang er dort erste Siege mit Zweigespannen. Ein Talentsucher der Blauen wurde auf ihn aufmerksam, erwarb ihn von seinem Besitzer und ließ ihn in die Hauptstadt bringen. „Ich war schon traurig, als ich meine Heimat verlassen musste", erzählte Hylas, „aber auch ganz stolz, dass ich eine Chance in Rom kriegen sollte. Im Circus Maximus! Ein Traum! Damals habe ich meinen Künstlernamen angenommen. Aus Pamphilos wurde Hylas. Ahnen Sie, warum?"

„Ehrlich gesagt, ich habe keinen Schimmer." – „Hylas ist der Lokalheros meiner Heimatstadt Kios, übrigens zeitweise ein Geliebter des großen Herakles. Auf diese Weise habe ich immer ein Stück Heimat dabei, dachte ich mir."

„Und ein berühmter mythologischer Name kann ja bei der angestrebten Karriere nicht schaden. Der deutet an, wo es langgehen soll. Oder?" – „Genau. In Rom mal so berühmt werden wie Hylas in Kios – das wär's. Hier von Fans und Dichtern als *gloria circi* gefeiert werden – davon träumt ja jeder, der mal auf einem Rennwagen gestanden hat. Aber der Weg dahin ist weit, *sehr* weit."

„Eine ganz gute Strecke darauf haben Sie aber doch schon zurückgelegt." – „Das stimmt. Ich bin jetzt 24, habe siebenmal als Jugendlicher in kleineren *circi* bei Zweigespann-Rennen gesiegt und bin dann in die Circus-Maximus-Liga aufgestiegen. Dort umgestiegen auf ‚richtige' Gespanne, Quadrigen mit vier Pferden, habe mehrere Dutzend zweite und dritte Plätze geholt und schon fast zwanzig Siege. Und damit den Sprung vom einfachen *auriga* zum *agitator* geschafft, sozusagen zum ‚richtigen' Rennfahrer mit Routine und Erfolgen. Ich will aber weiterkommen."

„Ein *milliarius* werden?“ – „Tausend Siege – das wäre was, aber das erreichen nur die Allerwenigsten; und zweitausend oder sogar dreitausend Siege – das schafft vielleicht einer in fünfzig Jahren. Nein, man soll die Latte nicht zu hoch legen, dann landet man im Frust. Dreihundert ist auch eine schöne Zahl. Das würde weitere Möglichkeiten des Aufstiegs eröffnen.“

„Konkret heißt das?“ – „Wenn Sie richtig berühmt sind und eine große Fangemeinde haben, dann wächst der Druck auf die Renngesellschaft enorm, Sie freizulassen. Das erwarten auch die Anhänger als Dankeschön für das viele Geld und die zusätzliche Reputation, die die ‚Heimfarbe‘ dem *agitator* verdankt. Meist beugen sich die Chefs der *factiones* diesem Druck. Und als Freigelassener ist man frei, wie der Name schon sagt, sich auf dem Markt umzuhören. Das bleibt aber bitte unter uns? Das heißt, mit den anderen *factiones* in Verhandlungen einzutreten über höhere Gagen und eine lukrativere Aufteilung der Preisgelder.“

„Sie würden dann unter Umständen von den Blauen weggehen, bei denen Sie groß geworden sind? Keine Verbundenheit mit der Farbe?“ – „Wenn ich frei bin, bin ich frei. Die können mich ja mit verbesserten Konditionen halten. Im Übrigen: Ich kenne keinen Spitzenfahrer, keinen von den berühmtesten *milliarii*, der nicht für alle vier *factiones* gefahren wäre. Solche Wechsel gehören dazu. Loyalität ist gut und schön – ein prall gefüllter Geldbeutel ist besser. Jeder denkt an sich, beim Rennen und beim Verdienen. Oder ist das in Germanien anders?“

„Ein weites Feld. Apropos ‚Geldbeutel‘. Darf ich nach Ihrer finanziellen Situation fragen? Allgemein gelten *agitatores*, die es in den Circus Maximus geschafft haben, ja als Großverdiener.“ – „Es gibt Riesenunterschiede. Sie dürfen nicht nur auf die Stars blicken; das sind tatsächlich alles Multimillionäre. Die haben ausgesorgt, jedenfalls wenn sie Freigelassene sind. Viele andere verdienen im Vergleich mit Arbeitern, Händlern und Bauern gut bis sehr gut. Aber natürlich kriegen wir nicht die Preisgelder in voller Höhe: zwanzigtausend, dreißigtausend, manchmal sogar fünfzigtausend Sesterze für einen Sieg; das hört sich toll an. Den Großteil davon kassieren aber die *factiones*; die müssen davon ihre Sach- und Personalkosten bestreiten."

„Und bei Sklaven wie Ihnen sieht es noch mal ganz anders aus?" – „Genau. Wir Sklaven können im Prinzip kein Eigentum erwerben. Alles, was wir verdienen, gehört unseren Herren. Bei mir also der *factio veneta*. Aber selbstverständlich haben wir wie die allermeisten Unfreien ein *peculium*, ein Sondervermögen, über das wir verfügen können – wobei der Herr auch das, wenn es hart auf hart kommt, für sich beanspruchen kann. Ein Teil der Siegesprämien, die wir als Wagenlenker holen, fließt in unser *peculium*. Über genaue Prozentsätze möchte ich nicht sprechen; das unterliegt der Verschwiegenheitsverpflichtung. Nur so viel: Im Laufe der Jahre kommt Einiges zusammen, und mit einem Teil dieser Ersparnisse kann man sich dann freikaufen. Wie viel die Freilassung kostet, ist Verhandlungssache, ebenso, ob Sie sich im Rahmen der *operae libertorum* dazu verpflichten, noch so und so viele Rennen für ihren Freilasser, sprich: die *factio*, zu fahren."

„Einen *Anspruch* auf Freilassung haben Sie aber nicht?" – „Genauso wenig wie andere Sklaven. Wenn der Sklavenbesitzer nicht will, kann ihn keiner zwingen, nicht mal der Kaiser. Aber es ist fast so eine Art ungeschriebenes Gesetz, dass vor allem erfolgreiche *agitatores* freigelassen werden. Die Fans machen da auch ordentlich Druck."

„Wie kommt es eigentlich, dass es so gut wie keine Freigeborenen unter Ihren Kollegen gibt?" – „Weil die *ars ludicra*, das öffentliche Auftreten vor Publikum zu Unterhaltungszwecken, als ehrlos gilt. Wer das trotzdem tut, handelt sich damit *infamia*, Schmach, ein, die auch juristisch richtig weh tut. Sie haben dann weniger Rechte und gesetzlichen Schutz als andere Bürger. Für uns Sklaven im Showbusiness ein Segen; denn wir haben nichts zu verlieren, und das hält uns eine Menge Konkurrenten vom Hals. Es lebe die *infamia*!"

„Aber der Kaiser tritt doch sogar neuerdings als Wagenlenker öffentlich auf. Der müsste dann doch auch als ‚ehrlos' gelten." – „Was meinen Sie denn, warum Nero unter Konservativen, Standesbewussten und Senatoren so viele ‚Freunde' hat? Aber das ist ein ganz heißes Eisen. Ich sage nichts weiter dazu."

„Verstehe. *Sie* stört das nicht, dass Sie da einer sozusagen anrüchigen Profession nachgehen?“ – „Als Sklave sind Sie doch sowieso ganz unten. Auch bei Freigelassenen ist es mit der Anerkennung in der Gesellschaft nicht weit her. Auch die erfahren noch viel Ausgrenzung. Unter diesen Umständen hat die *infamia* keine abschreckende Wirkung. Umgekehrt bieten Sport und Unterhaltung für unsereinen Aufstiegsmöglichkeiten. Und ’ne ordentliche Portion Anerkennung, sogar Fans aus dem Ritter- und Senatorenstand, die sich gern mit Größen des Unterhaltungswesens sehen lassen und sie sogar als *amici*, Freunde, bezeichnen; dazu jede Menge Beifall, sogar von vielen Frauen. Fragen Sie mal deren Ehemänner oder Freunde. Da platzen etliche vor Neid auf die umschwärmten ‚Ehrlosen‘ und die Zuwendung, die die angeblichen Underdogs von manchen Frauen erfahren. Es gibt sogar Fans, die sich so kleiden und ernähren wie ihre Idole aus dem Circus oder Theater – echte Follower, nicht nur mit Worten. Einige Kollegen nehmen sich sogar, wenn sie ihre Stadtspaziergänge machen, ziemlich grobe ‚Späße‘ heraus: Sie – verzeihen Sie den Gossenausdruck – verarschen Passanten und beklauen sie sogar. Angeblich alles nur ‚Spaß‘, natürlich. Da hat jetzt sogar Nero die Notbremse gezogen. Ausgerechnet Nero schreitet gegen die *licentia*, Ausgelassenheit, Zügellosigkeit, von Wagenlenkern und Schauspielern ein! Klingt wie ein Witz, zeigt aber, was Sie sich als *servus* oder *libertus* erlauben können, wenn Sie nur berühmt genug sind.“

„Sie geraten ja richtig ins Schwärmen über die ‚Freiheiten‘ von Sklaven!“ – „Ja, aber es betrifft nur eine kleine Minderheit. Das ist schon klar: Die große Masse hat nichts davon. Wir sind als erfolgreiche ‚Künstler‘ in mancher Hinsicht privilegiert. Andererseits möchten viele auch nicht mit uns tauschen – wegen des hohen Risikos.“

„Wurden Sie selbst schon mal bei einem Unfall verletzt?“ – „‚Mal‘? Stürze vom Wagen sind an der Tagesordnung, auch im Training. Man trainiert das förmlich: wie man sich abrollt, wie man blitzschnell die Zügel durchschneidet, damit man nicht mitgeschleift wird. Ich bin auch schon bei einer Karambolage mit zwei weiteren Gespannen hoch durch die Luft geflogen – und sehr unsanft im Sand gelandet. Habe aber bisher nur einmal den linken Arm gebrochen, sonst hatte ich nur Prellungen und blaue Flecken, das aber flächendeckend über den Körper. Alles in allem keine schlechte Bilanz für einen, der *jedes Mal* in Lebensgefahr schwebt, wenn er auf den Rennwagen steigt. Mögen die Götter mich weiter beschützen!"

„Ist das Risiko wirklich *so* hoch?" – „Ich kenne keine Statistiken, aber ich sehe, was um mich herum geschieht: Zahlreiche Stürze an jedem *dies circensis*. Und manch ein Wagenlenker steht nicht mehr auf. Wir haben Super-Ärzte im Team, aber wenn ein Viergespann über einen am Boden Liegenden gerast ist, können die auch nicht mehr viel tun: Das sind 16 Hufe pro Gespann! Oder wenn Ihr Wagen oder Sie selbst vor die *meta* knallen: Die ist unten aus massivem Stein und oben aus vergoldeter Bronze. Gepolstert ist da nichts. Und sieben Runden heißt vierzehnmal um die Wendemarken. Vierzehn ‚Chancen', sie zu touchieren. Ganz ohne Panikmache: Im Laufe der Zeit habe ich oft genug mitangesehen, wie Kollegen tot aus der Rennbahn getragen wurden. Bei jedem Rennen fährt der Tod mit. Was auch den Nervenkitzel bei vielen Zuschauern ausmacht; das muss man ganz nüchtern sehen."

„Ich habe allerdings nicht den Eindruck, dass die in der Rennbahn lauernden Gefahren Einfluss auf den Fahrstil oder die Durchsetzung umfangreicher Sicherheitsmaßnahmen hätten." – „Sicherheit wird bei uns kleingeschrieben. Der Circus Maximus ist kein Schonraum für Angsthasen. Wenn du kein Draufgänger bist, kannst du's gleich lassen. Wenn du nicht volles Risiko fährst, gurkst du hinterher. Die Leute lachen dich aus, und die Chefs der Renngesellschaften stellen dich schnell ins Abseits. Draufhalten ist die Devise und gute Nerven haben. Wenn du einen Konkurrenten so richtig schön schneidest, musst du durchziehen und hoffen, dass der andere abbremst."

„Hört sich nicht gerade nach Fairness an." – „Wie, Fairness? Was ist Fairness?"

„So eine Art Gerechtigkeit im Umgang mit anderen. Anstand auf freiwilliger Basis. Lateinisch vielleicht *aequitas*. Was der andere sozusagen billigerweise von einem erwarten kann, ohne dass er das gerichtlich durchsetzen könnte." – „Ihre sogenannte Fairness bei Wagenrennen – da müsste ich ja Rücksicht nehmen, wenn ich Sie recht verstehe, oder jemanden schonen, mein eigenes Interesse zurückstellen, auf einen Vorteil verzichten. Oder wie?"

„Das gehört dazu. Einfach Regeln akzeptieren, Regeln auch im zwischenmenschlichen Bereich." – „Für die Einhaltung von Regeln gibt es Schiedsrichter. Das ist doch nicht meine Aufgabe! Ich will siegen, ich will Siegeskranz und Palmzweig überreicht kriegen oder wenigstens Platz zwei oder drei machen. Da gibt es auch noch zehn-, fünfzehn- oder zwanzigtausend Sesterze. Aber ich will keinen Ehrenpreis in Sachen *humanitas* abräumen. Den gibt es nicht, und wenn's ihn gäbe, brächte er nichts. Ich setze mein Leben doch nicht aufs Spiel, um anderen irgendwie den Vortritt zu lassen. Seid ihr Germanen wirklich so edelmütig? Damals bei der Niederlage des Arminius bei euch in den Wäldern – war das fair, wie ihr die Römer da in einen Hinterhalt gelockt und abgeschlachtet habt?"

„Das war eine Kriegslist … Aber gut. Kein Streit! Ich wollte Ihnen keine Vorschriften machen oder unerwünschte Ratschläge geben, sondern nur nachfragen. Ich hab's kapiert." – „Sie können Ihre Theorie ja mal live ausprobieren, wenn auch nur von den Zuschauersitzen aus: im Gedränge den anderen Ihren Platz überlassen oder Ihre Freundin von den Typen ringsum anbaggern lassen. Da stehen viele bereit. Ist doch nur fair, denen auch 'ne Chance zu geben. Aber im Ernst: Waren Sie schon mal im Circus Maximus?"

„Bisher leider nicht." – „Dann kommen Sie doch übermorgen mit; das ist der nächste *dies circensis*. Und ich habe mindestens zwei Auftritte. Ich könnte für Sie einen Platz in einer der unteren Reihen ganz nah an der Rennbahn organisieren. Da gibt es neuerdings so eine Art Ehrenplätze für Ritter. Sie bräuchten sich dann nicht um eine *tessera*, Eintrittsmarke, zu bemühen und nicht so früh aufzustehen, um überhaupt einen einigermaßen guten Platz zu ergattern. Wie wär's? Hätten Sie Lust?"

„Und ob! Ich bin ja auch ganz gespannt, meinen Gastgeber mal in voller Aktion zu erleben. Ich werde für Hylas brüllen. Versprochen!" – „Sie werden dabei nicht allein sein. Aber jede Stimme hilft."

Doch auch wenn ich dank Hylas über einen sicheren Sitzplatz im Prominentenblock verfügte, war am Renntag zwei Tage später an Ausschlafen nicht zu denken. Von allen Seiten her setzten sich Volksmassen in Richtung Circus Maximus in Marsch. Kein Wunder, es standen „nur" ungefähr eine Viertelmillion Sitzplätze zur Verfügung. Und die würden alle bis auf den letzten Platz besetzt sein. Die Menschen waren im Circus-Fieber; sie unterhielten sich, riefen durcheinander, wetteten, diskutierten und stritten – das alles in erheblicher Lautstärke, sodass auch die Dreiviertelmillion Römerinnen und Römer, die *nicht* zum Circus strömten, in den zweifelhaften Genuss des Circuslärms kamen. Ob Kaiser Caligula einst wirklich einmal aus Verärgerung über den Krach Sicherheitsagenten gegen die schreiende Menge eingesetzt und durch die damit verursachte Panik ein Blutbad angerichtet hat, weiß ich nicht. Aber *dass* man sich an solchen Tagen über die Ruhestörung weit vor Tagesanbruch aufregt, das kann ich nachvollziehen. Die Leute scheinen außer Rand und Band.

Auch im Circus selbst ist das nicht anders. Die Stimmung dort wird allgemein als *furor circi* bezeichnet, „Raserei des Circus"; andere sprechen etwas weniger dramatisch vom *clamosus circus*, vom „lärmerfüllten Circus". Und so kam es auch mir vor; man hat Mühe, sein eigenes Wort zu verstehen. Da unterscheiden sich die Ritterränge, wo ich Platz genommen hatte, nicht von den anderen Sitzplätzen im weiten Rund: erwartungsvolle Begeisterung pur, Vorfreude und ein riesiges Mitteilungsbedürfnis prägen die Stimmung der Zuschauerinnen und Zuschauer an einem Renntag.

Das Besondere gegenüber dem Theater und der Arena ist, dass Männer und Frauen hier nicht getrennt sitzen. Ein geschlechtsspezifischer Unterschied im Verhalten ist nicht zu erkennen; ob Frau oder Mann: Alle mischen im Konzert des Beifalls, der Anfeuerungs- und Schmährufe, der Enttäuschungs- und Jubelschreie mit – ein exzessives Fanverhalten, das durch die Anhängerschaft an die vier Farben und die zahllosen abgeschlossenen Wetten noch befeuert wird. Es gibt keine voneinander getrennten Fanblöcke, aber die Auseinandersetzungen beschränken sich nach meiner Beobachtung immerhin weitgehend auf verbale Attacken. Trotz der aufgewühlten Emotionen konnte ich kaum Rangeleien oder andere körperliche Übergriffe entdecken, jedenfalls nicht in meinem Blickfeld. Insofern sind die Zuschauer erstaunlich diszipliniert.

Bevor die Rennen starten, zieht die *pompa circensis* durch den Circus: eine überaus eindrucksvolle Prozession mit Götterbildern, die vom Kaiser angeführt wird. Es folgen Angehörige von Beamtenkollegien, Jugendliche zu Pferd und zu Fuß als Vertreter der Bürgerschaft, die Wagenlenker und andere Aktive zusammen mit ihren Trainern und anderem Hilfspersonal der Rennställe, dazu Tänzer, Spaßmacher, Musiker und Träger goldener und silberner Prunkgefäße, und am Ende dann auf Tragegestellen oder auf Thronen die Götterbilder, die zum Schluss auf Polster gebettet werden. Von ihrer Loge aus haben sie einen uneingeschränkten Blick auf das Geschehen im Circus. Der Einzug der Akteure und Götter wird von den Zuschauern stets mit frenetischem Applaus begleitet. Neben mir saßen allerdings zwei Männer, denen diese Show deutlich zu langsam vonstattenging. Sie waren extrem ungeduldig, warteten darauf, dass die Rennen endlich losgingen.

„Meinen" Hylas konnte ich im Pulk der Wagenlenker nicht erkennen; allein der Block der Aktiven in der *pompa* bestand aus mehreren Hundert Personen. Nachdem die Götter sozusagen Platz genommen hatten, begannen die Vorbereitungen für das erste Rennen des Tages. Auf einer Tribüne über den *carceres*, den Startboxen, loste der spielgebende Beamte die Startplätze aus: Der geloste Fahrer durfte sich unter den noch zu vergebenden Plätzen den aus seiner Sicht besten aussuchen. Als alle Gespanne in ihren *carcer* eingefahren waren, gab der Beamte das Zeichen zum ersten Start. Er ließ die *mappa*, ein weißes Tuch, fallen. In dem Augenblick betätigte ein Angestellter den Mechanismus, der die *carceres* aufspringen ließ. Die Gespanne, drei von jeder *factio*, sprinteten hinaus. Die Wagen sind in der Farbe der Rennpartei angestrichen, die Fahrer tragen entsprechend farbige Tuniken. Die ersten knapp hundert Doppelschritte müssen sie in den gekennzeichneten Bahnen zurücklegen. Bis zu einer weißen Linie herrscht Überholverbot. Doch das ist, soweit ich es beurteilen kann, die einzige verbindliche Rennregel.

Nach dieser Linie – das konnte ich von meinem Platz aus gut sehen – drängten alle zur innersten Bahn, möglichst nah an die *spina*, das „Rückgrat" des Circus, das ihn in zwei Bahnen teilt. Neben Statuen, Heiligtümern und Altären stehen dort die Rundenanzeiger in Form von je sieben Delfinen und sieben Eiern, von denen nach jeder Runde jeweils ein Anzeiger heruntergeklappt wird.

Das Renngeschehen war spannend und dramatisch. Zahlreiche Beinahe-Unfälle lösten bei den Zuschauern Schreie unterschiedlicher Emotionalität aus – der Circus Maximus als tosender Hexenkessel. Die Renndistanz ging über etwa 3500 Doppelschritte; die siegreichen Gespanne fuhren nach umgerechnet gut zehn Minuten über die Ziellinie, jedes Mal unter größtem Jubel und Beifall der Anhänger des siegreichen Wagenlenkers.

Die Dominanz der Grünen war beeindruckend. Ihre Fahrer holten den Sieg in den ersten drei Rennen, das vierte gewann ein *agitator* des roten Rennstalls. Alle Rennen waren ohne *naufragium*, Unfall, abgelaufen. Im fünften Rennen bekam Hylas seinen ersten Auftritt. Bei der Startaufstellung konnte ich ihn erkennen und deshalb im Verlauf des Rennens gut im Auge behalten. Beim Losen erhielt er eine gute Position relativ weit innen. Sein Gespann kam ausgezeichnet aus dem *carcer*; er erreichte die *linea alba* als einer der Ersten und konnte sich nach der ersten Umfahrung der Wendemarke an die Spitze des Feldes setzen. Wunderbar, wie er geradezu dahinflog! In der dritten Runde wurde er indes von zwei Gespannen überholt, einem roten und einem grünen.

Die beiden fuhren eine Zeitlang dicht nebeneinander – bis zur nächsten *meta*. Dort passierte es. Das äußere Gespann zog rücksichtslos nach links, in den Konkurrenten geradezu hinein. Der hatte keine Chance zu bremsen oder auszuweichen. Beide Wagen stürzten um; die Wagenlenker wurden herausgeschleudert. Beide konnten sich rasch von den Zügeln befreien. Die Pferde liefen mit den umgestürzten Rennwagen weiter, wurden aber im Laufe der Zeit überholt. Hylas hatte nun wieder die Führung übernommen. Aber er war noch nicht „durch"; in der letzten Runde griff ihn ein Grüner an und zog ziemlich mühelos an ihm vorbei. „Meine Pferde konnten nicht mehr", erläuterte er mir später, „ich hatte anfangs ein zu hohes Tempo vorgelegt; das rächte sich kurz vor dem Ziel." Hylas landete auf dem zweiten Platz. Nach der Ehrung des Siegers gratulierte der Spielgeber ihm und überreichte ihm eine Prämie von zwanzigtausend Sesterzen. Dass bei den Circus-Rennen auch die Plätze zwei und drei belohnt werden, ist im Sport bei den Römern wie bei den Griechen durchaus ungewöhnlich. Normalerweise zählt nur der erste Platz. Immerhin: Die Ehrenrunde gehört allein dem „ersten" Sieger.

Insgesamt fanden, unterbrochen nur von einigen Dressurdarbietungen und hippischen Kunststückchen – das spektakulärste waren *desultores*, die in vollem Lauf von einem auf das andere Pferd sprangen –, 24 Rennen statt, jedes mit seiner eigenen Dramaturgie und seinem eigenen Spannungsbogen. Es kam noch zu einigen Rennunfällen, aber es gab weder schwer verletzte noch gar tote *agitatores* zu beklagen. Der Sanitäts- und „Aufräum"-Dienst funktionierte sehr gut; allerdings konnten Trümmer angesichts des hohen Tempos und der kurzen Entfernungen selten rechtzeitig entfernt werden. Die Wagen mussten sie umfahren – was indes für größere Spannung sorgte.

Hylas war im 14. Rennen ein weiteres Mal am Start. Es verlief enttäuschend für ihn. In der dritten und fünften Runde wurde er von zwei anderen Gespannen in die Zange genommen und musste stark abbremsen, um nicht zu verunglücken. Dadurch landete er auf einem der hinteren Plätze. Für ihn war es also ein eher durchwachsener *dies circensis*; er hatte sich deutlich mehr erhofft und fiel nun auch in der – inoffiziellen – Rangfolge der blauen Fahrer zurück. Zwei seiner Farbkollegen hatten gesiegt, vier einen zweiten und sechs einen dritten Platz erkämpft.

Was mich angeht, so fand ich den Tag im Circus ausgesprochen aufregend und unterhaltsam. Dass da alles nach Schema F ablaufe und sich ständig wiederhole, wie einige wenige Kritiker monieren, nahm ich überhaupt nicht so wahr. Außerdem wurde neben dem *specta-*

culum auf der Rennbahn kontinuierlich ein weiteres *spectaculum* geboten: Das waren die Zuschauer – 250 000 Leute, eine Kulisse von tosender Begeisterung, die aber im Großen und Ganzen nicht in körperlich ausgetragene Aggression ausartete. Von der *verbalen* Begleitung des Renngeschehens konnte man das allerdings nicht behaupten.

Ermüdend war der Tag schon, aber alles andere als langweilig oder gar monoton. Ich war erst im Dunkeln wieder zurück auf meiner „Surfcouch"; Hylas kam noch später heim. Auch wenn seine Auftritte schon einige Stunden vorbei waren, wirkte er noch aufgewühlt. Und nicht besonders zufrieden. „Ich werde morgen zusammen mit meinem Trainer die beiden Rennen analysieren", sagte er. „Ich glaube, ich weiß, wo ich die entscheidenden Fehler gemacht habe."

„Immerhin haben Sie einen zweiten Platz errungen. Das ist doch nicht nichts", ermunterte ich ihn. – „Da haben Sie recht. Das ist was, aber nicht genug für meinen Ehrgeiz. Sie wissen ja: Die Zauberzahl ist 300. Mindestens."

„Sie schaffen das", sagte ich. „Wenn ich meine Couch morgen wieder bei Ihrem Chef aufschlage, werde ich ihm von Ihnen vorschwärmen: Ein echter Profi, der weiß, was er will. Und für mich ein überaus angenehmer Gastgeber. Ich wünsche Ihnen jedenfalls von Herzen den Erfolg, den Sie sich selbst wünschen – und vielleicht sogar dereinst einen Poeten, der Sie als *gloria circi* preist."

Als ich in Germanien zurück war, erfuhr ich mit Bestürzung, dass Hylas es nicht geschafft hatte. Er hatte zwar noch einige Siege errungen – insgesamt wies sein Konto 21 erste, 39 zweite und 41 dritte Plätze auf. Aber wenige Monate nach unserem Zusammentreffen war er mit 25 Jahren gestorben. Ein schrecklicher Unfall im Circus Maximus hatte ihm das Leben genommen.

4 Zu Gast bei Antonia, Fast-Food-Wirtin: „Lieber Erbsenbrei als Beischlaf."

An Fast-Food-*tabernae* herrscht in Rom kein Mangel – mehrere Tausend sollen es sein. Sie alle haben Kichererbsenbrei im Angebot. Den besten aber gibt es in Antonias Imbiss am Vicus longus. Ihr Ladenlokal selbst unterscheidet sich nicht von den vielen, vielen anderen Schnellimbissen. Es liegt im Erdgeschoss eines fünfstöckigen Mietshauses und ist schon von Weitem an dem charakteristischen L-förmigen Tresen zu erkennen, hinter dem Antonia und zwei Mitarbeiterinnen stehen. Ein an der Mauer befestigtes Schild lädt dazu ein, sich *ad gallum* zu stärken. Ein Hahn als Logo ist auch auf die Außenseite des Tresens gemalt, zusätzlich eine Schüssel mit Kichererbsen und Würstchen – ein klarer Hinweis auf die Spezialität des Hauses. Ein weiteres Werbeschild lockt auch Kunden mit überdurchschnittlich gefülltem Geldbeutel: *(h)abemus in cena pullum, piscem, pernam, pavonem*, las ich, „wir haben als Mahlzeit Hähnchen, Fisch, Schinken und Pfau" – Fleischgerichte, die aber nach meiner Beobachtung nicht so gut gehen wie einfache Hausmannskost.

Das erste Mal kam ich am Imbiss „Zum Hahn" um die Mittagszeit vorbei. Da drängten sich viele Menschen, hauptsächlich Männer, um den Tresen – Arbeiter vom Bau und aus den nahe gelegenen Handwerksbetrieben, wie es schien. Ein paar Frauen waren mit Einkaufskörben da. Sie holten für sich und ihre Angehörigen warme Speisen *to go*. Die meisten Mietwohnungen sind ja so klein, dass sie keine Küche und nicht einmal einen transportablen Herd haben. Antonia und ihre Kolleginnen und Kollegen von der Fast-Food-Branche springen da in die Bresche. Ein paar Schulkinder fanden sich im Laufe der Zeit ebenfalls ein und holten sich in der mittäglichen Unterrichtspause eine Stärkung. Auch ich hatte Hunger, kam aber wegen des Gedränges erst einmal nicht zum Zuge. Nicht schlimm, dachte ich, eine gute Gelegenheit, das Treiben am Imbissstand eine Zeit lang zu beobachten.

Es war erstaunlich, was die Damen in kurzer Zeit aus den *dolia* herausholten, die in den Tresen eingelassen sind: warme Eintöpfe,

Wurzelgemüse, Kohl, Bohnen, Oliven, Porree und Zwiebeln, aber auch kalte Beilagen wie Eier, Käse und Brot. Weniger Umsatz machen sie mit teuren Fleischspeisen – Schweinegulasch, Gänseleber und Schinken. Wasser als Getränk steht nicht so hoch im Kurs. Kein Wunder, denn das gibt es ein paar Meter weiter am öffentlichen Fließbrunnen zum Nulltarif. Wein dagegen, auch erwärmter, wird sehr gern zum Snack getrunken. Als Nachtisch gehen Äpfel, Feigen und Nüsse gut. Der „Renner" aber ist eindeutig der warme Erbsenbrei, mit oder ohne Würstchen. Zwischendurch ist das *dolium* mit der Spezialität sogar mal leer. Es steht aber stets Nachschub bereit, den eine Mitarbeiterin auf einem Holzkohleofen wieder aufwärmt, bevor er „im" Tresen verschwindet.

Die Preise für die meisten Gerichte sind ausgesprochen günstig. Das liegt auch an der heftigen Konkurrenzsituation, vermutete ich. So befindet sich direkt gegenüber auf der anderen Straßenseite eine Snackbar von ähnlicher Größe und auf dem Vicus longus in beiden Richtungen weitere.

Als der Betrieb etwas nachließ, stellte ich mich an den Tresen mit seiner eleganten Marmorplatte und bestellte – natürlich – den Kichererbsenbrei; ohne Würstchen, um den Geschmack nicht zu verfälschen, aber mit Brot und einem Becher Wein. „Welche Qualität?", fragte Antonia, die mich selbst bediente. „Einfachen Landwein? Besseren? Oder Falerner?" Ich war erstaunt, dass im Schnellimbiss auch der beste Tropfen Italiens auf der Getränkekarte stand, entschied mich aber für den preiswertesten Wein. Im Unterschied zu manchen anderen Kunden hatte ich kein eigenes Gefäß dabei. Ich erhielt meine Bestellungen daher in Tongeschirr, das sogar ein Logo hatte: wenig überraschend einen Hahn. „Wiedersehen macht Freude", ermahnte mich Antonia, während ich bezahlte, und zeigte dabei auf das Geschirr. „Schalen und Becher sind *keine* Souvenirs – nicht dass Sie als Tourist auf die Idee kommen … Wenn wir unsere hohe Qualität und unsere niedrigen Preise halten wollen, sind wir auf ehrliche Kunden angewiesen." – „Und Kundinnen", ergänzte ich naseweis und reichlich unpassend. – „Man hört, Sie sind Ausländer. Schon mal was vom generischen Maskulinum gehört? Das ist im Lateinischen Standard, und ich brauche da bitte keine Nachhilfe."

„Darf ich hier am Tresen zum Essen stehen bleiben?", erkundigte ich mich. – „Ungern, Platz haben wir ja nicht gerade im Überfluss", antwortete Antonia. Tatsächlich misst die Theke schätzungsweise acht Fuß, und es stellten sich immer wieder Passanten an, um etwas zu ordern. „Wenn Sie wollen, können Sie aber gern in unserem Gastraum Platz nehmen." Sie zeigte auf das Innere ihres Restaurants. Dort stehen vier Tische mit einigen Stühlen. Nur zwei Tische waren besetzt. „Gegen Abend ist in unserem Schankraum mehr los; da ist er eindeutig zu klein. Aber mittags haben die Leute keine Zeit. Also, setzen Sie sich in Ruhe da hin, und wenn Sie noch mehr wollen, rufen Sie mich einfach."

Ich folgte Antonias Empfehlung. Gemütlich konnte man das Ambiente nicht nennen. Schinken und Würste hängen von der Decke; Amphoren mit Wein, *garum* und Öl lehnen in den Ecken. An den Wänden sind Regale angebracht, auf denen Kannen, Töpfe, Gläser und Geschirr aller Art stehen. Es riecht nach Fett und Rauch; der Fußboden könnte sauberer sein. Der Komfort ist gering. Aus der Sicht meiner Oberschicht-Gastgeber geradezu unmöglich: beim Speisen sitzen statt liegen? Das sagt ja alles über die aus, die hier verkehren: kleine Leute, Unterschicht, Arbeiter, Handwerker, Sklaven. Für die bessere Gesellschaft ein *locus inhonestus*, ein „ehrloser Ort". Doch mich interessierte das nicht. Ich setzte mich an einen der freien Tische und ließ es mir schmecken.

Und wie es schmeckte! Dass ich jemals für Erbsenbrei schwärmen würde, hätte ich nie gedacht. Aber es war ein ganz köstlicher Eintopf. Unmöglich, mich mit *einer* Portion zu begnügen, obwohl die nicht karg bemessen war. Da ließ ich das Brot lieber liegen und bestellte mir eine weitere Schüssel *cicer*. Antonia schien erfreut. Als ich ihr ehrlich versicherte, noch nie einen derart schmackhaften Eintopf gegessen zu haben, taute sie gänzlich auf und brachte mir mit breitem Lächeln die Bestellung – einschließlich eines weiteren Bechers Wein. Sie schaute mich unverhohlen neugierig an. „Sie sind noch nicht lange in Rom, schätze ich – obwohl Sie gut Latein sprechen."

„Danke für das Kompliment, allerdings weiß ich schon, wo es im Alltagslatein überall bei mir hapert. Aber ich trainiere. Und wüsste zu gern, was Sie da für ein exquisites Rezept haben für Ihre köstliche Spezialität." – „Sie kommen nicht etwa von der Konkurrenz?", fragte Antonia. Aber ich spürte, dass sie nicht wirklich misstrauisch war.

„Beim Jupiter", schwor ich, „ich kenne keinen *copo* und keine *copa* hier in Rom persönlich, und ich habe bisher auch keinen Stamm-Imbiss. Meistens esse ich ohnehin nicht auswärts, sondern bin bei meinen Gastgebern eingeladen. Also: keine Sorge! Ich würde nur zu gern Ihr famoses Rezept mit nach Germanien nehmen. Dort lauert ja wohl für Sie kein Mitbewerber." – „Nee, glaub ich auch nicht", lachte Antonia. „Ich finde es nur merkwürdig, dass ein Germane sich für ein *Speise*-Rezept interessiert. Soweit ich weiß, habt ihr Germanen doch eher eine Vorliebe für Trinkbares, sprich: unseren Wein. Viele hier halten euch, ich sag mal so, für gewaltige Schluckspechte."

„Ich glaube nicht, dass wir mehr trinken als ihr Römer", sagte ich, „aber vielleicht vertragen wir weniger; ihr habt uns ja ein paar Jahrhunderte Drogen-Erfahrung voraus. Aber warum über Wein nur sprechen? Kommen Sie, setzen Sie sich einen Augenblick zu mir und trinken Sie einen Schluck Wein zusammen mit einem germanischen ‚Schluckspecht'!" – „Das ist total unprofessionell, als *copa* Wein mit einem Gast zu trinken", erwiderte sie. „Und ihm dann auch noch Küchengeheimnisse zu verraten …"

„Dann seien Sie doch einfach mal unprofessionell", schlug ich ihr vor. „Muss ja nicht für lange sein, nur auf ein paar Worte. Kommen Sie!" Ich rückte einen Stuhl an sie heran. – „Na gut, einen Moment können mich meine beiden Mädels vertreten." Sie setzte sich. „Aber das *cicer*-Rezept kriegen Sie nur mit Grobangaben, ohne Mengen, und alle meine Gewürze werde ich selbst Ihnen nicht verraten!"

„*Disco parvo esse contentus*", gab ich zurück, „ich lerne, mit Wenigem zufrieden zu sein." – „Ein Philosoph aus Germanien?", fragte Antonia spöttisch.

„Nein, eine schlichte Lesefrucht aus den letzten Tagen. Von Seneca geklaut." – „Also doch ein bisschen klauen?"

„Schon wieder ein Lapsus! Ich meinte: gelernt."

Im Laufe des ungezwungenen Gesprächs, das sich in den nächsten Minuten entfaltete, erzählte Antonia mir unter anderem, dass sie eine weitere *taberna* mit drei Mädchen, zwei freien und einem unfreien, betreibe und sogar überlege, eine dritte *taberna* vorwiegend mit Take-away-Snacks aufzumachen. „Es sind übrigens auch zwei fliegende Händler für mich unterwegs. Die haben vor allem, ob Sie's glauben oder nicht, Antonias Erbsenbrei und dampfende Würstchen im ambulanten Angebot. Die kriegen von mir die Waren auf Konzessionsbasis. Das sind sozusagen selbstständige Handelsvertreter, die auf eigenes Risiko arbeiten. Bei der Preisgestaltung sind sie völlig frei; bei mir bekommen sie natürlich einen Rabatt – nach monatlichen Abnahmemengen gestaffelt. Funktioniert prima. Die haben ein lautes Organ, sind einigermaßen witzig, nett vor allem zu Kund*innen* – merken Sie, jetzt macht das Femininum Sinn – und sind im Gedränge durchsetzungsfähig. Der eine ist sogar aktiver Bodybuilder, das macht sich bei dem Gewühl hier auf unseren Straßen bezahlt."

Beiläufig legte Antonia auch das Geheimnis ihres Kichererbsenbreis offen, jedenfalls im Prinzip: Die Erbsen würden ohne Schoten zerstampft und gekocht, mit Salz, Kümmel und Öl gewürzt, dazu ein Ei sowie Fenchel und natürlich *garum*, Wein und eingedickter Most. Ferner ein paar andere Gewürze, aber da rückte sie nicht weiter mit der Sprache heraus. Und sie trank – ganz unprofessionell – einen Becher Wein mit, was der Lockerheit unserer Unterhaltung zugutekam.

Als ich ein bisschen über mich berichtete und darüber, wie es mich in ihr Rom verschlagen habe, sagte sie mit Sympathie: „Sie sind ja schon eine *rara avis*, ein ‚merkwürdiger Vogel'. Es macht Spaß, sich mit Ihnen zu unterhalten. Haben Sie eigentlich schon eine Bleibe für heute Abend? Einen Couchsurfer hatte ich noch nicht; meine Wohnung ist groß genug. Wenn Sie wollen, sind Sie eingeladen. Aber ganz ohne amouröse Absichten", erläuterte sie mit großem Ernst. „Als *copa* ist man ja sofort verdächtig, einen Gast abschleppen und für ein sexuelles Abenteuer zahlen lassen zu wollen. Auch wenn uns das

Gesetz derart ungerecht unter Verdacht stellt – so eine bin ich nicht! Ich verdiene mit meinen Imbissen genug Geld."

„Lieber Erbsenbrei als Beischlaf?" Das war ein Test von mir, ob sie sich auf Ironie einlassen würde. – „Könnte fast zu meinem Motto werden", replizierte sie.

Wir verabredeten uns auf den übernächsten Tag. Ihre Wohnung liege im ersten Stock der *insula*, direkt über dieser „Filiale" ihrer Fast-Food-„Kette". Ich solle einfach im Laufe des Tages in der *taberna* vorbeikommen; dann werde sie mich von dort zu meiner neuen Couch bringen. Ach ja, ob ich einen bestimmten Wunsch hätte, was sie zu meinem Empfang als Essen auftischen solle? „Erbsenbrei", sagte ich. „Erbsenbrei à la Antonia. Natürlich Erbsenbrei."

Wie verabredet, meldete ich mich dann zwei Tage später in Antonias *taberna*. Ich hatte bewusst eine nachfrageschwache Zeit am Nachmittag gewählt, damit meine neue Gastgeberin Zeit haben würde, mich mit ihrer Wohnung vertraut zu machen. Antonia begrüßte mich herzlich und begleitete mich in ihr *cenaculum*. So nannte sie die Etagenwohnung im ersten Stock des Mietshauses.

Von den normalen Ein- und Zweizimmerwohnungen einer *insula* unterschied sich Antonias Etagenwohnung deutlich. Sie umfasste vier Zimmer, die nicht gerade klein waren. Ich schätzte die gesamte Wohnfläche auf deutlich über hundert Quadratmeter – und versuchte meine Überraschung zu kaschieren. Doch ich verriet mich durch die Frage, ob sie hier ganz allein wohne. – „Das mag Sie überraschen", antwortete Antonia, „aber es ist so. Ursprünglich habe ich hier mit meinem Lebensgefährten gewohnt, und wir hatten auch daran gedacht, eine Familie zu gründen. Aber ich habe den Kerl bald in die Wüste geschickt. Seitdem bin ich Single und kann mich hier ausbreiten. Wunderbar, sage ich Ihnen! Und ab und zu Gäste aufnehmen. Dieses Zimmer hier", sie zeigte auf den hintersten der in einer Reihe liegenden Räume, „ist künftig Ihr Zuhause." Ich blickte auf zwei einzelne Betten, einen Tisch mit zwei Stühlen und drei Truhen. „Da können Sie Ihre Sachen unterbringen. Wasser müssen Sie sich selbst besorgen; dahinten stehen zwei, drei Krüge. Und unter einem der Betten finden Sie

Ihre *matella.* Auch darum kümmern Sie sich bitte selbst. Und bitte keine Entsorgung aus dem Fenster; aber das ist ja wohl selbstverständlich. Meine Delia hat genug damit zu tun, die übrigen Zimmer in Schuss zu halten – neben ihrem Job in der *taberna.*"

Die „Ansage" war klar. Man merkte, dass Antonia die Rolle der Chefin beherrschte. „Angesichts der Wohnungsnot in Rom ist das ja schon eine ziemlich komfortable Situation hier in Ihrem *cenaculum*", merkte ich an. – „Das können Sie laut sagen", stimmte Antonia mir zu. „Ich bin mir dessen auch voll bewusst und genieße dieses Privileg. Andererseits: Billig ist die Wohnung nicht gerade. Aber die beiden *tabernae* werfen genug ab, dass ich mir diesen kleinen Luxus erlauben kann – und nicht irgendeinem Kerl schmeicheln muss." Oh je, dachte ich, „Kerl" lässt tief blicken. Die Frau hat die Nase voll von Männern und genießt ihr „emanzipatorisches" Leben, wenn auch ein bisschen sehr in der Rolle der Männer-Skeptikerin.

Viel Zeit für Gespräche mit ihrem Couchgast hatte Antonia in den nächsten Tagen nicht – eine erfolgreiche Geschäftsfrau, die sich intensiv um ihre beiden Imbisse und die Expansionspläne für einen dritten Standort kümmerte. Wenn sie für etwas längere Unterhaltungen Zeit fand, ging es häufig um die gastronomische Situation in Rom. „Was mich ärgert", echauffierte sie sich bei einer Gelegenheit, „sind die Restriktionen, die unserer Branche immer wieder auferlegt werden. Der eine Kaiser verbietet, Brot und Gebäck zu verkaufen, der nächste dehnt das Verbot auf gekochtes Fleisch und sogar auf heißes Wasser aus, und der dritte – unser gegenwärtiger Princeps – schränkt den Verkauf von Mahlzeiten auf Hülsenfrüchte und Gemüse ein; alles andere darf nicht über den Tresen gehen. Ich frage Sie: Woher sollen all die Leute denn mal warmes Essen beziehen, die keinen eigenen Herd besitzen? Das ist doch total ... Sie können sich schon denken, was ich sagen will. Und unsereinem wird glatt die Geschäftsgrundlage entzogen mit diesen ... Verboten."

„Das habe ich an Ihrer *taberna* so nicht erkennen können", wandte ich ein. „Da brummt der Laden doch." – „Zum Glück sind die Kontrollen lasch: So richtig durchgesetzt wird das nur kurze Zeit. Dann lassen wir halt unsere Herde verschwinden und servieren nur noch erlaubte Kost."

„Und einige Tage später geht es wieder los?" – „Ja klar, geht ja gar nicht anders. Das läuft nach dem Motto: Stell dir vor, es gibt Verkaufsverbote und keiner kümmert sich drum. Die Behörden zum Glück auch nicht. Obwohl das natürlich kein Zustand ist – dass wir da den größten Teil unseres Umsatzes sozusagen illegal machen."

„Aber was haben die Kaiser denn gegen die Garküchen-Betreiber?" – „So richtig deutlich wird das gar nicht kommuniziert. Verbote ohne Begründung – super! Aber man munkelt, dass manche Verschwörungstheoretiker am Kaiserhof fürchten, die Leute könnten sich vor den *tabernae* zusammenrotten und irgendwelche Unzufriedenheiten artikulieren. Der Fast-Food-Stand als revolutionäre Keimzelle – wer sich *den* Quatsch ausdenkt ..."

„Gab es denn mal solche Bestrebungen?" – „Ach was, jedenfalls habe *ich* nichts davon gehört. Klar, da führt einer mal nach ein paar Bechern Wein ein großes Wort und beschwert sich lautstark über dieses und jenes. Und ein paar andere pflichten ihm bei. Aber dann gehen meine Mädels und ich sofort dazwischen und unterbinden das. Man weiß ja nie, wer mithört."

„Wäre es dann aus Sicht der Obrigkeit nicht sinnvoller, den *Weinausschank* zu verbieten? Sie sagen ja selbst, dass der Alkohol manch einen zu unbedachten ‚Sprüchen' verleitet." – „Grundsätzlich wäre das nicht abwegig. Aber verbieten Sie den Römern mal das Weintrinken! Dann haben Sie genau das, wovor einigen Beratern des Kaisers die Knie schlottern: Dann bricht die Revolution aus. *Der* Schuss ginge nach hinten los! – Ich wäre Ihnen aber dankbar, wenn das unter uns bliebe, was wir gerade besprochen haben."

„Keine Sorge! Germanen können schweigen wie ein Grab – auch noch, wenn sie tüchtig gebechert haben." – „Apropos bechern", lenkte Antonia das Gespräch auf ein neues Thema. „Sie haben mich doch kürzlich nach einem Vergnügungslokal gefragt, das ein bisschen mehr Atmosphäre hat als meine Imbisse. Ich habe mir überlegt, was ich Ihnen empfehlen kann. Ich bin mit einer Syrerin locker befreundet, die an der Porta Capena gleich zu Beginn der Via Appia ein Wirtshaus betreibt, wie es Ihnen wohl vorschwebt. Das ist auch schon mittags für müde Reisende geöffnet, ist aber auch als Nachtlokal gut besucht. Prüde dürfen Sie da aber nicht sein. Wenn der Volksmund von einer *salax taberna*, einem ‚aufreizenden, scharfen Wirtshaus' spricht, dann ist so ein Laden wie der meiner syrischen Freundin exakt damit gemeint. Und auch gar nicht so falsch beschrieben."

„Prima Idee", sagte ich, „ich lerne immer gern neue Milieus kennen. Begleiten Sie mich dahin?" – „Besser nicht. Frauen sind da als Gäste eher die Ausnahme; die Damen, die Sie dort antreffen, sind Bedienstete für die eine oder andere Serviceleistung. Aber ich lasse der Syrerin gern Bescheid sagen, dass Sie kommen und sich ein bisschen in ihrem Gasthaus umschauen wollen. Passt es Ihnen morgen Abend? Eine Stunde Fußmarsch müssen Sie allerdings einrechnen."

5 Zu Gast bei Syrisca, Wirtshaus-Chefin: „Ceres ist hier, aber auch Bacchus und Amor!"

Am nächsten Tag machte ich mich am späten Nachmittag auf den Weg. Es war kein Problem, zur Porta Capena zu gelangen, einem Stadttor in der Servianischen Mauer am Südwestabhang des Caelius. Dort herrscht nicht ganz so viel Betrieb wie in der City, aber die Gegend ist schon recht belebt. Kein Wunder, denn dort geht nicht nur die Via Appia ab, sondern auch die Via Latina. Keine schlechte Lage für ein Lokal; neben den Stammgästen kommt sicher auch eine Menge Laufkundschaft vorbei.

Wie sehr die Wirtin auf diese abzielt, wurde mir schon von Weitem klar: Flötenmusik und Kastagnetten-Geklapper zogen die Aufmerksamkeit der Passanten an. Als ich näher kam, sah ich auch die Gastgeberin selbst: Sie tanzte verführerisch vor ihrem Wirtshaus, bewegte ihre Hüften schwungvoll zu den Kastagnettenklängen und schien auch nicht mehr ganz nüchtern. Mit rauchiger Stimme pries sie ihr Etablissement an: „Warum wollt ihr, vom Wandern müde, einen Bogen um meine Taverne machen? Ruht euch doch lieber auf den weichen Sofas aus und genießt die Weine, die ich euch kredenze! Blumenkränze machen euer Verweilen behaglich, das Plätschern eines Wasserlaufs lässt euch die Hektik des Tages vergessen. Früchte des Herbstes gibt es zuhauf: Pflaumen und Kastanien, Äpfel, Trauben und Maulbeeren, auch Gurken und kleine Käse. Zikaden zirpen in den Sträuchern, und die gescheckte Eidechse versteckt sich an einem kühlen Platz im Wirtshausgarten. Ceres ist hier, aber auch Bacchus und Amor – freut euch des Lebens, solange es euch vergönnt ist!"

Eine anmutigere Werbepoesie für einen Gasthausbesuch hatte ich nie gehört, und sicher trugen zur Faszination auch die Gestik und Mimik der tanzenden Wirtin bei, die man – mindestens – als sexy bezeichnen konnte; *salax taberna* eben, wie Antonia mir in Aussicht gestellt hatte. Was hier geboten wurde, war eine sehr charmante Einladung zum Lebensgenuss. Indem sie ausdrücklich auf den Liebesgott Amor hinwies, machte die Syrerin klar, dass für Besucher, die das wollten, auch Mädchen bereitstanden, um sie ins Separee zu begleiten. Man konnte von einem Freudenhaus in einem weiteren Sinn sprechen. Für römische Verhältnisse nichts Besonderes: Viele Bars, Gasthöfe und Hotels bieten *auch* sexuelle Dienstleistungen an und werden deshalb vom Gesetzgeber unterschiedslos als *loci inhonesti* eingestuft, „ehrlose Orte". Das Personal – Wirte, Wirtinnen, Kellner und Kellnerinnen – gilt als *infamis*, „verrufen", und ist damit im bürgerlichen wie im juristischen Leben in seinen Rechten eingeschränkt. Eine bewusste Diskriminierung, die für Römer aus der Oberschicht hohe Hürden aufrichten soll, solche „anstößigen" Lokale zu besuchen. Andererseits liefert sie ihnen auch die „Vergebung" für einen „Fehltritt": Der Verkehr mit einer „verrufenen" Person gilt nicht als Ehebruch.

Vielleicht trifft der Begriff der „Halbwelt" insofern das ganz gut, worauf ich mich in den nächsten Stunden einließ. Als sie in ihrer Einladungsschalmei eine kleine Pause einlegte, sprach ich Syrisca an. Sie wusste sofort, wer ich war, und begrüßte mich aufs freundlichste – wirklich ein warmer Empfang, wie man ihn sich als Fremder nur wünschen konnte: „Ich war ganz gespannt auf Sie, als Antonias Bote Sie ankündigte! Germanen besuchen uns hier nur selten. Herzlich willkommen! Bitte treten Sie ein!"

Sie nahm mich beim Arm und führte mich in ihr Lokal. Das Tageslicht ging schon zur Neige; deshalb waren überall Kerzen in hübschen Kandelabern angezündet. Der vordere Teil der Gaststätte ist überdacht; dahinter aber erstreckt sich ein Garten mit üppiger Vegetation. Es war ein warmer Herbstabend, sodass die meisten Gäste sich draußen aufhielten. Sie lagen auf Speisesofas, die mit Decken und Kissen gepolstert sind, zu zweit und zu dritt, manche auch allein. Neben den Sofas stehen kleine Tische mit Gläsern und Schälchen. Weinlaub schmückt die Wände, zahlreiche Rosen- und Veilchenkränze verleihen dem Gastraum innen wie außen eine behagliche Atmosphäre. Auch einige Gäste hatten den Kopf mit einem Blütenkranz umwunden, lateinisch mit einer *corona*. Eine sehr viel angenehmere *corona*, dachte ich, als wir bei mir zu Hause mit ihr verbinden! Irgendwo hörte man einen kleinen Springbrunnen plätschern, zeitweise übertönt von Flötenspiel, das als musikalische „Berieselung“ nicht unangenehm war. Das ganze Ambiente strahlte Gemütlichkeit aus und lud zum Entspannen ein: Wirtshaus-*otium* sozusagen.

Syrisca bot mir einen *lectus* im Freien an und rief eine Kellnerin herbei: „Bring diesem Herrn ein paar Antipasti und einen Becher Setiner oder Falerner. – Welchen bevorzugen Sie?“, fragte sie mich. Da ich Setiner noch nie probiert hatte, entschied ich mich für ihn. Die Bedienung verschwand, und Syrisca fuhr fort: „Selbstverständlich sind Sie heute mein Gast. Alles, was Sie wünschen, geht aufs Haus. Übrigens auch, wenn Sie im Laufe des Abends dem Priapus dort“ – sie zeigte auf eine Statue des Fruchtbarkeitsgottes, der mit erigiertem Glied gewissermaßen den Eingang bewacht – „nacheifern wollen: Meine Mädels stehen Ihnen gern zur Verfügung – eines oder auch mehrere.“

„Ich glaube, ich werde auf diesen Service eher verzichten. Lieber möchte ich hier vom gemütlichen Sofa aus eine Weile dem Treiben in Ihrem Lokal zusehen und die schöne Atmosphäre genießen. Sie haben, finde ich, nicht zu viel versprochen. Aber ich danke Ihnen bestens für Ihr großzügiges Angebot.“ – „Wie Sie wollen. Rufen Sie mich, wenn Sie etwas brauchen. Ich muss wieder nach draußen – Gäste animieren und empfangen. Bis später!“

So ganz hatte Syrisca es wohl nicht aufgegeben, mich auch mit dem „Amor“ ihres Hauses Bekanntschaft machen zu lassen. Kellnerinnen, die ab und zu vorbeikamen, machten mir unmissverständliche Avancen. Aber diese Freuden überließ ich anderen Gästen – und da griffen einige gern zu. Manchmal legte sich ein Mädchen zu einem Gast auf das Sofa und breitete eine Decke über das amouröse Geschehen, meist aber zog sich ein Pärchen in einen der Nebenräume zurück. Kaum jemand nahm davon Notiz; dieser Service – „den Mund eines zarten Mädchens abpflücken“ hatte Syrisca es in ihrer blumigen Werbesprache angepriesen – gehörte offensichtlich zu den Selbstverständlichkeiten. Und die Chefin ging ganz offen damit um.

In einer ziemlich düsteren Ecke des Innenraumes hörte ich immer wieder Würfel auf Holz fallen und Münzen klimpern. Ich sah genauer hin und erkannte fünf Männer, die um einen runden Tisch saßen. Ein

Würfelbecher ging reihum, und ab und zu wurde das Ergebnis eines Wurfs mit Glücksrufen oder Flüchen kommentiert. Als plötzlich ein lauter Streit entbrannte, rauschte Syrisca persönlich zurück ins Lokal, um die beiden Kampfhähne zurechtzuweisen. „Wenn ihr raufen wollt, dann aber schnellstens nach draußen!", herrschte sie die Würfelspieler an. „Ihr wisst genau, dass wir alle uns solche Szenen nicht erlauben dürfen."

Die Wirtin hatte Autorität. Leise maulend setzten sich die beiden Männer wieder hin, und spätestens das Tablett voller Weinbecher, das eine Kellnerin herbeitrug, sorgte wieder für Ruhe. So schnell, wie er begonnen hatte, war der Spuk vorbei.

„Manchmal müssen Sie in diesem Job auch deutlich werden", erklärte mir Syrisca im Vorbeigehen. „Wenn es Ärger gibt und Raufereien drohen, ist der Spaß vorbei. Am besten ist es, so etwas im Keim zu ersticken. Deshalb haben meine Mädchen strikte Anweisung, mich sofort zu rufen, wenn Leute krakeelen oder Randale im Anmarsch ist."

„Ich habe gehört, dass Glücksspiel um Geld gar nicht erlaubt sein soll – außer an den Saturnalien. Stimmt das?" – „Leider ja. Sie haben richtig gehört. Aber die Leute sind so scharf auf Spielen, das können Sie nicht wirklich unterbinden. Oder Sie verzichten auf jede Menge Umsatz. Kneipen sind Treffpunkte von *aleatores*, Würfelspielern, das wissen auch die Ädilen. Aber es gibt kaum Kontrollen oder Razzien, die drücken meistens ein Auge zu oder sogar beide Augen. Schließlich sind ja auch viele Prominente ausgesprochene Würfel-Junkies. Wissen Sie, dass der große Augustus ein leidenschaftlicher Glücksspieler war – und daraus auch kein Geheimnis gemacht hat? Und dass Kaiser Claudius, der Vorgänger unseres jetzigen Kaisers, sogar ein Buch über die Würfelkunst geschrieben hat?"

„Das ist mir neu, und es erstaunt mich sehr." – „Es wird sogar erzählt, dass auch Nero riesige Summen beim Würfeln setzen soll. Das ist aber vielleicht nur ein bösartiges Gerücht. Von mir haben Sie das nicht!"

„Dann wundert mich der laxe Umgang der Behörden mit ‚Gesetzesbrechern' nicht so sehr", meinte ich. „Aber dafür sind Sie vorhin mächtig dazwischen gegangen. Sie wollen nicht, dass die entspannte Atmosphäre hier unter Streit oder gar Schlägereien leidet, richtig?" – „Das natürlich auch. Die Gäste sollen sich wohlfühlen und das behagliche Ambiente genießen. Viele haben ja nur eine winzige Wohnung, und wenn sie sich mit Freunden treffen oder mal in schöner Umgebung entspannen wollen, bleibt ihnen nur das Gasthaus. Da wollen die keinen Krach. Aber es gibt noch einen weiteren Grund, warum ich massive Streitereien beim Würfelspiel nicht dulde. Wenn die Radaubrüder in Rage geraten – die haben oft schon etliche Becher intus – und anfangen, mir das Mobiliar zu zerlegen, brauche ich die gar nicht erst auf Schadenersatz zu verklagen. Der Prätor lehnt die Annahme der Klage glatt ab."

„Wieso denn das?" – „Weil ich in diesem Fall als Spielunternehmerin, *susceptrix*, gelte. Ich habe ja illegales Glücksspiel in meinem Laden zugelassen und damit gegen das Gesetz verstoßen. Und solche Leute schützt das Gesetz eben nicht. Selbst wenn hitzköpfige *aleatores* mich oder eines meiner Mädchen ohrfeigen oder verprügeln, darf ich nicht klagen. Selbst schuld, sagt das Gesetz. Es schaut einfach zu, wenn Kriminelle ‚andere' Kriminelle fertigmachen. Das soll gerecht sein? Finde ich nicht. Ist aber so. Und deshalb schaue ich bei den Jungs mit den Würfeln ganz genau hin."

„Eine fragwürdige Form der Abschreckung, finde ich auch", gab ich Syrisca recht. „Aber wie ich Sie hier so erlebe, werden Sie ganz gut damit fertig." – „Bis jetzt ja, jedenfalls bei den Würfelspielern. Und wenn's ganz schlimm kommt, drohe ich auch schon mal mit dem da drüben" – sie zeigte wieder auf die Priapus-Statue; „der droht ja unübersehbar – so wie manche unanständige Menschen mit dem *digitus impudicus*. Na ja, notfalls legt eines der Mädels einfach mal ihre Arme um einen Wildgewordenen und weist mit einem verführerischen Nicken auf ein Separee."

„Und das funktioniert ohne einen stabilen Rausschmeißer?" – „Bei den *aleatores* in den allermeisten Fällen ja. Ich habe aber auch zwei Brüder, die hier im Haus wohnen, beide gut trainiert und bärenstark. Einer von ihnen ist immer in der Nähe. Den rufe ich, wenn es wirklich brennt. Kommt aber nur ganz selten vor. So, aber jetzt entschuldigen Sie mich."

Syrisca verschwand wieder, und ich schaute mir die Gäste etwas genauer an, die ihr Lokal besuchten. Soweit es die Kleidung erkennen ließ, sind das hauptsächlich kleine Leute, Handwerker, Arbeiter, Matrosen und, wie das mitgeführte Gepäck zeigt, auch zahlreiche Reisende, die zu Fuß unterwegs sind. Ob Syrisca auch Zimmer für Übernachtungen vermietet, wusste ich nicht, aber ich vermutete es. Bei einigen Gästen tippte ich auf die Zugehörigkeit zu einer etwas wohlhabenderen Mittelschicht. Frauen sah ich – außer den Bediensteten – nur ganz wenige.

Gäste aus der Oberschicht waren nicht da, jedenfalls soweit ich das beurteilen konnte. Das änderte sich ungefähr eine halbe Stunde, nachdem Syrisca in den Streit der Würfelspieler eingegriffen hatte. Da kamen drei Männer ins Lokal, alle Anfang zwanzig, die an ihrem Aussehen, Habitus und herrischen Auftreten als vornehme Herren zu erkennen waren. Ihre Manieren waren allerdings nicht ganz so vornehm. Sie waren laut, angetrunken und übergriffig. Eine der Flötenspielerinnen wurde ziemlich rüde angemacht und musste sich gegen dreistes Begrapschen wehren. Und die Serviererinnen erhielten die Bestellungen in einem harschen Befehlston.

„Rüpel aus der sogenannten besten Gesellschaft", raunte mir Syrisca zu, die auf die Neuankömmlinge sofort aufmerksam geworden war. „Diese Typen kennen wir zur Genüge; anderswo ziehen sie über unsere ‚schäbigen Kaschemmen' her, und hier lassen sie die Sau raus." Sie schaute sich aus einiger Entfernung an, wie sich die Männer weiter verhielten. Die deuteten die Blicke der Wirtin ganz richtig und wurden allmählich ruhiger – auch weil sich jeder mit einer Kellnerin „einig" geworden war. Syriscas Zustimmung zur amourösen Sonderleistung erfolgte routiniert durch ein unauffälliges Handzeichen. Später zogen sich die drei Paare in Nebenräume zurück. Auch als sie nach ein paar Minuten zurückkamen, blieb alles friedlich.

„Haben Sie öfter Gäste aus vornehmen Kreisen?", fragte ich Syrisca, als sie sich wieder zu mir gesellte. – „Nicht allzu oft. Wissen Sie, für diese feinen Herren ist es durchaus ein Risiko, sich in solchen

‚anrüchigen Etablissements' wie meinem Lokal sehen zu lassen. Das kann ihnen rasch die Verachtung ihrer Standesgenossen eintragen – und birgt wohl auch ein gewisses Erpressbarkeitspotenzial. Andererseits ist das genau der Kick, auf den manche scharf sind: ‚sündige' Orte als Mutproben oder der ‚Zug nach unten' als klammheimliche Vergnügen. Keine Ahnung, was mit denen los ist. Vielleicht wollen sie auch einfach nur mal rauskommen aus ihrem goldenen Käfig."

Ich fand es bemerkenswert, wie es Syrisca allein mit Blicken und Gesten gelang, diese potenziell schwierige Klientel „einzunorden". Die *copa* erwies sich trotz ihrer verführerischen femininen Ausstrahlung, ihres Tanzens und Singens als Respektsperson, mit der man sich besser nicht anlegt – ein Profi, die ihren Laden im Griff hat.

Über Syriscas Autorität hätte *ich* gern verfügt, als ich auf dem Rückweg zu Antonias Wohnung die unliebsame Bekanntschaft mit einigen Randalierern machte, deren Aggression ich mir zugezogen hatte. Warum, wusste ich nicht. Wahrscheinlich einfach dadurch, dass ich allein war – und damit ein leichtes Opfer. Mit Pöbeleien Halbstarker muss man nach Einbruch der Dunkelheit immer mal rechnen, das hatte ich schon mehrfach erlebt: blöde Sprüche, anzügliche Bemerkungen, Beleidigungen. Meist ist dabei Alkohol im Spiel, und man reagiert darauf am besten, indem man *nicht* reagiert.

An diesem Abend war das anders. Eine Gruppe von fünf etwa Zwanzigjährigen, von zwei Sklaven mit Fackeln eskortiert, kam mir entgegen. Ich versuchte auszuweichen, aber einer trat mir in den Weg: „Stehen bleiben! Na, ordentlich Bohnen gefressen? Oder wovon bist du so aufgebläht?" Ein anderer tönte: „Los, mach's Maul auf! Mein Kumpel hat dich was gefragt!" Ein dritter rief: „Ausländer, was? Nimmst die Römer aus, isst ihnen ihr Brot weg – wo hast du deinen Standplatz als Bettler aufgeschlagen?" Und so weiter und so fort. Besser nicht antworten, dachte ich, du kannst nur falsch liegen, egal, was du denen sagst. Dann begann das Geschubse. Ich trudelte vom einen zum anderen, wehrte mich aber nicht, sondern bat sie inständig, mich in Ruhe zu lassen. Ich hätte ihnen doch gar nichts getan, rief ich. Aber sie hörten nicht auf. Im Gegenteil. Die Attacken wurden heftiger, die blauen Flecken an meinem Körper zahlreicher. Fünf gegen einen: Da zeichnete sich ab, wie der Kampf ausgehen würde – wenn das ein Kampf war, bei dem die einen schlugen und der andere nur einsteckte.

Plötzlich aber entstand ein vernehmbares Rauschen in der Luft und ganz in der Nähe hörte man die Schreie eines Uhus. – „Lasst ihn in Ruhe", rief einer der Rowdies, „das ist ein schlimmes Vorzeichen. Apollo kündigt damit Unheil an, wenn man von dem nicht ablässt, was man gerade angefangen hat. Los, lasst ihn laufen!"

Im Nu zogen meine Feinde ihre Hände von mir zurück. Ich spürte die unverhoffte Freiheit – und nutzte sie. Mit größtmöglicher Geschwindigkeit rannte ich meinen Peinigern davon. *Sic me servavit Apollo.*

6 Zu Gast bei Orbilius, Schulmeister: „Glauben Sie wirklich, dass Schüler es besser wissen als der Lehrer?"

„Aufstehen, mein Lieber! Es wird Zeit!" Ich blinzelte verschlafen um mich. Vor mir stand mein Gastgeber Orbilius. Durch die kleinen Fenster seiner Zweizimmerwohnung drang noch kein Sonnenstrahl. Und das lag nicht am Wetter, sondern schlicht daran, dass die Sonne noch nicht aufgegangen war.

Couchsurfing kann so schön sein. Weniger schön ist es, wenn der Wohnungsinhaber einen in aller Herrgottsfrühe aus dem Schlaf reißt und zu schnellem Aufbruch drängt. Orbilius war schon komplett angezogen und hielt einen Becher in der Hand: „Hier, ein Schluck Wasser zum Wachwerden. Auf dem Tisch drüben steht eine Schale *puls.*"

Das römische Frühstück ist bescheiden; das wurde mir schnell klar. Und Getreidebrei ist nicht jedermanns Sache. Ein Stück Brot wäre mir lieber gewesen. Aber natürlich richtet man sich nach dem Gastgeber und seinen Vorstellungen. *Dieser* Gastgeber fragte auch nicht groß. Er wusste, was für seine Gäste gut und richtig war: Orbilius war Lehrer.

Kennengelernt hatte ich ihn zwei Tage zuvor bei einer Dichterlesung. Im Anschluss an den Vortrag eines Nachwuchspoeten bekamen die Zuhörer Gelegenheit, ihre Eindrücke zu formulieren und Fragen zu stellen. Orbilius fiel mir dabei als kluger, wenn auch etwas penetranter Diskutant auf. Als er von einem anderen Zuhörer mit Namen angesprochen wurde, merkte ich auf: Orbilius – so heißt doch der berühmt-berüchtigte Schulmeister, dem Horaz ein Denkmal als *plagosus* gesetzt hat, „schlagreich" oder, zutreffender übersetzt, „Schläger", und Vertreter einer typisch „harten" Pädagogik. Der Mann war eine Legende gewesen – trotz oder vielleicht sogar wegen seines unbarmherzigen Ruten-Regiments. In seiner Heimatstadt Benevent hatten sie ihm sogar eine Statue im öffentlichen Raum „spendiert". Ob dieser Orbilius hier mit dem legendären verwandt war?

Ich überwand meine Scheu und sprach ihn nach dem Ende der Veranstaltung an. Ich hatte nicht damit gerechnet, dass er so bereitwillig und aufgeräumt antworten würde: „Ja, ich bin tatsächlich der Ururenkel des berühmten *grammaticus* – und ich werde *gern* darauf angesprochen. Römer sind stolz auf ihre Vorfahren, die es zu etwas gebracht haben. Da bin ich ein echter Römer – auch wenn mein Urgroßvater seine Meriten nicht auf dem traditionellen politisch-militärischen Gebiet erworben hat. Und ich trage sogar denselben Namen wie er: Lucius Orbilius Pupillus."

„Dass Sie Literaturliebhaber sind, zeigt ja Ihre Anwesenheit hier", sagte ich, „aber sind Sie etwa auch in Sachen Bildung unterwegs?" – „Sie werden es kaum glauben: Ich bin tatsächlich auch Lehrer. Allerdings *magister*, sozusagen eine Stufe unter dem *grammaticus*, im Elementarunterricht. Lehrer sein ist seit meinem Urgroßvater eine Familientradition der Orbilii. Schon dessen Sohn, mein Großvater, war Lehrer, *grammaticus* wie sein Vater, und dann auch mein Vater. Er hat die Grundschule gegründet, die ich später übernommen habe und bis heute leite. Er wollte das übrigens so. Ich selbst hätte mir auch vorstellen können, beruflich in eine andere Richtung zu gehen. Aber gegen den Willen des Vaters kommt man ja nicht an, schon gar nicht bei den Orbilii …"

„Strenge und Härte auch als Prinzip bei der Erziehung der eigenen Kinder?" – „Ja, und das finde ich übrigens auch richtig. Da bin ich Traditionalist; na ja, nicht nur da."

„Die Schule, die Sie da von Ihrem Vater übernommen haben, floriert vermutlich?" – „Da berühren Sie einen wunden Punkt. Leider hat auch *das* Tradition in unserer Familie: Mit Schulunterricht können Sie nicht reich werden. Schon mein prominenter Vorfahre hat sich über die schlechte Zahlungsmoral der Eltern und die Geringschätzung des Lehrerberufes aufgeregt und aus Verbitterung darüber sogar ein Buch geschrieben. Geholfen hat's ihm nicht. Er ist arm gestorben. Daran hat sich bis heute wenig geändert. Die Orbilii sind gebildet, aber finanziell schwach auf der Brust. Mein Vater hat mir außer der bestehenden Schule und ihrem Ruf praktisch nichts hinterlassen. Und glauben Sie bloß nicht, dass Eltern ihren Zahlungsverpflichtungen heutzutage bereitwilliger nachkommen. Lehrer sollen alles wissen, Lehrer kann man jederzeit als wandelndes Lexikon anzapfen, auch wenn sie gerade auf dem Weg in die Thermen sind, bei Lehrern kann man seine schlecht erzogenen Bälger abladen – aber das Schulgeld, das rückt man nur sehr ungern heraus. Dem läuft unsereiner förmlich hinterher. Kürzlich stieß ich auf ein Graffito, bei dem der Frust dem Kollegen die Hand geführt hatte: ‚Wer mir mein Unterrichtshonorar gibt, soll alles bekommen, was er von den Göttern erbittet.' Das hört sich so locker an, ist aber nicht wirklich lustig. Ein undankbares Geschäft, sage ich Ihnen. Von der feinen Gesellschaft wird der Lehrerberuf dann auch noch als *ministerium servile* diskreditiert, als ‚sklavische Dienstleistung'! Einfach nur, weil Lehrer Geld für ihre Tätigkeit nehmen. Wäre ich Großgrundbesitzer, könnte ich auch großzügig auf Honorare verzichten. Aber entschuldigen Sie, ich habe mich zu einer Klage hinreißen lassen, die Sie ja überhaupt nicht interessiert."

„Im Gegenteil", beruhigte ich ihn. „Ich stehe Ihrer Profession sehr nahe und bin an allem sehr interessiert, was mit Schule zu tun hat. Ich nähme sogar gern mal an einem Unterrichtsvormittag teil. Meinen Sie, dass das möglich wäre?" – „Aber sicher! Man trifft selten auf Menschen, die sich für mein *ministerium servile* interessieren. Gern nehme ich Sie mal mit. Und wissen Sie was? Wir könnten uns doch auch so über Schule und pädagogische Fragen austauschen. Haben Sie nicht Lust, zwei, drei Tage bei mir zu wohnen?"

„Ich nehme Ihre Einladung sehr gern an, besten Dank dafür", sagte ich – und siedelte noch am selben Nachmittag in Orbilius' bescheidene Zweiraumwohnung über.

Zwei Abende lang diskutierten wir zum Teil sehr kontrovers über „richtige" und „falsche" Pädagogik. Und jetzt stand endlich der „Praxistest" bevor. Nach dem frühen Wecken musste ich mich sputen, um Orbilius beim Gang in seine Schule begleiten zu können. – „Beeilung!" Orbilius wurde ganz ungeduldig. „Ich möchte nicht, dass ein Schüler früher da ist als ich! So etwas untergräbt sehr schnell die Autorität des Lehrers."

Er kam mir sehr, sehr hektisch vor – und auch ein bisschen engstirnig. Warum wollte er unbedingt der Erste in seiner Schule sein? Der Grund wurde mir schlagartig klar, als wir nach einer knappen halben Stunde am Ort des Geschehens angelangt waren. Seine „Schule" – das war kein Gebäude, sondern gewissermaßen der Ausläufer einer Säulenhalle; ganz hinten, wo sie fast zu Ende war. Dort stellte Orbilius Klappstühle auf, die an der äußersten Wand der Portikus anlehnten, und davor einen Tisch, der ihm als Pult diente. Auf meine staunenden Blicke hin erläuterte er: „Das ist hier ein Provisorium. Ich habe gerade keinen festen Schulraum. Der letzte ist mir gekündigt worden. Dass ich momentan etwas unter einer Eigenkapitalflaute leide, habe ich Ihnen, glaube ich, schon bei unserem ersten Zusammentreffen angedeutet. Übergangsweise habe ich den *ludus Orbilii* deshalb hierhin unter freien Himmel verlegt. Na ja, ganz so frei zum Glück doch nicht; vor Sonnenbrand und Regen schützt uns das Dach der gastlichen Säulenhalle. Vier Wochen hat mir der zuständige Ädil zugestanden, mit Option auf eine Verlängerung. So lange will er meinen Schulunterricht hier auf jeden Fall dulden – weshalb ich nachmittags nach Schulschluss die Klappstühle und mein Pult hier auch abstellen darf."

Schulunterricht im alten Rom ist tatsächlich Privatsache. „Und wenn die Eltern nicht pünktlich zahlen, muss sich der Schulleiter etwas einfallen lassen", jammerte Orbilius. „Ich weiß auch, dass die Situation nicht optimal ist. Aber für ein paar Wochen oder Monate muss auch mal *open-air*-Unterricht möglich sein. Daran stirbt keiner, und eine ganze Reihe von Kollegen verfährt ja genauso. Portiken als Unterrichtsräume sind keine Spezialität à la Orbilius."

Ich ließ mir meine Skepsis nicht anmerken, sondern widmete meine Aufmerksamkeit den Schülern, die nach und nach eintrudelten. Sie waren zwischen sechs und zehn Jahren alt. Viele blasse, müde Gestalten kamen da an, mit einem *stilus* und einer Wachstafel in der Hand, einige von ihren Pädagogen begleitet, von denen manche sich wieder entfernten und andere sich in einiger Entfernung zur „Schule" auf dem Boden der Säulenhalle niederließen. Alle Schüler grüßten den Lehrer höflich und distanziert. Deutlich lebhafter geriet dagegen manche Begrüßung der Sitznachbarn. Auch ein paar Mädchen waren da. Sie setzten sich, von den Jungen getrennt, in ihre jeweilige Klasse auf die bereitgestellten Stühle.

„Gibt es auch Sklaven unter Ihren Schülern?", fragte ich Orbilius. – „Drei von den 25, die angemeldet sind – wobei meist einige fehlen. Gaius dahinten und Sextus hier links vorn" – er zeigte auf zwei Jungen – „sind unfrei, beide ganz aufgeweckte Jungs; sie gehören zu den Besten. Und sie benehmen sich viel anständiger als die meisten anderen."

„Wer bezahlt das Schulgeld für sie?" – „Ihre Herren selbstverständlich, und das sogar pünktlich und vollständig, löbliche Ausnahmen! Die beiden werden irgendwann Managementposten in den Betrieben ihrer Besitzer übernehmen. Da müssen sie natürlich schreiben und rechnen können."

„Das Schulgeld ist also so eine Art Investment in die berufliche Qualifikation von Sklaven?", fragte ich. – „Genauso ist es. Am Ende ist das erheblich billiger für den Eigentümer, als wenn er fertig qualifizierte Unfreie auf dem Sklavenmarkt erwirbt. Na ja, jedenfalls wenn sie überleben", fügte er ernst hinzu.

Es dauerte eine gute Viertelstunde, bis sich die Schule des Orbilius gefüllt hatte. Pünktlichkeit in einem strengen Sinn konnte man ja in einer Gesellschaft, die aus technischen Gründen nicht unter dem Diktat der Uhr stand, nicht erwarten. Da war es schon ein Zeichen enormer Disziplin, dass alle Schüler sich in einem recht kurzen Zeitraum einfanden. Der Grund dafür wurde klar, als ein Nachzügler auftauchte. Ohne nach der Ursache für seine Verspätung zu fragen, herrschte Orbilius ihn wütend – echt oder gespielt – an und schlug ihm mit der *ferula* auf die Finger. Die Rute lag, für alle gut sichtbar, auf dem Lehrertisch – eine ständige Drohung, und nicht nur eine leere. Bei Unterrichtsstörungen, wiederholten Fehlern, und selbst wenn ein Schüler nur vor sich hin träumte, setzte Orbilius sie geradezu ansatzlos in Bewegung; im Laufe des Vormittags bestimmt an die zehn- bis fünfzehnmal. Mir wurde schlagartig klar, warum die *ferula* als „Zepter der Lehrer" zugleich verspottet und gefürchtet wurde: Sie war *das* Disziplinierungsmittel des kleinen „Schul-Königs". Orbilius schien mir durchaus natürliche Autorität auszustrahlen, aber er verließ sich doch lieber darauf, eine Atmosphäre der Angst und Unterdrückung zu schaffen.

Vier ältere Knaben bekamen den Auftrag, die Schule durch ein großes *velum* von der übrigen Säulenhalle abzutrennen. Dieser Vorhang ist allerdings nur eine notdürftige Sichtbarriere. Er lässt noch genügend Möglichkeiten, in den „Klassenraum" hineinzuschauen bzw., was der Konzentration in den nächsten Stunden erkennbar Abbruch tat, aus ihm herauszuschauen. Was sich da in der Portikus abspielte, war offenbar häufig deutlich interessanter als das, was im Unterricht geboten wurde.

Es hatten sich insgesamt 23 Schülerinnen und Schüler eingefunden. Sie waren in vier Gruppen aufgeteilt, die ihrem Lernstand und damit weitgehend ihrem Alter entsprachen. Orbilius musste sie alle allein betreuen. „Normalerweise habe ich einen *calculator*, der die anspruchsvolleren Rechenoperationen behandelt", erklärte er mir. „Aber mein langjähriger Hilfslehrer ist kürzlich zu einem anderen Schulmeister gewechselt – wegen Geld natürlich –, und ich hatte noch keine Zeit, einen neuen Mann zu engagieren."

„Mann?", fragte ich. „Käme nicht auch eine Frau infrage?" – „Wo denken Sie hin?", erwiderte er, mehr erstaunt als entrüstet. „Frauen im Lehrberuf – das gibt's nirgends. Und das ist auch besser so."

Die ältesten Schüler bekamen von ihm Rechenaufgaben diktiert, hauptsächlich Multiplizieren und Dividieren; aus meiner Sicht nicht besonders anspruchsvoll. Aber Orbilius erklärte mir, dass mehr nicht drin sei in der Elementarschule. Sie lege ja nur das Fundament dafür, dass jemand in einem kaufmännischen Beruf einigermaßen zurechtkomme.

So auch beim Schreiben und Lesen. An die jüngsten Schüler teilte Orbilius Holztafeln aus, auf die die Buchstaben des Alphabets ziemlich tief eingeritzt waren. „Jeder nimmt jetzt seinen *stilus* zur Hand", trug er ihnen auf, „und zieht die Buchstaben nach – jeden einzelnen mindestens zehnmal." Ich warf einen Blick auf eines der Holztäfelchen. „Fehlen da nicht y und z?", fragte ich Orbilius – er hatte mir gestattet, jederzeit Fragen an ihn zu richten. – „Die kommen nur in griechischen Wörtern vor“, klärte er mich auf. „Zu Anfang reicht es völlig aus, wenn die Kinder die 21 lateinischen Buchstaben einigermaßen beherrschen.“

Er wandte sich wieder an die Schülergruppe: „Und anschließend schreibt ihr alle Buchstaben von A bis X auf eure Wachstafel, erst vorwärts und dann rückwärts im Alphabet. Klar?“ – Die Kinder nickten und begannen mit der Aufgabe.

Nun waren die „Drittklässler“ an der Reihe. Ihnen diktierte Orbilius einige *sententiae*: *homo semper aliud, fortuna aliud cogitat*, „der Mensch denkt immer anders als das Schicksal“; *viri boni est nescire facere iniuriam*, „kein Unrecht begehen zu können, zeichnet einen guten Menschen aus“; *lex videt iratum, iratus legem non videt*, „das Gesetz sieht den Zornigen, der Zornige aber nicht das Gesetz“. Es folgten fünf, sechs weitere „Sprüche“. „Alles Sentenzen des Publilius Syrus“, erläuterte er mir. „Dessen Mimen sind zwar ziemlich flache Komödien, aber seine Sinnsprüche sind Leitplanken fürs Leben. Die bleiben im Gedächtnis!“ Damit sie dieses didaktische Ziel erreichten, trug Orbilius der Gruppe auf, jede *sententia* noch zweimal abzuschreiben und sie auswendig zu lernen. „Vorher aber sprechen wir sie laut, und zwar im Versmaß!“ Er selbst trug jede Sentenz so bühnenreif vor, dass Passanten sie noch in einiger Entfernung mitkriegten. Spätestens als sechs Schüler und zwei Schülerinnen, von Orbilius zu besonders lautem Sprechen aufgefordert, sie nachsprachen, dürften etliche Nachbarn in den angrenzenden *insulae* aus dem Bett gefallen sein, vermutete ich. Die Sonne war ja eben erst aufgegangen … – „Normalerweise spreche ich jede Sentenz vier-, fünfmal vor, und die Schüler wiederholen sie ebenso oft“, sagte Orbilius. „Aber ich kürze heute ab, um mich der vierten Gruppe zuwenden zu können.“

„Werden die Sentenzen auch interpretiert?“, fragte ich. – „Wenn nötig, erläutere ich den Schülern den Inhalt, manchmal auch anhand von Beispielen.“

„Und die Schüler können auch eigene Gedanken dazu vorbringen, wie *sie* einen Spruch verstehen?“ – „Glauben Sie wirklich, dass Schüler es besser wissen als der Lehrer?", fragte Orbilius gereizt zurück. „Nein", gab er selbst die Antwort, „was sie wissen müssen, erfahren sie von mir, von ihrem *magister*."

Nachdem er die drei Gruppen mit Aufgaben versorgt hatte, wandte Orbilius sich der letzten Gruppe zu. Diese Schüler hatten jetzt schon einige Zeit gewartet und langweilten sich, zumal sie sofort strenge Blicke des Lehrers ernteten, wenn sie sich unterhielten. Man hätte sie eine Zeit lang zu Hause länger schlafen lassen können, fand ich. Ich sagte aber nichts, um nicht als besserwisserischer Gast aus Germanien anzuecken. Orbilius teilte den Kindern seinen Unterrichtsplan kurz mit. „Ihr beherrscht ja die Buchstaben jetzt endlich einigermaßen sicher. Heute wiederholen wir das Schreiben und Lesen von Silben. Zuerst hängen wir alle Vokale an die Konsonanten: ba, be, bi, bo, bu. Schreibt das auf eure Wachstafeln!"

Die Gruppe bestand aus acht Schülern. Orbilius ging herum und schaute sich die Schreibergebnisse an. Er monierte „unsauber" geschriebene Buchstaben: „Das sieht ja mehr nach Hühnerklaue aus als nach menschlicher Hand!" Wenn mal ein Buchstabe fehlte, wurde er sehr ungehalten: „Kannst du's immer noch nicht? Beim nächsten Fehler spürst du die Gerte!" Das Ganze wurde mit den Buchstaben c und d wiederholt. Dieser „Dreierpack" wurde dann im Chor vorgelesen: „ba, be, bi, bo, bu, ca, ce, ci, co, cu, da, de, di, do, du". In diesem Wechsel von Schreiben und „Deklamieren" ging es weiter, bis der letzte Konsonant erreicht war. Es war ermüdend, zuzuhören – und für die anderen Gruppen nicht gerade konzentrationsfördernd.

Von den Passanten nahmen nur wenige Notiz, wenn der Silbenchor erklang. Sie kannten das offensichtlich. Anders, wenn Orbilius laut wurde, einen Schüler „zusammenfaltete" oder die Gerte auf ihn niedersausen ließ. Da blieb schon mal der eine oder die andere stehen – ein kleines voyeuristisches Intermezzo. Ich wunderte mich schon ein wenig, dass niemand einschritt. Denn wer wusste schon, dass Orbilius ein freier Römer war? Genauso gut hätte da ein Sklave unterrichten – und züchtigen – können. Die meisten Lehrer in Rom waren ja Unfreie.

„Dürften Sie frei geborene Kinder auch schlagen, wenn Sie Sklave wären?", fragte ich Orbilius. – „Aber sicher", antwortete er mit einem breiten Grinsen, „das gehört zum Lehrerjob. Damit haben die Eltern kein Problem, auch nicht die Reichen und Mächtigen. Wie wollen Sie denn sonst diese Bande hier in Schach halten? Die werden auch zu Hause oft genug versohlt."

Die Lerngruppe unter Orbilius' Anleitung beschäftigte sich mit der Erweiterung der Silbenübung um einen Konsonanten: „Bab, beb, bib, bob, bub" usw. wurde geschrieben und lautsprecherhaft vorgetragen. Danach kamen wenigstens ein paar sinnvolle Wörter an die Reihe: Begriffe aus der Mythologie, der Geografie und der Geschichte – diktiert, geschrieben und nachgesprochen in einem für längeres Zuhören kaum erträglichen Leier-Modus. Ich sagte nichts dazu, aber Orbilius deutete meine Miene schon ganz richtig: „Lernen", sagte er, „ist kein Honigschlecken; das Geheimnis nachhaltiger Lehre heißt nun einmal *inculcare*, ‚hineinrammen', ‚eintrichtern', ‚einbläuen'." Ein anschaulicher Ausdruck, aus *in*, „hinein", und *calcare*, „treten", zusammengesetzt: Wissen muss in die Köpfe förmlich „hineingestampft" werden. Orbilius war jedenfalls fest davon überzeugt.

Während er mit seiner Gruppe das „Hineinstampfen" über Stunden praktizierte, beobachtete ich die anderen Schüler. Sie kamen bereitwillig ihren Aufgaben nach, wobei sie das geräuschvolle Exerzieren der vom Lehrer betreuten Kameraden erkennbar irritierte. Mehr noch aber ärgerten sie sich über die Störungen von außerhalb. Der Vorhang schützte die Klasse nur notdürftig vor dem Treiben, das sich in der Säulenhalle abspielte. Fliegende Händler nahmen – natürlich – keine Rücksicht auf den Schulunterricht. Sie priesen ihre Waren in wahrhaft höchsten Tönen an, um die Konkurrenz akustisch zu übertreffen. Besonders unangenehm waren Störungen, die freche Alterskameraden von außen verursachten. Sie machten sich über die Schullerner offen lustig, verspotteten sie als von der *ferula* bedrohte Lehrer-Sklaven – während sie selbst völlig frei durch die Säulenhalle tobten.

Das wirkte durchaus demoralisierend auf die Schüler, mochten sie auch dank der von Orbilius vermittelten Bildung über bessere Zukunftschancen verfügen als die dreisten Störer.

Um es kurz zu machen: Ich sehnte den Mittag herbei, der mich von diesem ziemlich deprimierenden *spectaculum* erlösen würde. Mit motiviertem, selbstständigem und, ja, auch fröhlichem Lernen hat das hier nichts zu tun. Es ist zu großen Teilen ein ödes Pauken mit expositorischem Lehrverfahren, das den Schülern kaum Freiraum zur eigenen Entfaltung lässt und das viel Leerlauf und Langeweile produziert. Das alles erhöht die „Einsatzzeiten" für die *ferula* und verstärkt den repressiven Charakter der ganzen Schulveranstaltung – von den höchst unzulänglichen äußeren Umständen und Ablenkungsmechanismen des Säulenhallen-Ambientes ganz abgesehen.

Schon für mich als nicht von Sanktionen bedrohten Zuschauer des Geschehens waren das peinliche, peinvolle Stunden. Kaum auszudenken, wie die Schülerinnen und Schüler unter dieser autoritären, extrem lehrerzentrierten Pädagogik à la Orbilius leiden – und das Tag für Tag. Dass da jemand gern oder gar fröhlich zur Schule geht, ist für mich unvorstellbar. Unterricht unter diesen Umständen muss vielfach als Qual und Leidensgeschichte wahrgenommen werden.

Entsprechend erleichtert war ich, als Orbilius sämtliche Kinder um die Mittagszeit nach Hause schickte. Sie sollten dort oder unterwegs in einer Snackbar zu Mittag essen. Zwei Stunden später werde der Unterricht fortgesetzt, am Nachmittag aber nur für ungefähr zwei Stunden, kündigte Orbilius an. Auf diese „Wiederholung" glaubte ich verzichten zu können; ich hatte genug gesehen. Mir sei unwohl, schwindelte ich Orbilius vor, und ich würde mich deshalb lieber ein bisschen ausruhen, statt ihn zum Nachmittagsunterricht zu begleiten. Orbilius war sehr mitfühlend, sodass mir meine Ausrede fast schon wieder leidtat.

Als Orbilius am Spätnachmittag vom Unterricht zurückkam, war er ziemlich erschöpft. „Sollen wir es uns nicht hier in meiner Wohnung gemütlich machen?", schlug er vor. „Ich habe noch Brot, Käse und Oliven im Haus – und auch einen edlen Wein, der uns den Abend beim Diskutieren versüßen kann."

„Gern“, gab ich zurück, „die Gespräche mit Ihnen finde ich ausgesprochen aufschlussreich und belebend.“ Und das meinte ich auch so, obwohl ich mich mit Orbilius’ Pädagogik nicht anfreunden konnte. Aber es war durchaus erhellend, sich mit seinem römischen, hauptsächlich an *praecepta*, „Vorschriften“, orientierten didaktischen Credo auseinanderzusetzen. In unserem Gespräch zeigte sich, dass Orbilius sich mit „moderneren“ Ansätzen durchaus beschäftigt hatte. Ja, das Alphabet mithilfe von entsprechend geformtem Gebäck oder „Spielzeugen“ in Elfenbein- und Buchsbaumbuchstaben zu vermitteln, das werde er demnächst einmal ausprobieren. Allerdings helfe er vielen Kindern schon jetzt, indem er ihnen bei ersten Schreibversuchen die Hand führe. Offenere Unterrichtssituationen jedoch, mehr Raum für „freie“ Antworten der Schüler, Diskussionen gar über Merksprüche – das gehe doch zu weit, da überschätze man die Kinder und degradiere die Lehrer zu bloßen Gesprächspartnern. Vom *praecipere* werde jedenfalls er nicht abgehen; das *prae* zeige ja schon an, wer den Ton angeben müsse.

„Und was ist mit dem Verzicht auf Gewalt, stattdessen mit Motivationsanreizen und Förderung der natürlichen Lernfreude?“, fragte ich. – Orbilius winkte ab. „Ich habe davon gehört, dass einzelne Kollegen solche innovativen Konzepte vorschlagen. Das sind aber in der Regel reine Theoretiker. Wenn die ihre Vorschläge in die Praxis umsetzen müssten, stünden sie schnell vor einem Scherbenhaufen. Nein, ohne Druck, Zwang und Schläge wird nicht ordentlich gelernt. Lernen ist ein hartes Brot, da erreichen Sie mit Einsicht und Freiwilligkeit nichts. *Nemo non didicisse mavult quam discere*, heißt ein geflügeltes Wort, ‚jeder will lieber gelernt haben als lernen‘. Wenn man das ernst nimmt, muss man den Mut haben, sich bei Schülern unbeliebt zu machen. Auch wenn sie mal mit der *ferula* Bekanntschaft gemacht haben, sind sie einem hinterher dankbar dafür.“

„Und setzen Ihnen sogar ebenso ein Denkmal wie Ihrem Vorfahren?“ – „Schön wär’s, aber ganz unrealistisch. Mit meinem Urgroßvater verglichen, bin ich ein kleines Licht. Ein Schulmeister mit großem Namen, wenn Sie so wollen, aber kleinem Wirkungskreis – und noch kleinerem Geldbeutel.“

„Der aber im Großen und Ganzen mit sich und seinem Leben zufrieden ist?“ – „Im Grunde ja. Natürlich könnte manches besser sein, vor allem finanziell. Aber in einer Hinsicht möchte ich nicht so enden wie mein hoch verehrter Vorfahre. Der war am Ende seines langen Lebens stark verbittert und frustriert. Da hilft Ihnen auch keine Statue drüber hinweg.“

„Sie haben recht“, sagte ich, „frustrierte Lehrer – das ist so ziemlich das Schlimmste.“

AUFENTHALT AUF DEM LAND

7 Zu Gast bei Flavia, Gutsverwalterin: „Wieder mal einen Faulpelz geschnappt! Das sind immer die Kerle, nie die Mädels!"

Im Herbst sind die Temperaturen in Rom deutlich angenehmer als im Hochsommer, aber trotzdem empfand ich das Klima häufig als belastend. Manchmal weht ein bleischwerer Südwind, in den sich Malariakeime aus den Pomptinischen Sümpfen mischen, nicht selten auch wenig erfreuliche Ausdünstungen aus den *ustrina*, Krematorien, die nicht weit von der City entfernt sind. Der notorische *aer gravis* der Hauptstadt, die „schwere Luft", die wie eine Art Smogglocke über der Stadt liegt, macht dann vielen Bewohnern besonders zu schaffen. Stadtrömer erkenne man sofort an ihrem blassen Teint, wird allgemein behauptet, und auch wer gerade aus der Sommerfrische gekommen sei, dem raube Rom rasch die frische Farbe, spotten Satiriker. Man merkt den Herbst auch am Hochschnellen der Krankenzahl. Fieberanfälle raffen viele Menschen dahin, die Jahreszeit gilt nicht zu Unrecht als einträgliche Jahreszeit für Libitina, die Todesgöttin.

Zum Small Talk auf römischen Partys gehört auch das Wetter. Und so war es fast unvermeidlich, dass auch ich in eine Gesprächsrunde geriet, in der sich einige Besucher des von meinem damaligen Gastgeber ausgerichteten *convivium* über das „gefährliche" römische Herbstklima beklagten. Man fragte mich, ob ich als „Neurömer" das auch so empfände. – „Dass die Luft mitunter schwer ist, das kann ich bestätigen. Aber das gehört wohl zu einer solchen Metropole, zumal wenn die Leute in den kühlen Nächten wieder anfangen zu heizen", meinte ich. Und ja, es stimme, richtig wohl fühlte ich mich schon seit ein paar Tagen nicht mehr. – „Sie brauchen frische Landluft", sagte ein Herr, der sich als Gaius Popilius vorstellte. „Darf ich Ihnen eine kleine Auszeit von den Großstadt-‚Plagen' vorschlagen? Ich fahre morgen auf meine Besitzungen im Tibertal bei Ocriculum, ungefähr fünfzig Meilen von hier. Dort ist einiges mit dem Verwalter meiner *villa rustica* zu klären. Wenn Sie Lust haben, kommen Sie doch einfach mit."

Die Einladung war so überraschend wie verführerisch. Warum nicht ein paar Tage der Hektik der Großstadt entfliehen und das Landleben kennenlernen, zumal das eher süße, nicht mit eigener Arbeit verbundene? Ich sagte also spontan zu.

Am nächsten Morgen wurde ich von zwei Sklaven des Popilius abgeholt. Sie trugen mein Gepäck und begleiteten mich zum Treffpunkt unweit des Pons Mulvius. Es war eine ganz ordentliche Strecke, die wir da über die Via Lata und den ersten Abschnitt der Via Flaminia zurücklegen mussten. Aber ich bereute es trotzdem nicht, das Angebot meines Gastgebers ausgeschlagen zu haben: Er hatte mich mit einer Sänfte abholen lassen wollen, doch ich fand, diese vornehme Art der Beförderung passe nicht zu mir.

Der Treffpunkt lag dort, wo die durchgehende Bebauung zu Ende ist. Da dürfen private Wagen starten, die in der City dem Tagesfahrverbot unterliegen. Die Option, vor Tagesanbruch loszufahren, solange Wagen in der Stadt noch rollen dürfen, hatten wir gemeinsam verworfen; Fahrten bei Dunkelheit sind nicht jedermanns Sache. Und da wir unterwegs ohnehin eine Übernachtung bei einem guten Bekannten des Popilius einlegen wollten, hatten wir es nicht eilig.

Die *carruca*, die für uns bereitstand, ließ erkennen, dass Popilius ein sehr wohlhabender Mann war: ein schwerer, von zwei Pferden gezogener, vierrädriger Reisewagen, in dem wir es uns – relativ – bequem machen konnten. Neben dem Kutscher fuhren auch zwei Sklaven mit, sodass wir im Gefährt zu viert saßen. Zwar war der Wagen mittels einer Aufhängung an Lederriemen gefedert, aber das Reisen war trotzdem kein Vergnügen. Es schaukelte und rumpelte ganz gehörig, zumal das Pflaster der Via Flaminia an vielen Stellen Löcher und Spurrillen aufwies. Pausen, in denen man sich die Beine vertreten konnte, waren willkommen, und ich war froh, als wir das Landhaus erreichten, in dem wir übernachteten.

Auch Popilius ist kein Reise-Fan. „Für mich ist es immer wieder eine Tortur, zu meinen Besitzungen zu fahren", klagte er, „die Villa Ocriculana liegt allerdings zum Glück nah an Rom. Die Wege zu anderen meiner Landgüter in der Poebene und in Kampanien sind noch deutlich strapaziöser."

„Ist nicht Kampanien auch gut mit dem Schiff zu erreichen?“, fragte ich. – „Im Prinzip schon“, entgegnete er, „wenn Sie nicht so schnell seekrank werden wie ich. Andererseits: Es gibt Schlimmeres. Manche sprechen von einem Luxusproblem, und so ganz unrecht haben sie damit ja nicht. Das Beste ist, dass ich über sehr viele Gastfreunde verfüge, die Anwesen an ‚meinen‘ Routen besitzen. Dadurch entgeht man wenigstens diesen schrecklichen Rasthäusern mit ihren Mehrbettzimmern und ihren unangenehmen menschlichen und tierischen Mitbewohnern.“

„Tierische Mitbewohner?“ – „Ich spreche von den ganz kleinen, die einem die Nacht zur Hölle machen können: Flöhe, Läuse, Wanzen.“ Er schüttelte sich.

Zum Glück blieben wir dank einer komfortablen Unterkunft bei einem Gastfreund von diesen Tierchen verschont. Am nächsten Tag gelangten wir am frühen Nachmittag an unser Ziel: Popilius' *villa rustica* ist ein beeindruckender Gutshof mit der üblichen Dreiteilung in Herrenhaus, Gesindetrakt mit Stallungen sowie Vorratstrakt mit Öl- und Weinkeller, Getreidespeicher und anderen Lagerräumen.

Wir wurden vom *vilicus* sehr freundlich empfangen und betraten die *pars urbana* des Anwesens. Sie hat wirklich urbane Qualität. Mit einem „Bauernhof“ hat dieser Teil nichts zu tun; eher ist er als Herrensitz konzipiert, aus edlen Materialien gebaut: Marmor, Stuck und Wandgemälde schmücken die Empfangs- und Wohnräume ebenso wie exquisite Möbel und zahlreiche Kunstgegenstände. Ein großzügiger Park schließt sich an, dessen Spazierwege von Statuen gesäumt sind. Auch eine kleine Thermenanlage gehört zum Wohnkomplex, der offenbar nur bewohnt wird, wenn der Gutsherr zugegen ist. Da Popilius seine Ankunft angekündigt hatte, war auch die Fußbodenheizung in Betrieb. Es gibt sogar eine Bibliothek, nicht allzu groß, aber doch für mich sehr unerwartet in dieser ländlichen Umgebung. Eben das ist auch der Sinn der ganzen Raffinesse: Dieser Trakt ist eine Art zivilisatorischer Leuchtturm in ansonsten rustikaler Umgebung. Die „Herrschaften“ sollen nichts vom Luxus städtischen Wohnens vermissen – und doch in wenigen Schritten in einer Natur sein, die die „schwere Luft“ und den Krach der Großstadt vergessen macht. Sozusagen das Beste zweier Welten und zugleich eine Demonstration, dass römischer Gestaltungswille der natürlichen Umgebung seinen Stempel aufzudrücken imstande ist.

Ich war tief beeindruckt von dieser luxuriösen Wohnkultur in ländlichem Ambiente. Ocriculum, die nächste Kleinstadt, ist ein paar Meilen entfernt; der Latifundienbesitz meines Gastgebers reicht allerdings, wie ich später erfuhr, in südlicher Richtung bis zur Stadtgrenze. Das Einzige, was die Idylle etwas störte, war Baulärm, der aus einem Flügel der *villa* drang. „Was ist denn da los?“, erkundigte sich Popilius beim Verwalter. „Herr, der Gästeflügel brauchte dringend eine Renovierung, und wir hatten bei Ihrem letzten Besuch vereinbart, dass ich die entsprechenden Arbeiten in Auftrag geben dürfe. Die Handwerker aus Ocriculum sind seit ein paar Tagen an der Arbeit. Ich habe zusätzlich einige unserer eigenen Arbeitskräfte dafür abgestellt.“

„Können wir unseren Gast dort denn überhaupt unterbringen?“ – „Ich fürchte, nein, Herr. Es wird gerade in allen Gästezimmern gearbeitet. Den Zustand kann man niemandem zumuten. Erlauben Sie mir“, fügte er sehr leise hinzu, „darauf hinzuweisen, dass Sie uns keinen Gast angekündigt haben. Sie kämen allein, hat Ihr Bote vor einigen Tagen gemeldet.“

„Das stimmt. Ich habe diesen Herrn hier erst vorgestern Abend zu uns eingeladen und vergessen, dich zu informieren. Das ist jetzt aber sehr ärgerlich. Er kann ja schlecht im Wohnraum schlafen. Was machen wir, Glaucus?“ – „Ich hätte eine Idee: In unserer Verwalterwohnung haben wir auch ein Gästezimmer. Es ist natürlich viel bescheidener als die Räume hier in der *pars urbana*, aber immerhin abgeschlossen und ruhig gelegen. Vielleicht ist Ihr Gast einverstanden, wenn er die Nächte dort verbringt. Es tut mir sehr leid, dass wir ihm das wohl zumuten müssen. Aber meine Frau und ich werden nach Möglichkeit dafür sorgen, dass er sich einigermaßen wohlfühlt.“

Natürlich war ich schon ein bisschen enttäuscht, auf das bestimmt sehr luxuriöse Zimmer im Herrenhaus verzichten zu müssen. Andererseits betraf das ja nur die Nächte. Und um meinem Gastgeber Peinlichkeiten zu ersparen, sagte ich rasch zu: „Das ist doch wunderbar, dann kriege ich auch ein bisschen mehr davon mit, wie es auf dem Gutshof bei der Arbeit zugeht. Das wäre für mich auch ein hochinteressanter Einblick."

Popilius war froh, dass das Problem auf diese Weise gelöst war. Er blieb zwar noch eine Zeit lang mürrisch ob dieser „Notlösung", aber der Verwalter konnte ja nun wirklich nichts dafür. „Sie können sich aber jederzeit hier im Herrenhaus frei bewegen", versicherte mir Popilius, „und selbstverständlich nehmen wir die *cena* gemeinsam ein. Mittags werde ich allerdings mit Glaucus meist unterwegs sein; ich will meinen Aufenthalt nutzen, um überall nach dem Rechten zu sehen und zu kontrollieren, ob der *vilicus* alles im Griff hat." Das war eine klare Ansage, die in dieser scharfen verbalen Form sicher etwas mit dem Ärger zu tun hatte, den meine „Auslagerung" bei ihm verursacht hatte. „Glaucus wird Sie jetzt in Ihre Wohnung führen. Zögern Sie nicht, sich an ihn und seine Frau Flavia zu wenden, wenn Sie irgendwelche Wünsche haben."

Auf dem Weg zu seiner Wohnung fragte ich Glaucus: „Ist Ihr Herr tatsächlich so streng zu Ihnen, wie es gerade den Anschein hatte?" – Glaucus antwortete vorsichtig: „Er ist ein guter Herr, und er kümmert sich. Er will, dass die Sklaven auf seinem Gut zufrieden sind. Das sorgt für bessere Arbeitsleistungen."

„Das klingt nach einem Aber …", hakte ich nach. „Keine Sorge, was Sie mir erzählen, bleibt unter uns." – „Bei manchen Besuchen fragt er die Sklaven tatsächlich, wie sie mit mir, ihrem *vilicus*, klarkommen – ohne dass ich dabei bin. Ob sie genügend Kleidung, ordentliches Essen und Trinken kriegen, sich gerecht behandelt fühlen und so weiter. Das ist natürlich schon eine ziemlich starke Kontrolle. Aber ich sehe es positiv: Anderen Gutsbesitzern ist es egal, ob ihre Leute brutal und ungleich behandelt werden; Hauptsache, die Kasse stimmt. Und unser Herr kümmert sich eben bis ins Kleine. Aber grundsätzlich habe ich natürlich das Vertrauen meines Herrn. Das muss ja auch so sein. Wenn er in Rom ist – und da ist er meistens –, bin ich hier der Chef, und zwar über die unfreien wie über die freien Mitarbeiter, insgesamt ungefähr fünfzig

Leute. Umgekehrt muss *ich* mich auf *meine Vorarbeiter* verlassen können. Da gucke ich sehr genau hin, wer infrage kommt."

„Und wie sind Sie selbst in diese Position gelangt? Haben Sie sich dafür beworben?" – „Nein, als Sklave bewirbt man sich nicht … Da bestimmt der Herr. Man kann höchstens auf sich aufmerksam machen. Ich war einige Jahre im Stadthaushalt des Popilius unter anderem als *dispensator* für die Finanzen zuständig, und das offenbar zur Zufriedenheit meines Herrn. Als die Stelle des Gutsverwalters in der Villa Ocriculana frei wurde, hat er mich gefragt, ob ich Lust darauf hätte."

„Sie hatten, vermute ich?" – „Einerseits – andererseits. Ich wusste, die Stadt ist nicht weit weg. Allerdings müssen Sie sich als *vilicus* die meiste Zeit auf dem Gut aufhalten. Ausflüge in die Stadt sind eigentlich nur erlaubt, wenn Sie dienstlich etwas für die *villa* ein- oder verkaufen sollen. Ich hatte schon geahnt, dass mir Circus Maximus, Theater und manch andere nette Dinge der Großstadt fehlen würden. Auf der anderen Seite war das natürlich ein tolles Angebot mit großer Personalverantwortung. Und der Aussicht, bei Bewährung in einigen Jahren freigelassen zu werden. Also habe ich ja gesagt."

„Und es dann bereut, wenn ich mal so indiskret vermuten darf?" – „Na ja, von der Metropole, wo das Leben so richtig brummt, auf einen Gutshof, auf dem nichts los ist – bis auf ein paar Landfeste, wo sich alle regelmäßig vollaufen lassen –, das war schon eine gewaltige Umstellung. Auch die Einarbeitung in den neuen Job, die körperliche Anstrengung – man muss ja oft mit den Leuten zusammen auf die Felder und Äcker ausrücken –, die Verantwortung, den Betrieb ordentlich am Laufen zu halten und Gewinne zu erwirtschaften: Das war schon sehr stressig. Und da hab ich den Stress auch schon mal abgebaut, indem ich mich in Ocriculum ins Nachtleben gestürzt hab. Das ist mit Rom nicht vergleichbar, aber besser als nichts. Die Quittung kam dann prompt am nächsten Tag. Das war nicht zu verbergen – und sprach sich zum Herrn herum."

„O je. Wie hat er darauf reagiert?" – „Gewissermaßen ganz klassisch. Er hat mir Flavia geschickt. Als Gehilfin, Partnerin, Aufpasserin – wie Sie wollen. Seitdem sind wir zusammen."

„Sie sprechen von Ihrer *uxor*, Ihrer Ehefrau.“ – „Im strengen juristischen Sinn ist sie es nicht, weil wir Sklaven sind. Wir leben offiziell in einem *contubernium*, praktisch ist das aber ein *coniugium*, eine Art Sklavenehe, die vom Herrn gestiftet worden ist.“

„Könnte man von einer Zwangsehe sprechen?“ – „Es ist mehr eine WG. Wir kommen gut miteinander aus. Popilius hat eine gute Wahl für mich getroffen. Seit Flavia an meiner Seite ist, ist Schluss mit meinen ‚nächtlichen Eskapaden‘, wie mein Herr es genannt hat. Das war ja durchaus Sinn der Sache. Hat funktioniert. Fast wie im Lehrbuch. Wussten Sie, dass Agrarschriftsteller dieses ‚Zähmungskonzept‘ für labile *vilici* empfehlen?“

„Nein, woher auch?“

„Ist aber so. Wobei die aber auch klarmachen, dass du als *vilicus* der Chef bleibst und deine Lebenspartnerin Respekt vor dir haben soll.“

„Und so ist das auch zwischen Ihnen und Ihrer Lebensgefährtin – wenn ich so indiskret fragen darf?“

„Sagen wir mal so: Wenn andere dabei sind, also vor allem unsere Arbeiter, dann ist sie ganz klar meine Stellvertreterin, mehr aber auch nicht. Im Binnenverhältnis stellt sich das manchmal etwas anders dar. Aber ich plaudere zu viel. Jedenfalls bin ich mittlerweile ganz froh, dass der Herr mir diese Partnerin zugeteilt hat. Man kann sich hundertprozentig auf sie verlassen. Die packt überall mit an, muss nicht erst auf Arbeit hingewiesen werden – und treibt sich nicht in der Gegend herum oder guckt andere Männer an.“

„Weil sie ja auch auf Sie stets ein Auge haben soll?“ – „Ich merke, dass ich Ihnen deutlich zu viel verraten habe …“

Wir waren mittlerweile in der Wohnung des Verwalterpaares angekommen. Sie liegt im ersten Stock der *pars rustica* – mit einem Panoramablick über große Teile des Gutshofes, vor allem aber auf das Tor. Von hier aus hat man eine gute Kontrolle darüber, wer ein- und ausgeht.

Flavia kam uns an der Tür entgegen. Sie war an die dreißig Jahre alt und damit etwa zehn Jahre jünger als ihr Partner, stämmig, rotbäckig, in jeder Hinsicht zupackend, selbstbewusst und zugleich zugewandt. Eine sklavische Attitüde in Form von Servilität war auch ihr nicht anzumerken. Sie war nicht besonders hübsch, aber auch keineswegs hässlich. Als ich später mal mit Popilius über sie sprach, bestätigte er, dass gerade auch dieses Aussehen ihn bewogen habe, sie Glaucus zur ‚Frau' zu geben. „Ist die *vilica* hässlich, dann ist er missmutig, läuft weg und geht fremd, ist sie dagegen zu hübsch, dann ist er dauernd zu Hause und liegt in ihren Armen." Hinzu sei gekommen, dass sie durchsetzungsfähig und „patent" sei. Diese „Umarmungsstrategie" sei voll aufgegangen, mit Flavia und Glaucus habe er in dieser Besitzung bei Ocriculum das „perfekte Verwalterpaar". Das könne er wirklich nicht von all seinen Gütern sagen.

Sobald wir in der Wohnung waren, „übernahm" Flavia mich sofort. Sie führte mich in das Gästezimmer. Ganz so leer, wie Glaucus es dargestellt hatte, war es keineswegs. „Ich bringe hier Vorräte unter, die auf keinen Fall feucht werden dürfen", erklärte Flavia mir, „und die von einigem Wert sind. Hier kommt ja so gut wie kein Fremder hinein – und schon gar keiner von unseren Arbeitern. Die Verwalterwohnung ist für sie tabu, und das muss auch so sein. Oder möchten *Sie* in einem Taubenschlag leben?"

Aber das Zimmer war geräumig und das Bett sehr komfortabel, wie ich bei einem kurzen Probeliegen herausfand. Flavia stellte mir einen großen Krug frisches Wasser und einen kleineren mit Wein hin: „*Merum*, unverdünnter Wein", erläuterte sie. Sie wissen ja selbst am besten, wie Sie ihn mischen – oder auch als Germane *nicht* mischen." Sie zwinkerte mir zu. „Wollen Sie ein bisschen ausruhen? Nach zwei Tagen Via Flaminia ist das ein nachvollziehbares Bedürfnis. Dann lasse ich Sie jetzt in Ruhe. Rufen Sie mich, wenn Sie mich brauchen."

Ich legte mich tatsächlich zum Ausruhen hin und schlief bald ein. – Doch plötzlich wurde ich durch eine laute Stimme unsanft aus dem Schlaf gerissen. Es war Flavias sehr eindringliches Organ, das durch das gesamte Haus tönte. Sie schrie so laut, dass ich das meiste verstehen konnte, beschimpfte einen Sklaven als „Drückeberger". Er hatte sich beim morgendlichen Appell der Feldsklaven heimlich davongeschlichen und im Haus versteckt gehalten, bis Flavia ihn aufgestöbert hatte. „Du fauler Sack machst dir hier ein laues Leben, und deine Kameraden müssen für dich mitschuften! Dass du dich nicht schämst!" Der ertappte „Arbeitsflüchtling" stammelte ein paar Worte der Erklärung oder Entschuldigung, die ich aber nicht verstand, weil er viel leiser sprach als die *vilica*. Dann hörte ich sie wieder. Sie schickte ihn, da es ja schon Nachmittag sei, in den Gemüsegarten: „Unkraut jäten!" Alles Weitere werde sie mit ihrem Mann besprechen. Der werde über eine Bestrafung entscheiden.

Ich hatte mein Zimmer verlassen und traf Flavia in unserer „gemeinsamen" Wohnung. „Habe ich Sie etwa geweckt?", fragte sie, wartete aber keine Antwort ab, sondern schimpfte noch einmal kräftig darauf los. „Wieder mal so einen Faulpelz geschnappt! Das sind immer die Kerle, die sich irgendwo in der Scheune oder im Speicher verstecken, nie die Mädels. Die bummeln schon mal und schaffen die Pensen bei der Wollarbeit nicht, die ich ihnen vorgebe, oder sie schludern beim Saubermachen der Küche, Aufenthaltsräume und Vorratslager herum. Aber sich vor der Arbeit regelrecht verstecken – das ist eine Männerspezialität! Und da gibt es sogar Wiederholungstäter. Früher fanden die sich schnell im *ergastulum* wieder …" Als ich sie fragend anschaute, setzte sie zu einer Erklärung an: „… das ist eine Art Arbeitsgefängnis. Da steckte man nachts die Unzuverlässigen und Fluchtverdächtigen rein, mit den Füßen in Ketten, dauerhaft oder ein paar Tage lang zur Strafe – äußerst demütigend, aber manch einer kam da zur Besinnung. War auch prima zur Abschreckung. Aber unser Herr hat das *ergastulum* hier vor ein paar Jahren abgeschafft – mit ideologischer Begründung: Er versteht sich als Stoiker, und diese Behandlung von Menschen sei inhuman. So dürfe man auch mit Unfreien nicht umgehen. Ich weiß nicht, ich bin doch selbst Sklavin – wenn welche die anderen schuften lassen und sich selbst schonen …"

„Meinen Sie nicht, dass die Motivation durch solch harte Maßnahmen nur noch tiefer sinkt?", gab ich zu bedenken. – „Ja, das sind diese modernen Theorien. Bloß nicht zu viel Druck ausüben! Positiv motivieren! Und solche Sprüche. Ich finde, Glaucus hält sich beim

Bestrafen ohnehin zu sehr zurück. Andererseits hat er seine Anweisungen von unserem Herrn, und die sind glasklar. Stoiker-Softie eben!"

Sie schüttelte den Kopf. Ich sagte nichts, aber mir wurde deutlicher denn je, dass es eine Solidarität unter Sklaven nicht gab. Und in diesem System auch nicht geben konnte: Sie „funktionieren" auf der Position, auf die man sie stellt, und zwar umso besser, je höher sie in der Hierarchie der Unfreien stehen.

„So, jetzt muss ich aber mal ins *valetudinarium* gehen, um nach unseren Kranken zu sehen." Ich fragte, ob ich sie begleiten dürfe, und erhielt eine positive Antwort. Das Krankenrevier war ein gut durchlüfteter, heller Raum mit sechs Betten. Drei waren belegt. Flavia kümmerte sich geradezu rührend um die drei erkrankten Arbeiter. Sie brachte ihnen Essen und Trinken, sprach ihnen Mut zu, wechselte Verbände. Einen führte sie zur Latrine, einem anderen, der zu schwach war, selbst zu trinken, flößte sie Wasser ein und hielt ihm dann den Nachttopf hin. „Hohes Fieber", diagnostizierte sie bei ihm und schaffte ihm durch einen Wadenwickel etwas Erleichterung. „In einigen Stunden sehe ich wieder nach euch", verabschiedete sie sich von den dreien, „in der Zwischenzeit wird Delia aber schauen, ob euch irgendetwas fehlt." Zu mir gewandt ergänzte sie: „Delia ist unsere Krankenschwester. Bevor unser Herr sie kaufte, war sie Assistentin in einer Arztpraxis in der Stadt und hat sich da Einiges abgeschaut. Gemeinsam mit ihr sehe ich zu, dass wir unsere Maladen schnell wieder auf die Beine bringen. Wir haben auch Einfluss darauf, wie sie nach ihrer Genesung bei der Arbeit eingesetzt werden. Wenn Schonung vonnöten ist, geht Glaucus stets auf unsere Vorschläge ein. Wir sind kein Landgut, auf dem die Leute sich kaputtarbeiten müssen oder geradezu verheizt werden. Solche Menschenschinderei überlassen wir anderen."

„*Cura* als Programm?", fragte ich, und es sollte nicht ironisch klingen. – „Wenn Sie so wollen: ja. Aus *cura*, Fürsorge, erwächst auch eine Form von *benevolentia*, Wohlwollen, auf der anderen Seite. Das ist für alle Beteiligten förderlich. Mit Ausnahme der Faulpelze, da hört die *cura* bei mir ziemlich schnell auf." – „Habe ich vorhin mitgekriegt!"

– „Jetzt schauen wir mal, wie weit die Damen in der Küche sind. Es wird allmählich Abend, da kommen die Arbeiter heim und bringen Hunger mit."

Ich begleitete Flavia in die Küche. Dort waren drei Sklavinnen mit Kochen beschäftigt. Einige Töpfe waren bereits gefüllt, frisches Brot war gebacken, und die Weinkrüge waren ebenfalls schon aus dem Keller geholt worden. Flavia war zufrieden. Nebenan waren zwei Männer dabei, die Tische für mehrere Dutzend Arbeiter zu decken. Einen rief sie zu sich. „Den Schlüssel für den Vorratskeller bitte zurück! Hast du abgeschlossen?" – „Selbstverständlich", entgegnete er, „zweimal", händigte ihr den Schlüssel aus und fügte hinzu: „Sie können es gern kontrollieren." – „Mal so, mal so", erwiderte sie schnippisch. „Heute vertraue ich dir mal. Und ich verzichte auch auf den Atem-Test." – „Immer, wenn ich mal nicht vorgeglüht habe, kontrollieren Sie nicht …", beklagte sich der Mann im Spaß.

Flavia steckte den Schlüssel ein. „Ich vertraue dem Mann eigentlich schon", flüsterte sie zu mir. „Aber wenn ich ihm den Schlüssel auf Dauer ließe, könnte er unter Druck geraten. Kollegen könnten ihn bedrängen, Wein gemeinsam mit ihnen zu holen und außer der Reihe ein kleines Besäufnis zu veranstalten."

„Haben Sie auch andere Schlüssel zu Vorratsräumen in Verwahrung?" – „Oh ja. Das gehört zu den klassischen Aufgaben einer *vilica*: die Kontrolle über die Vorräte. Und auch über den Vorgang der Einlagerung. Beim Melken und bei der Schafschur bin ich nach Möglichkeit immer zugegen, damit nichts in dunklen Kanälen versickert. Sie verstehen?"

„Und für die Reinigung der Räume sind Sie ebenfalls verantwortlich?" – „Richtig. Das alles ist ja traditionell die Arbeit von uns Frauen – oder ist das bei Ihnen anders? Alles, was sozusagen ins Innere des Hauses gehört, dafür ist die *mater familias* zuständig. Auf einem Gutshof ist das halt die *vilica*."

„Langweilig wird Ihnen da aber auch nicht so schnell", sagte ich anerkennend. – „Das können Sie wohl sagen. Ich teile das Personal ein, das drinnen tätig ist, einschließlich der Wollarbeiten, die anfallen.

Allerdings stellen wir die meiste Kleidung nicht selbst her, sondern kaufen sie bei Händlern. Und an Regentagen wird aufgeräumt, repariert und sauber gemacht. Glaucus überlässt mir dann auch eine Reihe Männer, die sonst bei der Feldarbeit eingesetzt sind."

„Die müssen Ihren Anweisungen dann auch Folge leisten?" – „Selbstverständlich! Wenn Sie so wollen, ist das eine abgeleitete Autorität. Der *vilicus* ist der Chef – solange der *dominus* nicht auf dem Hof ist. Er führt das Kommando und er gibt vor, wer wem Befehle erteilen darf. Und ich als *vilica* bin *seine* Stellvertreterin. Da gibt es auch kein Vertun. Natürlich mault da mal einer, einer tut nicht, was er machen soll, hängt demonstrativ rum, statt zu arbeiten. Das kriegt man aber hin, wenn die Leute einen grundsätzlich respektieren."

„Ich zweifle nicht daran, dass das bei Ihnen der Fall ist", sagte ich. – „Ich auch nicht", erwiderte Flavia.

In den nächsten Tagen konnte ich Flavia des Öfteren beobachten. Sie verfügte über echte Managerqualitäten – auch und gerade indem sie ihre vielfältigen Aufgaben in einer beeindruckend konsequenten Weise ordnete und hintereinander, nicht selten auch nebeneinander abarbeitete. Sie hatte ihre Arbeit im Griff. Und ihren „Mann" nicht minder. „Ein Glücksgriff, der Ihnen da gelungen ist", sagte ich einmal zu Popilius, als die Rede auf das Verwalterpaar kam. „Geballte Frauen-Power." „Power?", fragte Popilius zurück. „Was ist das?"

„Entschuldigen Sie, ich meine natürlich *potentia*: *power* ist eine – ziemlich barbarische – Ableitung davon. Und *potentia* – das passt doch mit Blick auf Flavia gut; da steckt ja *posse* drin, ‚können'."

8 Zu Gast bei Simulus, Kleinbauer: „Du musst allein zurechtkommen und, wenn du nichts mehr hast, Hunger schieben."

Ob es wirklich eine so gute Idee gewesen war, Simulus auf dem Weg zu seinem Zuhause zu begleiten? Nach zwei Stunden Fußmarsch über steinige, zum Teil schlüpfrige Feld- und Waldwege kamen mir erhebliche Bedenken. Ich fragte meinen Begleiter, wie weit es denn noch sei – nur so ungefähr, einfach zur Orientierung. – „Die Hälfte haben wir gleich geschafft", war die Antwort. „Sollen wir eine Pause einlegen?"

„Nein, nein", wehrte ich ab, „es geht schon. Aber wenn Sie mir noch mal die Trinkflasche reichen könnten? Es ist ja doch ziemlich warm." – „Dann kommen Sie mal im Hochsommer wieder. Da herrscht echte Hitze, und dann fällt auch mir der Weg in die Stadt und zurück schwer. Aber jetzt im Herbst? Es geht doch sogar ein Lüftchen. Und ich hoffe" – er schaute forschend zum Himmel, wo einige Wolken aufgezogen waren –, „dass der Wind ordentlich Regen bringt. Felder und Weiden könnten ihn gebrauchen."

Ich stellte mir vor, dass der Holperweg, auf dem wir gingen, auch noch schlammig würde, und sagte lieber nichts dazu. Wir marschierten schweigend weiter, und ich hatte wieder genug Zeit, die Klugheit meines Entschlusses zu überdenken: einmal in das Leben eines Kleinbauern hineinzuschnuppern. Als ich Flavia gefragt hatte, ob sie mir einen Tipp geben könne, war ihr sofort Simulus eingefallen. „Der war für einige Tage hier bei uns als Erntehelfer. Die selbstständigen Bauern verdienen sich mit der Arbeit auf einem Gut etwas dazu. Der Kontrakt mit einigen Saisonarbeitern läuft morgen aus, auch der mit Simulus. Er kehrt dann nach Hause zurück. Vielleicht nimmt er Sie mit. Soll ich ihn fragen?" Ohne mich näher über Einzelheiten zu informieren – etwa die Lage von Simulus' Hof – hatte ich begeistert zugestimmt, und Flavia war noch am selben Abend in das Quartier der Saisonarbeiter gegangen und hatte Simulus' Einwilligung geholt. Ob sie mit ihrer Autorität als Quasi-Arbeitgeberin ein wenig nachgeholfen hatte, wusste ich nicht.

Am nächsten Morgen jedenfalls war es losgegangen. Simulus ist etwa dreißig Jahre alt, von gedrungener Gestalt und wettergegerbtem Gesicht. Er ist nicht sonderlich gesprächig, aber im Laufe der nächsten Stunden erfuhr ich, dass er zusammen mit seiner Frau Eutychis, einer früheren Sklavin, und zwei Kindern, vier und zwölf Jahre alt, in einem kleinen Bauernhaus wohnt. „Nicht, dass Sie sich falsche Vorstellungen machen", warnte er mich, „meine Hütte ist mit der großzügigen Villa des Popilius überhaupt nicht zu vergleichen: ein einziger Raum für die ganze Familie, und darin ein abgetrennter Verschlag für die Lager der beiden Kinder. Ihr Bett wird eine Pritsche aus Weidengeflecht mit laubgefüllten Kissen sein. Und wundern Sie sich nicht, wenn auch das eine oder andere unserer Tiere mal im Haus vorbeischaut. Warum Sie das gegen den Komfort eines prächtigen Landhauses eintauschen wollen, verstehe ich zwar nicht so recht. Aber Sie sind uns selbstverständlich willkommen."

„Ich bin Ihnen dafür sehr dankbar. Wissen Sie, Luxus kann einem manchmal auch auf die Nerven gehen; der passt eigentlich auch gar nicht zur Ursprünglichkeit des Landes." Simulus entgegnete auf diese Floskel nichts und dachte sich vermutlich seinen Teil.

Tatsächlich ging es mir einfach darum, die Lebenswelt – wie oberflächlich auch immer – kennenzulernen, wie sie zu dieser Zeit für die große Mehrheit der Römer und Römerinnen Alltag ist. Immerhin leben rund 85 Prozent der Menschen auf dem Land, die meisten von ihnen in Bauernfamilien, die sich weitgehend oder jedenfalls in erheblichem Maß selbst versorgen. Hundertprozentige Subsistenzfarmer gibt es wohl nur ganz wenige; die Geldwirtschaft dominiert auch auf dem Land. Zwar werden immer mehr Kleinbauern wirtschaftlich an den Rand gedrückt und geben gegenüber den Latifundien auf, auf denen sie dann als unselbstständige Arbeitskräfte weitermachen, aber natürlich sind sie nicht alle „untergegangen". Viele behaupten sich, wenn auch unter sehr prekären Lebensbedingungen, doch sie werden tendenziell in die weniger fruchtbaren Gebiete abgedrängt.

So auch Simulus. Sein Hof liegt in der hügeligen Landschaft über dem Tibertal. Fünf *iugera* sei er groß, erzählte er mir, umgerechnet

1,25 Hektar, wobei sich nur ein Teil des Landes für den Ackerbau eigne. Ohne dass er sich zeitweise – drei-, viermal im Jahr, für meist jeweils eine Woche – bei einem der Großgrundbesitzer in der Nähe als *mercennarius* verdinge, komme er kaum über die Runden. Ab und zu gerieten er und seine Familie durch Missernten mächtig unter Druck – dann sei nicht ein Germane wie ich, sondern der Hunger ihr Gast. Und auch klimatische Unregelmäßigkeiten machten ihnen das Leben oft genug schwer, vor allem regenarme Sommer.

Zu meinen neuen „Erkenntnissen" hinsichtlich der „agrarischen" Lebensweise gehörte schon der mühselige Anmarsch zum Hof des Simulus. Wir begegneten keinem einzigen Menschen, nur in der Ferne sah man ab und zu einen Hirten mit seiner Schafherde oder eine Kate, aus der dünner Rauch aufstieg – nicht weil man dort geheizt hätte, erläuterte mir Simulus, sondern weil dort ein Schinken oder ein anderes Stück Fleisch geräuchert werde. Die Gegend ist offenbar sehr dünn besiedelt – kein Vergleich mit dem belebten Tibertal und dem munteren Landstädtchen Ocriculum. Kein Laden, keine Kneipe, kein Arzt weit und breit, von urbanem Leben ist das hier stundenweit entfernt – und wir entfernten uns mit jedem Schritt weiter von der Zivilisation, jedenfalls jener städtischen, die man mit Rom unwillkürlich in Verbindung bringt. Mir schien diese Abgeschiedenheit unheimlich. Was, wenn ein Kind sich verletzt? Was, wenn Räuber durch die Gegend streifen?

„Gibt es hier eigentlich eine staatliche Stelle, an die man sich wenden kann, wenn man Hilfe braucht?", fragte ich Simulus. – „Selbst in der Stadt sind Sie meist auf die Hilfe von Nachbarn und Bekannten angewiesen", erwiderte er. „Hier gibt es nichts. Wir sind weitgehend auf uns selbst angewiesen. Für Verletzungen und Krankheiten ist wie überall der Hausvater zuständig. Er wendet sich mit den althergebrachten Formeln, die Sie sicher kennen, an die Götter. Seine medizinischen Basiskenntnisse lernt man von den Eltern – oder erwirbt sie sich durch Ausprobieren. Bei schweren Erkrankungen müssen Sie einfach darauf hoffen, dass die Götter Sie schützen. Was nicht immer der Fall ist. Drei Kinder sind mir gestorben, zwei mit wenigen Monaten, das dritte mit drei Jahren. Aber das gehört zum Leben. Auch in der Stadt, sagt man."

„Und wie steht es um die Sicherheit? Gibt es Diebe, gibt es Banditen, die einsame Gehöfte heimsuchen?" – „Da gibt es hier bei uns zum Glück nur wenige Probleme. Die Stadt ist zu nah, als dass die Kriminellen sich hier in Sicherheit wiegen könnten. Außerdem: Die wissen, dass es bei uns nichts zu holen gibt. Wir leben praktisch von der Hand in den Mund. Mehr als zerbeulte Töpfe, einige wacklige Stühle und ein paar Lebensmittelvorräte besitzen wir nicht, Münzen höchstens in Spurenelementen, wenn ich so sagen darf. Und gegen irgendwelche Streuner hilft uns unser Hector ganz gut. Wenn der anfängt zu bellen, nehmen die schnell Reißaus. Der liegt meist auch nicht an der Kette, sondern läuft frei. Und notfalls gibt's ja auch noch die gute alte Mistgabel. Wenn Sie die zu führen verstehen – und Bauern wie ich tun das –, dürfen Sie sich ruhig auf einen Nahkampf einlassen. Aber machen Sie sich keine Gedanken – bisher hatten wir noch keinen Stress mit Räubern oder anderen unerwünschten Eindringlingen. Wenn mir mal ein Schaf abhandengekommen ist, war es eher ein Nachbar, der seine eigene Herde damit aufgestockt hat. Vermute ich jedenfalls, beweisen lässt sich das sowieso nicht. Aber auch Viehdiebstahl ist hier eigentlich kein großes Problem. Anderswo schon, höre ich, wenn ich mich mit Leuten auf dem Markt unterhalte. Also – seien Sie unbesorgt: Wir haben nichts, und das macht uns wenigstens keiner streitig!"

Nach gut zwei Stunden hatten wir es endlich geschafft. „Dahinten ist meine *villa*!", rief Simulus. Seine selbstironische Ader gefiel mir; ich vermutete, dass sie für Landbewohner nicht besonders typisch ist. Jedenfalls hatte ich in Rom oft genug gehört, wie wenig *urbanitas* auch in dieser Hinsicht die *rustici* aufbrächten. Da gibt es – selbst bei „kleinen Leuten" – gewaltige Vorurteile gegenüber den „Landeiern": Ungeschliffen seien sie, tollpatschig, schwerfällig im Sprechen, ohne Manieren, und stinken würden sie angeblich nach Knoblauch, Ziegenbock und Schweinestall – kurzum: unkultivierte Bauerntrampel seien sie.

Solche Stereotypen sind ja stets viel zu grob geschnitzt, selbst wenn ihnen ein wahrer Kern zugrunde liegt – bei den Bauern trifft manches Klischee sicher zu, schon allein aufgrund ihrer sozialen Isoliertheit. Aber speziell für Simulus gilt das nur bedingt. Er ist zwar Analphabet, wie ich irgendwann feststellte, aber doch ein heller Kopf, schweigsam zwar, aber humorvoll – und ein offensichtlich geliebter Vater. Denn kaum waren wir in Sichtweite des Hauses, da stürzten seine beiden Kinder herbei und fielen ihm um den Hals. Simulus küsste seine Kinder. Seiner kleinen Tochter hatte er eine Puppe mit beweglichen Gliedern mitgebracht, seinem Sohn einen Würfelbecher mit Würfeln aus Bein. Beide Geschenke waren grob gearbeitet und nicht sehr wertvoll, aber die Kinder waren begeistert.

Dann stellte Simulus mich vor. Ich hatte ja keine Zeit gehabt, meinen Besuch vorzubereiten und irgendwelche Aufmerksamkeiten zu besorgen. Deshalb schenkte ich den beiden jeweils ein Geldstück – einen Sesterz. Die Kinder waren hocherfreut und sahen mich schon bald nicht mehr als Fremden. Der Einzige, der einige Zeit benötigte, um sich an mich zu gewöhnen, war Hector. Er blieb eine ganze Weile skeptisch, auch nachdem sich sein erster Bell-„Anfall" mir gegenüber gelegt hatte.

Während die Kinder anfingen, mit ihren Geschenken zu spielen, trat Eutychis aus der Tür, eine freundliche, schlanke Frau, kaum jünger als ihr Mann, schätzte ich. Sie blieb zurückhaltend, hieß mich aber herzlich willkommen – und entschuldigte sich sogleich dafür, dass sie mir wenig bieten könnten. Obwohl sie wirklich hart arbeiteten, seien sie arme Leute. Aber sie habe schon so eine Idee, mit welchem „Festessen" – in ihrem bescheidenen Rahmen natürlich – sie mich am Abend begrüßen und gleichzeitig die Rückkehr ihres Mannes „feiern" könne.

„Ein aufwendiges Mahl ist wirklich nicht nötig", beteuerte ich. „Ich möchte Sie möglichst wenig aus Ihrer Normalität reißen, und schon gar nicht sollen Sie sich für mich in Unkosten stürzen!" – „Wir freuen uns ja auch, dass wir mal Besuch haben. Das ist ein bisschen wie ein Festtag für uns, und entsprechend wollen wir ihn begehen", beruhigte Eutychis mich.

Tatsächlich schien die gesamte Familie sehr angetan davon, dass jemand zu Gast war. Den letzten Besuch hatten sie vor drei Jahren gehabt, stellte sich später heraus. Mit Ausnahme von Simulus, der seine Erzeugnisse in regelmäßigen Abständen auf dem Markt in Ocriculum anbietet, hatte niemand von ihnen Kontakt zu anderen Menschen gehabt. „Höchstens, dass mal ein Nachbar vorbeischaut", sagte Eutychis. „Aber es gibt zum Glück keine Probleme – und außerdem haben alle genug zu tun. Da bleibt wenig Zeit für Besuche. Dabei musste *ich* mich an die Einsamkeit hier gewöhnen. Ich bin in Ocriculum aufgewachsen, Simulus dagegen hat den Hof von seinem Vater geerbt und kennt das Leben hier von klein an. Umso mehr freuen wir uns, dass Sie da sind."

Dann führten mich meine beiden Gastgeber in ihr Zuhause. Beim Eintreten musste ich den Kopf einziehen; der Eingang ist ebenso ungewohnt niedrig wie das ganze Häuschen. Es ist aus Stein gebaut, aber nicht verputzt. Das Dach wird von Holzbalken getragen; gedeckt ist es mit Stroh und Schilf. Durch zwei kleine Fenster fällt Licht in den Hauptraum; das durch eine Bretterwand abgetrennte „Kinderzimmer" schien mir ebenfalls über ein Fenster zu verfügen. Insgesamt wirkte alles ziemlich dunkel. Die Wand, an der der Herd steht, ist von Rauch ganz geschwärzt. Über dem Herd hängen ein paar Fleischstücke, von der Decke baumeln Büschel getrockneter Kräuter und Säckchen mit Früchten. Ich vermutete: Bohnen, Linsen und Nüsse. An der Wand gegenüber fiel mein Blick auf zwei Bettlager. Ein drittes wurde etwas entfernt von den beiden für mich zurechtgemacht. Es bestand weitgehend aus Stroh.

In der Mitte des Raumes steht ein Tisch mit drei Stühlen und zwei Schemeln. Geschirr, Töpfe, Schüsseln und anderer Hausrat liegen auf Regalen, und in einigen Truhen lagert die Kleidung der Bewohner, sofern sie nicht an Wandhaken hängt. Die vier leben auf sehr engem Raum; damit verglichen haben die geräumigen Zimmer der *villa* des Popilius und selbst die Wohnung des Verwalterpaares geradezu schlossartige Dimensionen. Auch wenn sich das Leben einer Bauernfamilie vor allem im Freien abspielt, sind das doch sehr eingeschränkte und einschränkende Verhältnisse. Vor allem, aber sicher nicht nur in den langen Winternächten.

„Darf ich mir Ihren Hof etwas näher ansehen?“, fragte ich Simulus. – „Selbstverständlich gern. Wenn nötig, führe ich Sie auch herum. Allerdings muss ich mich erst um ein paar Sachen kümmern, die während meiner Abwesenheit liegen geblieben sind.“

„Danke, ich denke, ich komme auch so zurecht. Meinen Sie, dass Hector mich mittlerweile akzeptiert hat?“ – „Bestimmt, er hat ja genau verfolgt, wie wir miteinander umgehen. Da brauchen Sie keine Angst zu haben. Dann bis später!“

Ich trat meinen kleinen Rundgang an. An das Haus angebaut sind zwei Ställe mit zwei Ziegen, einem Esel, drei Schafen und zwei Rindern. Außerdem gibt es eine Vorratskammer, in der vor allem Getreide und haltbar gemachte Lebensmittel lagern. In einem eingezäunten Gemüsegarten wachsen unter anderem Salat und Rettiche, Lauch, Kohl, Zwiebeln, rote Beete, Kürbisse und eine Reihe von Gewürzkräutern. Überall in der Nähe des Hauses liefen Hühner umher – und eine wohlgenährte Gans. Zwei Bienenkörbe verraten, dass die Familie bemüht ist, ihren Bedarf an Süßungsmitteln selbst herzustellen. Der Misthaufen liegt etwas weiter vom Haus entfernt; er dient den Bewohnern auch als Fäkalgrube.

Ein Hang ist mit Weinstöcken bepflanzt, eine Reihe von Olivenbäumen versorgt die Familie mit Öl. Die Getreidefelder, die offenbar zu Simulus' Bauernhof gehören, waren schon abgeerntet. In den nächsten Tagen werde er mit dem Pflügen beginnen, erzählte Simulus mir später. Dass er zwei kräftige Rinder dafür habe, sah er als Ausdruck eines gewissen Wohlstandes an: „Viele Kleinbauern haben nur ein einziges Zugtier, manche spannen auch ein Pferd oder einen Esel vor den Pflug.“

Der Boden hier sieht nicht besonders fruchtbar aus; es ragen überall Steine aus der Erde. Auch ein paar Weideflächen gehören zum Hof, bessere und weniger gute, wie mir schien, alle mit Gebüschen durchsetzt. Glück hat die Familie mit der Wasserversorgung: Ein Bach fließt nicht weit vom Haus über das Grundstück. „Im Sommer trocknet er manchmal aus, da laufen wir dann rund eine Meile zu einem kleinen See und schöpfen Wasser daraus“, erzählte Eutychis, als wir abends zusammensaßen. „Wir wechseln uns dabei ab, aber meistens ist das Wasserholen meine Sache, weil Simulus ja auf den Feldern arbeitet. Auch unser Großer muss natürlich mit ran; er hilft entweder seinem Vater oder erledigt notwendige Arbeiten im Gemüsegarten. Die Vierjährige kommt jetzt allmählich in das Alter, dass sie Schafe und Ziegen hüten kann. Sie hat das schon ein paar Mal ausprobiert, natürlich nicht weit vom Haus entfernt, und es macht ihr Spaß. Mehr Spaß als die Wollarbeit, an die ich sie behutsam heranführe."

Der lange Marsch hatte mich ermüdet. Kaum hatte ich mich auf die Bank gesetzt, die draußen neben der Haustür stand, da nickte ich ein. Von den Essensvorbereitungen bekam ich dadurch nichts mit. Wohl aber vom Essen selbst, zu dem Simulus mich weckte. Eutychis hatte ein dreigängiges Menü „gezaubert". Der Hauptgang war ein wunderbar gewürzter Braten: Die Gans hatte für den Gast ihr Leben lassen müssen! Wahrlich ein Festschmaus – mehr für meine Gastgeberfamilie als für mich. „Fleisch steht nicht oft auf unserer Speisekarte", erklärte Simulus. „Das ist eher etwas für reiche Leute. Manchmal habe ich bei der Jagd Glück, und es geht mir ein Hase in die Falle oder ein Vogel bleibt an der Leimrute hängen. Das kommt aber nicht häufig vor. Meistens essen wir Brot und *puls* und Gemüse. Da bietet der Garten so Einiges."

„Und Fisch?", fragte ich. – „Ganz, ganz selten. Der Teich, aus dem wir im Sommer Wasser holen, hat keine Fische, und zum nächsten See ist es zu weit. Wenn ich in der Stadt bin, habe ich meist keine Zeit, um im Tiber zu fischen. Da muss ich mich um anderes kümmern. Außerdem brauche ich locker fünf Stunden für den Hinweg und genauso lang für den Rückmarsch. Dann noch die Angel in den Tiber werfen – das haut nicht hin. Aber ich will mich nicht beklagen. Ich weiß, dass andere Kleinbauern tagelang zum nächstgelegenen Markt unterwegs sind."

„Und was erledigen Sie bei so einem Stadtbesuch alles?" – „Meine Waren auf dem Markt an den Mann bringen, in der warmen Jahreszeit meist zweimal im Monat. Sie haben unseren Esel ja wahrscheinlich gesehen. Den bepacke ich ordentlich und hoffe dann, viel davon abzusetzen und als reicher Mann heimzukehren." Er schmunzelte. „Allerdings lasse ich Einiges von dem verdienten Geld auch schon gleich in der Stadt, wenn ich meine Arbeitsgeräte kaufe, Salz – das brauchen wir, um unsere Lebensmittel zu konservieren –, Schuhe und Kleidung."

„Haben Sie noch nie überlegt, Ihren Hof an einen Großgrundbesitzer zu verkaufen und dort dann als Tagelöhner anzuheuern? Wäre das nicht eine Erleichterung?" – „Nein, für mich kam das bisher nicht infrage. Es ist schon bitter, als Selbstständiger aufzuhören und einen von den Eltern ererbten Hof einfach abzugeben. Andererseits: Not und Hunger halten Sie eine Saison durch, vielleicht auch zwei. Aber dann beißen Sie schließlich in den sauren Apfel. Wobei die Preise auch noch im Keller sind. Die Großagrarier wissen von unseren Existenznöten und nutzen sie schamlos aus."

„Gibt es denn im Notfall – bei Missernten beispielsweise – wenigstens staatliche Hilfen für Kleinbauernfamilien wie Sie?" – Simulus schaute mich verständnislos an. „Wie meinen Sie das denn? Hilfen vom Kaiser oder wie?"

„Ja, von einer Behörde etwa im Auftrag des Kaisers." – „Nein … Du musst allein zurechtkommen. Wenn du nichts mehr hast, musst du Hunger schieben – du und deine Familie. In den Städten, vor allem in Rom, passt der Kaiser auf, dass die Leute nicht hungern müssen, aber als Landbewohner hast du nichts zu erwarten. Dort wissen sie schon, wie sie als Masse politischen Druck aufbauen können. Wir hier sind dagegen so vereinzelt, dass es niemanden interessiert, wie wir über die Runden kommen. Aber wir wollen nicht klagen. Ceres und die anderen Gottheiten des Landes haben uns eine gute Ernte beschert, und unser Vorratsraum da draußen ist für die Wintermonate schon gut gefüllt. Wein vom letzten Jahr ist auch noch reichlich da. Zum Wohl!" Er hob den Becher und prostete mir zu. Auch Eutychis trank Wein und ebenso der Zwölfjährige, der ihn allerdings noch stärker verdünnte als seine Eltern.

Wir hatten einen fröhlichen Abend. Im Unterschied zu vornehmen Haushalten saßen wir auf Stühlen und Schemeln rund um den Tisch. Für Speisesofas ist in dieser Behausung kein Platz. Aber das

Essen schmeckte auch im Sitzen, wie mir als „Neurömer“ bewusst wurde, und auch ganz ohne Bediensklaven. Eutychis hatte wirklich sehr gut gekocht, und alles, was wir aßen, kam aus der Region – auch dieser moderne Gedanke kam mir beim Essen –, das Allermeiste sogar aus dem unmittelbaren Umkreis des Hauses.

Kurz nach Einbruch der Dunkelheit legten wir uns schlafen. Als Bett diente mir eine mit Stroh gefüllte Matte und eine wollene Decke – nach meinem Eindruck die einzige in diesem Haushalt. Eine ungewohnte Schlafsituation, gleich neben den Lagern von Simulus und Eutychis. Aber ich schlief schnell ein und trotz der ungewöhnlichen Umstände auch sehr gut durch.

Wach wurde ich, als Simulus im Morgengrauen leise aufstand. Es war noch sehr dunkel, und Simulus zündete eine Kerze an. Er begab sich zum Herd. Dort fand sich noch ein wenig glühender Zunder, den er mit heftigem Blasen zu neuem Leben erweckte. Er legte ein paar Holzscheite auf die Glut, und allmählich erwärmte der Herd das Innere des Bauernhauses, das in dieser Jahreszeit nachts schon ordentlich abgekühlt war.

Dann ging Simulus hinaus. Er hatte nicht bemerkt, dass ich wach geworden war. Um die anderen nicht aufzuwecken, verhielt ich mich ganz still, schaute aber aus dem Fenster und sah, wie Simulus Getreide aus dem Vorratsspeicher neben dem Haus holte. Er füllte es in eine Handmühle und drehte sie unablässig, um die Getreidekörner zu zermahlen – eine erkennbar schwere Arbeit, die er sich durch leises Singen erleichterte. Schließlich kam er wieder ins Haus. Auf dem Herd brachte er Wasser zum Kochen und mischte das Mehl unter. Diesen Teig knetete er dann und formte ihn zu einer runden Masse. Auf den Herd gelegt, wurde daraus in nur einer halben Stunde Brot. In der Zwischenzeit war auch Eutychis aufgewacht und übernahm die Arbeit am Herd.

Und Simulus? Der ging erneut nach draußen und wandte sich seinem Gemüsegarten zu. Er pflückte Knoblauchzehen und Petersilie, Raute, Koriander und weitere Gewürzkräuter, warf die Zutaten in einen Mörser, streute Salzkörner darauf, gab gereiften Käse sowie

Milch hinzu und zerstampfte alles mit einem Stößel. Zwischendurch träufelte er Öl hinein sowie ein wenig Essig. Am Ende ballte er die Masse zu einer Kugel. Ich hatte inzwischen mein Lager verlassen und war nach draußen neben ihn getreten. Er begrüßte mich knapp und erläuterte mir auf meine Frage, was er da „zusammenbraue“: „*Moretum*, Kräuterkäse.“

Wenig später wurden auch die Kinder geweckt, und wir genossen ein ebenso ländliches wie köstliches Bauernfrühstück: frisches Brot und Kräuterkäse – ein schlichtes, aber überaus schmackhaftes Gericht. Ich war versucht, das Landleben in seiner Ursprünglichkeit und Unverfälschtheit zu preisen – exquisite Leckerbissen, wie sie in Haushalten der Oberschicht zum Frühstück gereicht wurden, fielen in meinen Augen gegen dieses Bauernfrühstück ab –, aber ich erinnerte mich daran, als wie hart Simulus das Leben der Kleinbauern geschildert hatte, und hielt mich deshalb mit entsprechenden Urteilen zurück. Die Romantik des Landlebens entsprang eher einem übersättigten urbanen Lebensgefühl als einer ungeschminkten Wahrnehmung der rustikalen Alltagsrealität. Simulus, Eutychis und ihre beiden Kinder wären vermutlich begeistert, würde man ihnen statt des Brotes mit *moretum* das opulente Frühstück servieren, das bei meinen Gastgebern aus der Oberschicht üblich ist.

Begleitet wurde das Frühstück von Quellwasser und sehr stark verdünntem Wein. Dann gingen alle an ihre Arbeit. Eutychis kümmerte sich um die Hausarbeit, den Garten und die Vierjährige; Simulus spannte die Rinder vor den Pflug und machte sich auf zur Feldarbeit, und der zwölfjährige Sohn versorgte das Vieh und ging dann los, um Brennholz zu sammeln. In den nächsten Tagen entfernte er sich ein Stück weit vom Hof, um die Schafe und Ziegen zu weiden. Ich fasste hier und dort mit an, wo Hilfe benötigt wurde, aber über eine Gastrolle kam ich bei der Arbeit nicht hinaus – auch weil mir die Kräfte dafür fehlen. Meine Gastgeber ließen es mich nicht spüren, sondern waren bemüht, mir einen möglichst komfortablen Aufenthalt zu ermöglichen. Aber ich bekam durchaus mit, wie hart und entbehrungsreich das kleinbäuerliche Dasein war. Sie arbeiteten praktisch den ganzen Tag, von morgens bis abends, mit nur wenigen Pausen. Der Dichter Vergil hat das ganz richtig erkannt, als er auch in Bezug auf die Bauern das berühmte Wort vom *improbus labor* prägte, der „schlimmen", weil das richtige Maß übersteigenden „Arbeit" – auch wenn er tröstend hinzufügte, dass diese Strapazen „über alles die Oberhand behielten". Ich fürchtete, dass das hinsichtlich mancher Kleinbauern zu optimistisch sei. Das Leben des Simulus und seiner Familie vollzieht sich hart am Abgrund.

An meinem letzten Abend gab es noch gehörig Aufregung. Es war schon dämmrig und wir hatten uns zum Essen gesetzt, da bellte Hector plötzlich laut los. Ein wütendes Gebell, das gar nicht mehr enden wollte. Simulus sprang auf, ahnend, dass etwas nicht stimmte, und griff zu Pfeil und Bogen. „Wenn Sie wollen, kommen Sie mit – und schnappen Sie sich die Mistgabel, die draußen an der Stalltür lehnt!" Ich war beunruhigt, aber auch gespannt, wodurch die abendliche Ruhe gestört wurde. Wir traten vor das Haus und erblickten zwei ausgemergelte Gestalten. Beide stützten sich auf einen Wanderstock. Bewaffnet waren sie anscheinend nicht.

„Was wollt ihr?", fuhr Simulus die beiden nicht gerade freundlich an. – „Herr, hast du ein Stück Brot oder etwas anderes Essbares für uns? Wir sind auf der Wanderschaft, aber die Verpflegung ist uns ausgegangen."

Simulus musterte die beiden. Sein Blick fiel auf den Hals des einen. Den umfasste ein eiserner Ring mit einer runden Marke daran. „*Fugitivi*", sagte er leise zu mir, „flüchtige Sklaven. Die sind irgendwo bei einem Großgrundbesitzer abgehauen und versuchen jetzt, sich durchzuschlagen. Aber mit der auffälligen Marke wird zumindest der eine nicht weit kommen. Bleibt, wo ihr seid", sagte er laut. „Ich schaue nach, ob ich etwas für euch finde. Viel haben wir auch nicht." Er ging ins Haus und kam wenige Momente später mit Brot und Obst zurück. „Hier, das ist für euch, aber dann seht zu, dass ihr weiterkommt. Oder wollt ihr Bekanntschaft mit Hector und seinen Kollegen dahinten im Stall machen?" Die Kollegen waren eine glatte Erfindung, aber als Abschreckungspotenzial leisteten sie gute Dienste.

Die beiden Männer griffen hastig zu den Lebensmitteln und bedankten sich überschwänglich. „*Bonas vias!*", rief Simulus, als die Fremden weitergingen.

„Weshalb sind Sie so sicher, dass das flüchtige Sklaven waren?", fragte ich ihn. – „Der eine trug eine Sklavenmarke. Darauf stehen bestimmt der Name seines Herrn und die Bitte, ihm den geflohenen Sklaven zurückzubringen. Wenn der keinen Schmied findet, der ihm Ring und Marke abmontiert, wird ihn früher oder später einer festnehmen."

„Hätten Sie das auch tun können?" – „Eigentlich sogar müssen. Flüchtigen Sklaven zu helfen ist illegal. Ich habe mich gerade strafbar gemacht. Aber wie soll das gehen, dass ich die beiden hier verhafte – und morgen dann in der Stadt den Behörden übergebe? Wie soll ich die bewachen? Außerdem sind das vermutlich arme Teufel, die überhaupt keine Perspektive mehr gesehen haben, weil sie ohne Ende drangsaliert, misshandelt und gedemütigt worden sind. Ich kann doch nicht die Suppe auslöffeln, die irgendein Menschenschinder sich eingebrockt hat. Und bevor die nachts bei mir einbrechen oder irgendein Stück Vieh klauen, gebe ich denen lieber Wegzehrung, damit sie schnell verschwinden. Ich habe echt genug Probleme!"

„Kann ich gut verstehen", pflichtete ich ihm bei. „Ich finde, Sie haben die heikle Angelegenheit ganz souverän, pragmatisch – und menschlich – gelöst." – „Und *Sie* haben nichts gesehen und gehört?", erkundigte er sich vorsichtig.

„‚Nichts sehen' ist mein zweiter Vorname", erwiderte ich, „und ‚nichts hören' mein dritter." – „Prima", sagte Simulus, „zum Glück sind ‚nichts essen' und ‚nichts trinken' nicht Ihr vierter und fünfter Vorname. Gehen wir also wieder ins Haus und genießen wir die *cena*!"

Als wir hineingingen, fragte ich mich, wie ich mich bei meinen Couchsurfing-Gastgebern erkenntlich zeigen konnte für ihre Gastfreundschaft. Ich spürte, dass es nicht angebracht wäre, der Familie eine Art Kostgeld für die Bewirtung anzubieten. Das hätte ihren Stolz verletzt und ihre echte Freude gemindert, einen geradezu exotischen Gast beherbergt zu haben. Das Einzige, das sie akzeptieren würden, war ein Geschenk für die Kinder. Da es in der Einöde weit und breit nichts zu kaufen gab, musste auch das mit ein paar Münzen geregelt werden …

Als sich Simulus ein paar Tage später auf den Weg zum Markt machte, schloss ich mich ihm an. Ob ich allein den Weg zurückgefunden hätte? Besser nicht, dachte ich, die Zivilisation hört hier überall schnell auf. Und da war es mir lieber, einen verlässlichen Begleiter zu haben, der mich wohlbehalten in der *villa* meines ursprünglichen Gastgebers in Ocriculum „abliefern" würde.

9 Im Gespräch mit Sergius, Gladiator: „Heute klopfen sie dir auf die Schulter, morgen jubeln sie, wenn dein Gegner dir einen Schlag versetzt."

„Was? Sie haben noch keine *cena libera* miterlebt? Dann kommen Sie morgen doch mit! Ich lasse Sie von einer Sklavin abholen." Eppia duldete keinen Widerspruch. Sie war zusammen mit ihrem Mann und ihren beiden Kindern bei Gaius Popilius zu Besuch, wie ich auch. Ihr Großgrundbesitz grenzt an den meines Gastgebers, und Eppia hatte sich aus gesundheitlichen Gründen entschlossen, eine Zeit lang auf dem Land zu leben. Ihr Ehemann, ein Senator, war gerade auf dem Landgut zu Besuch. Normalerweise lebt die ganze Familie in Rom. Eppia vermisste die Großstadt und vor allem die vielen gesellschaftlichen Verpflichtungen schon, aber sie wolle noch ein paar Monate oder wenigstens ein paar Wochen „durchhalten", erzählte sie mir.

Popilius hatte mich, nachdem man Geschäftliches besprochen hatte, zu seinem Besuch dazugebeten. Eppia nutzte die Begegnung mit einem „Exoten" wie mir, um die Runde mit einem – sagen wir – relativ hohen Gesprächsanteil zu unterhalten. Die Kinder, zwei Jungen zwischen acht und zehn, wie ich schätzte, vergnügten sich im Park. „Sollen sie sich ruhig austoben", meinte Eppia, „zu Hause erwartet sie ein anstrengender Nachmittag. Unser Hauslehrer fordert sie ordentlich; hier lernen sie sogar mehr als in Rom." Eppia war eine lebhafte, schlanke Frau, elegant gekleidet, mit dezentem Make-up, knapp unter dreißig und sehr hübsch. Und ziemlich dominant.

Irgendwann kam die Rede auf die bevorstehenden Gladiatorenkämpfe im Amphitheater von Ocriculum. In der Stadt hatte ich mehrere große Ankündigungen gesehen, die zu der Veranstaltung einluden, mit roten Lettern auf weiß getünchtem Untergrund an einige Hauswände der Hauptstraße gemalt. Als *editor*, Veranstalter, lud ein Decimus Lucretius – sein Name erschien fünfmal so groß wie der übrige Text – zur Show mit fünfzehn Gladiatorenpaaren und einer „ordentlichen Hetzjagd" ein. Es gab auch ein Komfortversprechen: *vela erunt*, „Sonnensegel werden aufgespannt sein".

Eppia war geradezu Feuer und Flamme. „Ich liebe *munera*", verriet sie mir. „Vor allem, wenn da wirklich gute Gladiatoren aufgeboten werden, die spannende Kämpfe liefern, viel Action, aber auch technisch auf hohem Niveau, Duelle zweier richtiger Männer in richtig männlichem Ringen. Echte Qualität. Nicht so wie letztens. Das war tiefste Provinz. Norbanus, der *editor*, hat sich bis auf die Knochen blamiert: Gladiatoren, die aussahen wie Lampenverzierungen, wie Gockelhähne, lendenlahme Esel. Altersschwache Figuren, ja Scheintote. Die fielen um, wenn du sie nur angepustet hast. Schrecklich, wenn einer was bieten, aber kein Geld ausgeben will!"

Ich war ziemlich schockiert. Aus dem Mund einer Senatorengattin eine solche Diktion! Musste man auf die menschenverachtende Sache auch noch so einen menschenverachtenden Ton draufsetzen?

Aber Eppia plauderte unbeirrt weiter. Mir schien, dass ich der Einzige war, der an ihrer Ausdrucksweise Anstoß nahm. „Übermorgen aber – da wird es so richtig abgehen. Da ist auch mein Sergiolus mit von der Partie. Für ihn schwärme ich, das ist mein Held! – Im Amphitheater", setzte sie schnell hinzu, als sie merkte, dass ihr Ehemann doch ziemlich säuerlich guckte. Er war schon bei „Sergiolus" zusammengezuckt. Das war die Koseform für „Sergius". „Mein süßer Sergius" wäre im Deutschen keine gewagte Übersetzung für die Verkleinerungsform „Sergiolus".

„Und das Schönste ist", fuhr Eppia fort, „dass er sich morgen bei der *cena libera* in voller Größe zeigen wird. Bestimmt ergibt sich eine Gelegenheit, mit ihm ins Gespräch zu kommen – auch wenn der Andrang dort vermutlich groß ist."

Auf meine Frage erläuterte Eppia, dass die *cena libera* ein „freies, freigebiges Bankett" für alle Kämpfer sei, die am nächsten Tag in der Arena aufträten, für Gladiatoren, Tierkämpfer und sogar für Verbrecher, die *ad bestias* verurteilt seien, zum (chancenlosen) Kampf gegen wilde Tiere. Dass ich eine solche Gelegenheit noch nie wahrgenommen hatte, die „Helden der Arena aus nächster Nähe zu begutachten", konnte sie gar nicht begreifen. Daher schlug sie vor, ich solle sie doch begleiten, und ich konnte ihre „Einladung" kaum zurückweisen, ohne unhöflich zu sein. Es sträubte sich zwar Einiges in mir, aber eine gewisse Neugier gab dann doch den Ausschlag. Ich sagte zu. Und Eppias Ehemann schien froh, dass dieser Kelch an ihm vorbeigegangen war. Er hatte offenkundig wenig Lust auf dieses Schauerlebnis am Vorabend des Arena-Tages. Da zwei Sklavinnen mitkommen würden, erachtete er es auch nicht als unschicklich, dass seine Frau in Begleitung eines germanischen Gastes da hinging. Die Dame schien in dieser Ehe ohnehin die Hosen anzuhaben (wenn diese Metapher auch für das damalige Rom ziemlich anachronistisch klingt).

Am nächsten Tag holte mich eine Lydia in Eppias Auftrag ab. Sie selbst trafen wir an ihrer *villa*, die dem Anwesen meines Gastgebers in nichts nachsteht. Von da aus ging es etwa eine halbe Stunde lang zu Fuß zum Forum von Ocriculum. Dort war ein Bezirk abgetrennt, in dem mehrere lange Tische standen. Sie barsten fast vor Schüsseln und Tellern mit Speisen, darunter köstliche Braten unterschiedlicher Art, Spanferkel, Fischgerichte, Austern, Salate, Käse, Kuchen, Obst und vieles mehr – sehr repräsentativ drapiert zu einem einladenden Buffet, für das der „Sponsor" tief in die Tasche gegriffen hatte. Die „Aktiven" waren alle schon da, einige trugen Fußfesseln. Wenn eine Security organisiert war, so agierte sie im Hintergrund. Jedenfalls hatte man nicht den Eindruck, dass das Bankett von starken Sicherheitsmaßnahmen überschattet gewesen wäre.

Es hatten sich auch schon etliche Gäste eingefunden, von denen sich einige gesetzt hatten, am Buffet bedienten und sich mit den „Arena-Helden" unterhielten. Wieder andere blieben stehen, schauten sich den einen oder anderen Kämpfer aus der Nähe an und gingen dann wieder. Auf einem der Tische lagen zahlreiche Exemplare des *libellus munerarius*. In dem Programmheft waren der gesamte Ablauf der *ludi* beschrieben sowie die geplanten Gladiatoren-Paarungen namentlich aufgeführt – genügend Stoff für Diskussionen und Spekulationen und Grundlage für private Wetten.

Schon von Weitem hatte Eppia *ihren* Sergiolus erspäht. „Sehen Sie, dahinten ist er!", rief sie mir zu und zeigte auf einen Mann von etwa 35 Jahren. Am liebsten hätte sie wohl mit einem lauten Ruf seine Aufmerksamkeit erregt, aber es gelang ihr, diesen Impuls zu unterdrücken. Zu ihrer Erleichterung blickte Sergius aber gerade auf, als wir den abgetrennten Bezirk betraten. Und er winkte! Wir sollten uns zu ihm setzen. Eppia war geradezu verzückt. Offensichtlich kannten sich die beiden. Ich hatte schon in Rom munkeln hören, dass Damen sogar der feinen Gesellschaft gelegentlich diskret eine Gladiatorenkaserne für ein Schäferstündchen aufsuchen. Ob an solchen Gerüchten etwas dran ist, kann einem kein Mensch sicher sagen. Und da – durchaus auch bösartiger – Klatsch und Tratsch in Rom blüht, sollte man vorsichtig sein, um der Fama nicht auf den Leim zu gehen. Aber natürlich beschlich mich schon der Verdacht, dass Eppias Zuneigung zu Sergius substanzieller sein könnte als bloße Schwärmerei. Dass Gladiatoren Virilität ausstrahlen und manche Frauenherzen höherschlagen lassen, ist eine Tatsache. Wie weit so etwas indes „ausgelebt" wird, ist eine offene Frage.

Eppia jedenfalls war glücklich, dass Sergius uns herbeigewinkt hatte. Ich bin versucht zu sagen, dass sie ihn die ganze Zeit über, als wir bei der *cena libera* mit ihm zusammensaßen, geradezu anhimmelte. Aber vielleicht empfand ich das vor allem deshalb so, weil das von ihr entworfene Bild von „Sergiolus" und die Realität mächtig auseinanderklaffen. Der Mann ist muskulös, aber durchaus beleibt – bei Gladiatoren nichts Außergewöhnliches, zumal Körperfett bei Hieben und Stichen ein ganz guter Schutz vor ernsthaften inneren Verwundungen ist. Aus solchen Wunden blutet es zwar heftig, aber es sind keine besonders gefährlichen Verletzungen, und sie hindern den Gladiator auch nicht an einem weiteren engagierten Kampf. Ich fand diese „Rundungen" auch gar nicht so „schlimm". Wohl aber schockierte mich sein Gesicht: Ein vom Helm wund geriebener, gewaltiger Höcker auf der Nase und ein ständig triefendes Auge wirken geradezu entstellend, und auch sein von Narben übersäter rechter Arm ist alles andere als schön anzusehen. Wie man auf die Idee kommen kann, da gewissermaßen von „Sergius-Schätzchen" zu sprechen, überstieg meine Vorstellungskraft. Aber gut – ich bin keine Frau, und mir geht aber auch wirklich jede Aura von Gladiatorentum ab, in der Theorie wie in der Praxis. Und doch – Adonis oder auch nur sexy „geht" sicher anders.

Immerhin, blöd ist Sergius nicht. Das stellte ich schnell fest, als ich mit ihm ins Gespräch kam. Es wurde ziemlich schnell klar, dass er ein freiwilliger Gladiator ist, der sich auf vier Jahre beim Inhaber einer Gladiatorenschule verpflichtet hat. Mittlerweile machten die freiwilligen Gladiatoren rund ein Drittel in seiner *familia gladiatoria* aus, erzählte er mir, Tendenz steigend.

„Darf ich Sie fragen, wie Sie persönlich dazu kamen, sich in eine solche Gefahr zu begeben? Aus freien Stücken dem Tod bei jedem Kampf ins Auge zu sehen?" – „Sie halten mich für verrückt, stimmt's?"

„Na ja, als normal sehe ich es jedenfalls nicht an, wenn man sich ohne Not kasernieren lässt, sein Privatleben an den Nagel hängt und sich mithilfe eines superharten Trainings zu einer Kampfmaschine ausbilden lässt, um sich unter größtem Risiko zu einem Schauerlebnis für Tausende oder Zehntausende zu machen." – „Ohne Not, sagen Sie? Haben Sie eine Ahnung davon, wie zermürbend und irgendwie auch entwürdigend es ist, seine Arbeitskraft jeden Tag aufs Neue dort anzubieten, wo morgens viele andere zusammenkommen, die unwillkürlich zu Konkurrenten, ja zu Gegnern werden, ständig zwischen Furcht und Hoffnung zu pendeln, ob irgendein Agent eines mehr oder weniger seriösen Unternehmens Sie auswählt und zu einer Arbeitsstelle führt, die Sie nach einem, zwei, vielleicht sogar drei Tagen wieder verlassen – weil die Arbeit getan ist oder der Agent billigere Arbeitskräfte findet. Ober weil Sie sich den Fuß verknackst haben und deshalb die Arbeitsleistung nicht bringen, die man von Ihnen erwartet. Ich sage Ihnen: Diese ständige Ungewissheit, dieses Prinzip des *hire and fire*, dem Sie ohnmächtig ausgeliefert sind, das ist schon eine Not. Und eine Not ist es auch, wenn Sie ein paar Tage hintereinander keinen Job ergattern und anfangen zu hungern oder zu betteln. Ich rede jetzt nur von mir; ich war damals solo. Wenn ich in der Zeit auch noch eine Familie hätte ernähren müssen – ich glaube, ich wäre durchgedreht vor lauter Sorge. Stimmt schon: Andere sind da nicht so leicht aus der Fassung zu bringen, die sind Optimisten, vertrauen auf Fortuna. Ich dagegen neige zum Schwarzsehen. Und das kann man sich nicht abtrainieren."

„Da erschien es Ihnen also besser, sich in die Hände eines *lanista* zu begeben?" – „Sie sagen das so abfällig. Klar, wenn einer ein Gladiatorenunternehmen leitet, dann ist das kein mustergültiger Menschenfreund. Der ist skrupellos genug, mit dem Leben anderer ordentlich Knete zu machen. Der beutet sie aus, der erwirbt Sklaven, um sie zu Gladiatoren und Tierkämpfern auszubilden und möglichst teuer zu vermieten. Oder eben auch Freie, die für die Zeit ihrer Verpflichtung auf ihre Freiheitsrechte als Bürger verzichten. *Auctoramentum* sagen die Juristen dazu; es ist gewissermaßen ein ‚Dienstvertrag', in dem Sie sich verpflichten, sich ‚brennen, fesseln und mit dem Schwert töten zu lassen'. Ende der Freiheit. Aber andererseits auch Ende der täglichen Not! Sie kriegen ordentlich zu essen, Sie kriegen ein Bett, das Ihnen keiner wegnimmt, wenn Sie die Miete nicht zusammenbekommen, Sie kriegen eine medizinische Versorgung, nach der sich draußen viele die Finger lecken, und Sie kriegen als freiwilliger Gladiator ein Gehalt, mit dem Sie sich, wenn alles gut geht und Sie nach ein paar Jahren lebend rauskommen, eine Existenz aufbauen können, bei der Sie dieses ganze elende prekäre Leben hinter sich lassen. Und es gibt auch ein paar Vergünstigungen: Sie müssen auch in der Kaserne nicht auf Mädels verzichten. Das kostet manchmal was, manchmal aber ist es auch umsonst. Und Applaus ist auch was Schönes! Da sind Sie auf einmal wer."

„Was die ‚Mädels' angeht – da wird auch mal eine Verehrerin von draußen eingeschleust?" – „So kann man es formulieren. Wir sind da aber zu Stillschweigen verpflichtet. Wer mit sexuellen Erfolgen renommiert, kriegt die Lockerungen im Kasernenleben schnell gestrichen. Auch weil der *lanista* die Damen schützen will, die da gelegentlich an die Tür des *ludus* klopfen."

„Ich verstehe. Sie würden das auch zu den, wenn ich so sagen darf, Annehmlichkeiten des Gladiatoren-Daseins rechnen?" – „Na ja, unangenehm ist das nicht, wenn Sie da die eine oder andere Verehrerin haben. Stärkt das Ego – wie auch der Beifall, der Sie beim Kampf befeuert. Wenn Sie ein paar Kämpfe erfolgreich bestritten haben – das sind übrigens nur vier, höchstens sechs im Jahr –, wächst Ihre Fangemeinde. Da kennen die Leute Sie. Der Nobody von früher, der um

Arbeit gebettelt hat, wird zum Star, manch einer sogar zum umjubelten Superstar. Das alles ist das Risiko wert. Finde ich jedenfalls. Und Sie werden ja auch nicht wie die armen Teufel dahinten" – er zeigte auf die gefesselten „Kollegen" – „automatisch zur Schlachtbank geführt, sobald Sie die Arena betreten haben. Sie haben Ihr Schicksal ja selbst in der Hand, jedenfalls zum Teil. Und sogar wenn Sie verlieren, ist das ja nicht Ihr Todesurteil."

„Weil das Publikum Sie begnadigt?" – „Wenn Sie eine gute Show abgeliefert haben, technisch mit Klasse gekämpft haben, Einsatz gezeigt und sich als tapfer und todesmutig erwiesen haben, wird kein Publikum der Welt den Daumen senken. Habe ich zumindest noch nicht erlebt. Die Leute wollen Spannung, Action, prickelnde Unterhaltung, den Thrill, wenn man so will, aber die wollen keine Leichenberge sehen. Die meisten sind Voyeure, aber keine Sadisten. Die freuen sich darauf, Sie beim nächsten Kampf wiederzusehen, wenn die Ärzte Sie einigermaßen zusammengeflickt haben. Blutrausch und so was – das ist ein Märchen."

„Sie haben gerade auf die *ad bestias* Verurteilten hingewiesen, ‚arme Teufel', sagen Sie. Bei denen kennen die Zuschauer aber keine Gnade." – „Weil das Verbrecher sind. Die verdienen ihre Strafe. ‚Arme Teufel' – das sagt man so, wenn man an ihr Schicksal denkt. Aber das sind gesellschaftliche Outlaws, mit denen man kein Mitleid hat, weil sie selbst bei ihren Taten auch kein Mitleid hatten. So sehen das die meisten Leute. Das sind Rachegelüste. Und dann hat man sogar Spaß daran, die leiden zu sehen. Löwen, Tiger, Bären, Stiere – das sind die Vollstrecker, die Henker in Tiergestalt, könnte man sagen."

„Es gibt Zweifel, ob sie alle wirklich der Verbrechen schuldig sind, derer man sie angeklagt hat." – „Entschuldigen Sie, aber das ist nicht mein Problem. Die Richter, die die in die Arena schicken, haben deutlich mehr Grips als ich. Das sind alles ehrenwerte Leute. Soll *ich* deren Urteile infrage stellen?"

„Darf ich einen anderen Punkt ansprechen, der mich beschäftigt?" – „Nur zu, es ist mir deutlich lieber, hier mit einem Zuschauer zu diskutieren, als mich nur begaffen zu lassen."

„Ob ich zum Zuschauer werde, da bin ich noch nicht sicher. Und zur *cena libera* bin ich eigentlich nur gekommen, weil ich Eppia keinen Korb geben wollte. Sie hat sehr gedrängt." – „Ja, das kann sie!", lächelte Sergius. „Im Drängen und Bedrängen ist sie einsame Klasse. Eine Frau, die weiß, was sie will, das kann ich Ihnen sagen."

„Wollen Sie mir mehr dazu verraten? Ich wäre gespannt." – „Kann ich mir vorstellen. Wird aber nicht passieren. Sie hatten noch eine Frage."

„Richtig. Sie sitzen hier in mehr oder minder trauter Gemeinschaft mit Ihren Gladiatoren-Kollegen. Gegen einen von denen müssen Sie morgen antreten. Heute Freund, morgen Feind: Ist das kein Problem?" – „Nicht für Profis. Das ist wie im richtigen Leben: Man lebt und isst mit denen zusammen, mit denen man kurz darauf im Clinch liegt. Freundschaften entwickeln sich in der Gladiatorenkaserne sowieso kaum. Da herrscht eine Menge Konkurrenz. Eher eine Form von Kameradschaft im eigentlichen Sinn: Du musst mit denen auskommen, mit denen du eine *camera*, ein Zimmer, teilst. Klar, wenn du es dir aussuchen könntest, gegen wen du in der Arena antrittst, hättest du natürlich so was wie Wunschgegner. Aber die Wahl hast du nicht. Und solltest du auf die Idee kommen, deinen ‚Kumpel' im Kampf zu schonen, hast du schon verloren. Ob *er* dich schont, weißt du nicht. Das Publikum aber schont keinen, der zurückhaltend, missmutig, verzagt oder einfach nur passiv erscheint. Feiglinge schweben spätestens dann, wenn die Leute über den Verlierer entscheiden, in viel größerer Gefahr als Draufgänger."

„Was halten Sie eigentlich von der Veranstaltung hier? *Meet and greet* im Vorfeld blutiger Kämpfe?" – „Reine PR-Aktion. Der *editor* wirbt für seine Spiele, er will Publicity, hat ja kräftig investiert, um sich bei seinen Mitbürgern beliebt zu machen. Und er bedient den Voyeurismus der Leute. Heute klopfen sie dir auf die Schulter, wünschen dir viel Glück, und morgen bejubeln sie, wenn dir dein Gegner einen Schlag versetzt, der dich in den Orcus befördern kann. Für mich ist das ein Festival der Heuchelei. Aber gut, ist ja auch nicht schlecht, mit ein paar Fans ins Gespräch zu kommen, dir sozusagen Streicheleinheiten abzuholen. Die Ultras unter den Anhängern sind fast immer da. Die wollen den Kontakt mit ihren Idolen, die wollen die einmal anfassen und ein paar Worte mit ihnen wechseln. Von daher ist das schon eine sinnvolle Veranstaltung."

„Und es gibt bergeweise köstliches Essen, Wein in rauen Mengen und Leckereien aller Art. *Cena libera* heißt ja wohl auch: *all you can eat*. Eine Form der *licentia*, Ausgelassenheit. *Sie* persönlich greifen nach meiner Beobachtung aber kaum zu." – „Als kulinarisches Angebot ist das höchst verlockend, gerade wenn Sie es mit unserem üblichen Essen im *ludus* vergleichen. Da gibt's viel Kraftfutter, Getreide, vor allem Gerstenbrei. Ich weiß schon, dass wir als *hordearii*, Gerstenfresser, verspottet werden. Ansonsten viel Gemüse, aber wenig Fleisch. Gladiatoren würden gut gemästet, sagen manche. Und hier bieten sie einem alles, was es sonst nicht gibt. Aber glauben Sie, ich schlage mir heute Abend den Bauch voll, fülle mich so richtig mit Wein ab – und stehe dann morgen in der Arena? So verrückt sind nur Barbaren! Wer die Zwetschgen einigermaßen beisammen hat, der hält sich hier zurück und überlässt das Schlemmen den Zuschauern."

„Und denen, die ohnehin nichts mehr zu verlieren haben." – „Klar, wer morgen mehr oder weniger schutzlos gegen wilde Tiere gestellt wird, kann sich an der Henkersmahlzeit noch mal sattessen – falls er in seiner Lage noch Appetit hat. Die anderen Aktiven sollten die Zeit hier besser nutzen. Man kann sich vorsichtshalber von Verwandten und Freunden verabschieden, man kann sein Testament noch einmal ändern und andere Verfügungen für den Fall treffen, dass man den morgigen Tag nicht überlebt. Aber jeder so, wie er will. Ich hätte nichts dagegen, wenn Ferox am Buffet ordentlich zuschlüge."

„Wer ist Ferox?" – „Mein Gegner morgen. Haben Sie noch nicht ins Programmheft geguckt? Ein schwerer Brocken, hat sechs Siege und zwei Begnadigungen auf dem Konto. Der sitzt dahinten links mit einigen Fans zusammen, auch ein paar weiblichen. Ich würde ihm zu gern eine Schüssel voller Spanferkelbraten hinstellen. Aber besser nicht."

„Sie fürchten seine Reaktion?" – „Der ist genauso Profi wie ich und würde mir die Bratenstücke an den Kopf werfen. Und so was trübt die Stimmung. Wir sollen ja gut drauf sein, hat uns der *lanista* eingeschärft. So richtig gelingt das aber nicht allen. Man sieht ja auch einige Kollegen, die nachdenklich schauen, um es freundlich zu formulieren." – „So, genug geplaudert, jetzt möchte *ich* aber auch noch ein bisschen von meinem Sergiolus haben", schaltete sich plötzlich Eppia in unser Gespräch ein. „Ich bringe ihm bestimmt Glück." – „Wer könnte einer so bezaubernden Dame widerstehen", flötete Sergius überraschend charmant zurück. „Wir sehen uns dann morgen", verabschiedete er sich von mir. „Na ja, *Sie* sehen *mich* morgen", korrigierte er sich.

„Vielen Dank für das aufschlussreiche Gespräch", sagte ich „und alles Gute für morgen! Ich glaube an Sie – auch ohne zusätzliche Spanferkelportion für Ferox." Zu Eppia gewandt fügte ich hinzu: „Ich gehe noch ein bisschen herum und schaue mir das Treiben hier an. Es ist ja meine erste *cena libera*." Aus Höflichkeit fügte ich nicht hinzu: „Und auch meine letzte!"

Mir kam die ganze Veranstaltung zynisch vor: Man „feiert" auf der Schwelle zwischen Leben und Tod. Zuschauer geben sich kumpelhaft als „Freunde", die sich am nächsten Tag mit ihren Anfeuerungsschreien für Gegner als Feinde gerieren werden. Will man den Kämpfern eine Bühne geben, um mit ihren Anhängern bei Essen und Trinken zusammenzukommen? Oder geht es eher darum, die Neugier und den Voyeurismus der Menschen zu beflügeln oder zu befriedigen? Oder ist es vor allem eine gute Gelegenheit für Selbstdarstellung seitens des Spielgebers, der die Aktiven auch hier schon für seine Eigenwerbung instrumentalisiert?

Vielleicht hat das Ganze auch eine archaisch-religiöse Bedeutung. Die bleibt indes allen Beteiligten verborgen, auch mir. Je mehr ich darüber nachdachte und in den Gesichtern derer las, die als „Helden" auch noch gute Miene zum bösen Spiel machen sollten, umso widerlicher und menschenverachtender kam mir dieses Ritual vor. Womit es freilich perfekt auf seine Fortsetzung am Folgetag in der Arena einstimmte.

Ich wünschte Sergius alias Sergiolus wirklich alles Gute, das hatte ich beim Abschied nicht nur floskelhaft so dahingesagt. Aber ich hatte keinerlei Neigung, mir anzuschauen, ob dieser Wunsch in Erfüllung gehen würde. Ein zweites Mal würde ich mich von Eppia nicht zu einem perversen Schauerlebnis verleiten lassen.

10 Zu Gast bei Trimalchio, König der Freigelassenen: „Stellt euch vor, ihr seid zu meinem Totenfest eingeladen!“

Nach meiner Rückkehr vom Hof des Kleinbauern war ich gewissermaßen standesgemäß ins Herrenhaus des Popilius einquartiert worden. „Die Gästezimmer erstrahlen in neuem Glanz, und ich freue mich, dass Sie derjenige sind, der sie einweiht“, hatte Popilius mich eingeladen. „Sie haben ja lange genug mit dem Zimmer bei meinem *vilicus* vorliebnehmen müssen und dann auch noch in einer Bauernkate mit allen möglichen Lebewesen gemeinsam genächtigt.“ Ich gestehe, dass ich den Komfort meines neuen „Surfsofas“ genoss – einschließlich des Anblicks der vielen wertvollen Kunstgegenstände, die als Dekoration dienen.

Apropos Dekoration. Die ist hier nicht nur drinnen im Herrenhaus üppig, sondern auch draußen. Ich spreche vom Park, der sich auf einer Seite an die *villa* anschließt: eine prächtige Symbiose aus Natur und Kultur. Weite, von Hecken und Bäumen flankierte Spazierwege, von denen der schönste in einem *prospectus*, einer weiten Aussicht, auf das Tibertal ausläuft, kleine schattige Baumgruppen und Blumenbeete, Grünflächen und Teiche lockern die Parklandschaft auf und geben ihr sozusagen ihr botanisches Gepräge. Zu dieser wohlgestalteten Natur gesellen sich aber auch zahlreiche Elemente der Kultur: Promenaden mit Säulenhallen, Statuen von Philosophen, Staatsmännern und Schriftstellern, Plastiken mit mythologischen Sujets, Wasserspiele mit Brunnenschalen und marmorne Einrahmungen von Beeten. Es ist unübersehbar, dass menschlicher Gestaltungswille die Landschaft geformt hat und hat formen sollen. Selbst die Hecken und Gehölze, Bäume und Büsche sind kunstvoll beschnitten; Buchsbaum ist zu Tiergestalten, Buchstabenformationen und geometrischen Figuren gestutzt worden – Vegetationsplastiken, die nicht unbedingt meinen Geschmack treffen, die aber die „Zähmung“ der Natur durch den Menschen demonstrieren.

Der verantwortliche „Vegetationscoiffeur“ Lucius Popilius, ein Freigelassener des Villenbesitzers, ist für einen Gärtner erstaunlich gebildet und kennt sich in Geschichte und Mythologie bestens aus. „Das gehört zu dem relativ neuen Berufsbild des *topiarius*, des Kunstgärtners", erläuterte er mir bei unserer ersten Begegnung. „Der *topiarius* hört sich an, wie der Eigentümer seinen Park gestalten will, und macht ihm konkrete Vorschläge zur Umsetzung. Und dazu benötigen Sie Kenntnisse, die über die eines normalen Gärtners hinausgehen. Der *topiarius* ist so eine Art Innenarchitekt des Parks, ein Landschaftsgestalter, der Natur und Kultur in Harmonie miteinander bringt."

„Schon auch eine Art Dompteur der Vegetation?", fragte ich. – „Durchaus, *domare*, zähmen, ist ein nicht unerheblicher Teil meines Jobs, kulturelle *luxuria* schaffen durch Beschneidung der natürlichen *luxuria*."

„Das ist zu hoch für mich", sagte ich, „erklären Sie mir, was Sie meinen?" – „Ganz einfach, *luxuria* ist ursprünglich das üppige, unkontrollierte, meinetwegen auch hemmungslose Wachstum, die verschwenderische Fülle der Natur, also eigentlich ein botanischer Begriff. *Luxuria* in der kulturellen Umdeutung ist eine Üppigkeit, die sich von der Normalität abhebt, ein Mehr, hinter dem sich ein menschlicher Gestaltungswille verbirgt – nicht nur ein primitives Immer-mehr-haben-wollen, sondern ein selbstbestimmter Lebensstil, den man seiner Umgebung wie einen Stempel aufdrückt. In diesem Sinne ist der *topiarius* ein botanischer Luxus-Produzent, wenn ich so sagen darf."

Bei der Anlage des Parks hatten Lucius klare Konzepte vor Augen gestanden. Ich fand seine Erläuterungen dazu ausgesprochen erhellend. Er konnte auch genau erklären, warum die einzelnen Standbilder und Plastiken an ihrem jeweiligen Ort aufgestellt waren. Das leuchtete ein – wenn es einem jemand so detailliert darlegte. Die Unterhaltungen mit ihm machten ausgesprochen Spaß, sodass ich mich ein paar Mal zu ihm gesellte. Er wiederum fand es motivierend, seine Arbeit jemandem erläutern zu können, und lobte mich dafür, dass ich mich nicht nur für die Oberfläche, nicht nur für die „formale" Zivilisation der Römer interessierte.

Unsere Gespräche bezogen sich auf alle möglichen Aspekte – auch auf seinen Status und sein Selbstbild als Freigelassener. Er war außerordentlich froh und dankbar, nicht mehr Sklave zu sein. „Aber viele Freigeborene begegnen einem schon mit einer gewissen Herablassung", beklagte er sich einmal. „Und es gibt ja durchaus gewisse formale Diskriminierungen, auch was das Wahlrecht und die Zulassung zu bestimmten Ämtern angeht. Erst meine Söhne werden als römische Bürger voll akzeptiert sein. Bis dahin bewegt man sich gesellschaftlich halt meist im Kreise von *liberti.*"

Eines Tages fragte Lucius mich: „Wollen Sie mal einen tollen Typen erleben? Trimalchio, von uns im Spaß, aber eben nicht nur im Spaß als ‚König der Freigelassenen' bezeichnet, gibt morgen Nachmittag eine seiner berühmt-berüchtigten Partys. Ich bin eingeladen. Sie könnten als *umbra*, mein Schattengast, mitkommen. Allerdings: Sie müssen hart im Nehmen sein, was die Selbstbeweihräucherung und den Sprechanteil des Gastgebers angeht. Der liegt bei deutlich über hundert Prozent."

Ich nahm die Einladung gern an. „Das scheint ja ein besonderes Erlebnis zu sein. Und Selbstdarsteller gibt's bei uns in Germanien auch. Viele sogar. Mal sehen, ob's da neue Nuancen zu entdecken gibt."

„Prima, dass Sie mitkommen", freute sich Lucius. „Wir sollten morgen vor der *cena*, so wie es die feinen Leute machen, eine Runde in den Thermen drehen", schlug er vor. „Wir haben hier in Ocriculum eine ziemlich moderne Badeanstalt: *lavatur more urbico et omnis humanitas praestatur*, werben die mit nur wenig Übertreibung, ‚hier wird auf städtische Weise gebadet und aller Komfort geboten'."

Und so kam es dann auch. Ich begleitete Lucius in die Thermen seiner Heimatstadt und absolvierte mit ihm einen schnellen Rundgang durch das Tepidarium und das Caldarium. Als wir durch die Palästra kamen, blieb Lucius stehen. Er zeigte auf eine Gruppe von Ballspielern nicht weit von uns entfernt. „Da ist er, unser Gastgeber höchstpersönlich. Er genießt es, mit seinen hübschen Sklaven-Jungs zu trainieren. Was man so Training nennt ... So richtig sportlich ist Trimalchio ja nicht." Das fand ich mit einem Blick bestätigt. Aber mehr noch: Da schaute ich auf eine ziemlich groteske Szene, wie ein alter kahlköpfiger Sack – mir fällt kein anderer Ausdruck ein – mit langmähnigen jungen Burschen Ball spielte, aber offensichtlich verboten hatte, auf die Erde gefallene Bälle ein zweites Mal zu benutzen. Ein Sklave am Spielfeldrand lieferte ständig Nachschub.

Das Beste aber folgte noch. Trimalchio schnipste mit den Fingern, und ein auf seinen Einsatz wartender Eunuch kam zu ihm gelaufen und hielt ihm einen silbernen Nachttopf zum Pinkeln hin. Sein Herr machte davon Gebrauch, leerte seine Blase und ließ sich Wasser bringen, um seine Hände zu waschen, die er überhaupt nicht gebraucht hatte. Anschließend trocknete er sie an den Haaren des Sklaven ab. Eine Szene, die sehr eindringlich zeigte, dass man sich auf allerlei Besonderheiten des Hausherrn bei der bevorstehenden *cena* gefasst machen durfte. Tatsächlich ist genau das Trimalchios Markenzeichen: Eskapaden und Extravaganzen, die seine Gäste freundlich als *lautitiae*, *elegantiae* oder *deliciae* bezeichnen – ein luxuriöses Über-die-Stränge-schlagen, manchmal auch dicht an der Grenze zur Perversion oder darüber.

Der „Typ", um einen Ausdruck von Lucius aufzugreifen, ist in jeder Hinsicht grenzwertig. Was ihn zwanghaft beherrscht, ist das Bestreben aufzufallen, sich in möglichst unvergesslicher Weise in Szene zu setzen. Der damit verbundene Verlust an Seriosität ist ihm offenbar egal, eine narzisstische Ader wird hauptsächlich von *einem* Betriebsmittel genährt. Das ist sein Geld. Trimalchio ist Multimillionär, allerdings nur mit dem Status eines *libertus*, Freigelassenen, und diese „Schmach" versucht er durch den ebenso ständigen wie ungehemmten Einsatz seines Geldes zu kompensieren. Rücksicht ist keine Kategorie, die in seinem Denken Platz hat; es geht ihm stets um *ego, ego, ego*. Allerdings benötigt er für seine Inszenierung Marionetten, und zu denen zählen alle, die er zu seinen Partys einlädt. Wenn man Großes mit Kleinem vergleichen will: Der Kaiser, Nero, hat seine fünftausend Claqueure, die ihn überallhin begleiten, wo er auftritt. Der superreiche Freigelassene Trimalchio hat seine „Freunde", Weggefährten und die Gäste seiner Partys, die ihm stets und ständig applaudieren. Manche nur widerwillig und mit schlechtem Gewissen, aber das stört ihn nicht weiter. Auch unter Neros Augustiani sind vermutlich nicht wenige, die, wenn sie ehrlich sind, ihren Job zum Kotzen finden.

Aber ich greife vor. Der Nachmittag und Abend sollten noch genügend Gelegenheiten bieten, Trimalchios narzisstische Inszenierungen kennenzulernen. Auf die erste stießen wir, als wir uns seinem eindrucksvollen Stadtpalais näherten. Eine Wand des Hauses neben der Eingangstür ist mit Szenen aus dem Leben des Hausherrn bemalt. Sie beginnen mit Trimalchios Einzug in Rom. Obwohl er damals noch Sklave war, ist er in Begleitung der Göttin Minerva dargestellt. Anschließend weitere Stationen seiner Karriere: Buchhalter, Kassierer – alles noch Positionen als Unfreier – und schließlich die „Erhebung" in den Freigelassenen-Stand durch Merkur, den Gott des Handels, in Begleitung der mit einem riesigen Füllhorn dargestellten Fortuna sowie der drei Schicksalsgöttinnen, die für diesen wertvollen Menschen *goldene* Lebensfäden spinnen.

Seinen wenig rühmlichen Beginn als Sklave verleugnet der Hausherr nicht, aber er stilisiert seine Karriere zu einer Art Heilsgeschichte, die von mehreren Gottheiten flankiert wird. Er hat sich entschieden, den dunklen Fleck auf seiner biografischen Weste, die *macula servitutis*, bestehen zu lassen, ihn sogar positiv zu nutzen, indem er die Basis für eine umso glänzendere Aufstiegsstory abgibt: Nur wer ganz klein anfängt, kann auch sehr hoch steigen, ist die Message – und göttliche Wegbegleiter halten ihre schützende Hand über ihn. Nach meinem Eindruck ist es recht unüblich, solche Szenen aus seinem eigenen Lebenslauf als Villendekor einzusetzen. Trimalchio setzt sich über diesen Comment hinweg: Wer etwas zu bieten hat, soll offensiv damit umgehen, ist seine Devise – *lautitiae* eben.

Wir betraten das Haus; die meisten anderen Gäste waren schon da. Während Lucius als angemeldeter Gast es sich auf einem Speisesofa bequem machen konnte, musste ich – was mir, ehrlich gesagt, viel lieber war – auf einem Korbsessel Platz nehmen. Unsere Hände wurden mit eisgekühltem Wasser gereinigt, und auch über unsere Füße machten sich Sklaven eifrig her. Sie entfernten eingewachsene Nägel – ein Service der besonderen Art. Dabei sangen sie unentwegt muntere Melodien. Das setzte sich bei allen weiteren Dienstleistungen fort – ohne ein Liedchen auf den Lippen ging nichts. Im Laufe der Zeit empfand ich das als ziemlich nervig. Aber Frohsinn musste sein – jedenfalls das, was der Hausherr darunter verstand.

Die ersten Vorspeisen wurden serviert. Doch wo war Trimalchio? Wir sollten einfach anfangen, wurde uns bedeutet, und so langten wir zu: heiße Würstchen, syrische Pflaumen, schwarze Oliven und Granatapfelkerne – ein leckerer Auftakt. Die Silberschalen, in denen die Vorspeisen serviert wurden, trugen nicht nur den Besitzernamen; eingraviert war auch das Silbergewicht.

Auf einmal ertönte ein Tusch des Orchesters, das uns den gesamten Nachmittag und Abend über begleitete: Trimalchio wurde in einem Tragesessel ins Triclinium gebracht. Aus einem scharlachroten Übermantel guckte sein kahler Schädel nur ein Stückchen heraus. Wichtiger war ihm, dass niemand seine Ringe, sein goldenes Armband und eine Elfenbeinspange übersah: Sein linker Arm schaute demonstrativ aus der Serviette heraus, die er um den Hals geschlungen hatte. Der Anblick reizte unwillkürlich zum Lachen, aber ich beherrschte mich. Trimalchio musterte seine Tischgesellschaft und stocherte sich dabei weiter mit einem silbernen Federkiel zwischen den Zähnen herum. „Eigentlich hatte ich überhaupt noch keine Lust, in den Speisesaal zu kommen", war seine bemerkenswerte Begrüßung. „Aber ich wollte euch nicht länger warten lassen. Nur diese Partie hier möchte ich noch zu Ende bringen" – er wies auf ein Spielbrett aus erlesenem Holz und Silber- und Golddenaren als Spielsteine. Als wären wir Luft, spielte er weiter und fluchte dabei mit Kraftausdrücken, die nicht ganz so gut zur Situation passten. So jedenfalls erschien es mir. Seine Stammgäste sahen das wohl eher als normal an und griffen weiter bei den Vorspeisen zu, ohne sich von ihrem verbal ausfälligen Gastgeber irritieren zu lassen.

Endlich war Trimalchio mit seinem Spiel fertig. Das war als Zeichen offenbar verabredet. Das Orchester brachte erneut einen Tusch aus, und sämtliche Vorspeisen wurden in Windeseile abgeräumt – selbstverständlich von Sklaven, die dabei sangen. Bisher war *mulsum*, Honigwein, gereicht worden, als Aperitif durchaus nicht unüblich. Damit war indes jetzt Schluss. Trimalchio ließ vergipste Glasamphoren hereinbringen und las vom Etikett vor: „Falerner aus dem Konsulatsjahr des Opimius, hundert Jahre alt". Da hatte sich ein kleiner Rechenfehler eingeschlichen. Wenn der Falerner – unstrittig der beste Wein Italiens – wirklich im angegebenen Jahr abgefüllt worden wäre, dann wäre er eher zweihundert als hundert Jahre alt – und ungenießbar. Immerhin: Opimianer Wein, das machte Eindruck. Und exzellent war er tatsächlich. „Gestern habe ich nicht so guten Wein kredenzen lassen", kommentierte unser Gastgeber das Geschmackserlebnis, „obwohl ich viel vornehmere Gäste hatte." Eine schallende Ohrfeige für die Runde, aber wir spülten das „Kompliment" mithilfe des Falerners tapfer hinunter.

Viel Zeit, ihm böse zu sein, hatten wir eh nicht, denn die nächste Überraschung folgte auf dem Fuße: Auf Trimalchios Geheiß gesellte sich ein weiterer Gast zu uns: Hereingetragen wurde ein silbernes Skelett mit äußerst beweglichen Gliedern. Trimalchio warf es ein paarmal in unterschiedlichen Stellungen auf einen Tisch und lamentierte über unsere Vergänglichkeit. Ein Hobby-Philosoph, der aber schnell die Kurve kriegte und uns angesichts unserer begrenzten „Haltbarkeitsdauer" aufforderte, „das Leben zu genießen, solange es uns vergönnt ist". Die Runde quittierte die Einlage mit großem Applaus.

Schon war der nächste Gang im Anmarsch. Ein runder Tafelaufsatz zeigte die zwölf Tierkreiszeichen, und jedem war ein passendes Gericht zugeordnet. Die Idee war originell, die Speisen aber eher alltäglich. Bei einigen Gästen bemerkte ich eine gewisse Enttäuschung. Aber die Dramaturgie des Speisen-Theaters funktionierte tadellos. Denn kaum hatte Trimalchio dazu aufgefordert, ordentlich zuzugreifen, da liefen vier Sklaven im Tanzschritt vor und nahmen den oberen Teil des Tafelaufsatzes ab. Darunter verbargen sich erlesene Braten und Fische; aus kleinen Schläuchen rann eine Pfeffersoße auf die Leckerbissen herab – exquisiter und appetitlicher konnte man sich ein lukullisches Arrangement kaum vorstellen. Das war uns allen einen weiteren Applaus wert.

Trimalchio wäre aber sicherlich auch sehr enttäuscht gewesen, wenn diese Reaktion ausgeblieben wäre. Die Inszenierung des *convivium* zielte deutlich auf eine kontinuierliche, immer wieder von Beifallseruptionen erneuerte Hommage an den Hausherrn ab. Der Mann braucht Lob und Anerkennung wie die Luft zum Atmen; das war mir mittlerweile klar geworden. Wahrscheinlich lädt er seine Gäste hauptsächlich ein, um sich huldigen und feiern zu lassen. Gewiss, das tun in der Oberschicht auch etliche andere, aber sie gehen dabei meist etwas raffinierter vor – obwohl auch da manch einer nicht vor Peinlichkeiten zurückschreckt. Doch bei Trimalchio ist es noch mal anders: Er dreht permanent an einer Schraube der Selbstüberbietung weiter. Und die Gags, die er sich hat einfallen lassen, verraten nicht unbedingt guten Geschmack und schon überhaupt keine Eleganz. Sie haben etwas Bemühtes. Man merkt die Absicht und ist verstimmt – freilich ohne diese Verstimmung nach außen zu tragen. Alle Anwesenden spielten das Spiel an diesem Abend in einer gewissen Feigheit mit, und ich bildete da keine Ausnahme.

Den nächsten Auftritt hatte ein Trancheur. Der zermetzelte die Braten geradezu nach Gladiatorenart. Das Orchester spielte dazu, und Trimalchio feuerte ihn unablässig mit einem *carpe, carpe* an, dem Imperativ von *carpere*, also: „schneide, schneide!" Aber gleichzeitig ist es auch, wie mir der Gast neben mir erläuterte, der Vokativ von Carpus: Trimalchio hat dem Sklaven diesen Namen verpasst, um den Gag mit dem doppeldeutigen *carpe/Carpe* bei wahrscheinlich jedem zweiten Gastmahl zu bringen, das er ausrichte. Sophisticated? Ingeniös? Mir kam der Witz eher platt vor, aber andere Gäste zeigten sich durchaus amüsiert – und waren es wohl auch.

Kurzweiliger als das, was dann folgte, war der *carpe*-Joke indes allemal. Denn nun verwandelte sich unser Gastgeber in einen astronomischen Weisen, der uns bei seiner Interpretation der Tierkreiszeichen des Tafelaufsatzes an seiner Expertise teilhaben ließ. Es war blühender Unsinn, den er da, mit etlichen Grammatikfehlern gespickt, allen Ernstes vortrug. Er selbst glaubte offenbar an den Quatsch – und wir ließen ihn am Ende seines Referats als „wahren Weisen" hochleben. Das mochte aus der Sicht mancher Gäste durchaus ironisch gemeint sein, doch drang diese Ironie nicht bis zu Trimalchio vor. Der fühlte sich durch das – wenn auch hier und da sarkastisch vergiftete – Lob in einem Bildungsanspruch bestätigt, den er auch im weiteren Verlauf des *convivium* immer wieder auf unterschiedlichen Gebieten zur Schau trug: Geschichte und Rhetorik, Jurisprudenz und Literatur – überall ist er zu Hause. Und hat in Wirklichkeit keinen Schimmer, selbst von Halb- und Viertelbildung noch ganz weit entfernt. Er bläst sich schlicht auf, und das immer mal wieder in fehlerhaftem Latein.

Es war eine echte Erlösung, als er mit seinem astronomischen Geschwätz aufhörte. Die nächste Einlage bot wenigstens Action. Zunächst stürzte eine Meute von Jagdhunden in den Speisesaal hinein und lief bellend um sämtliche Tische herum. Dann wurde ihr „Opfer" auf einer Platte hereingetragen: ein riesiger Keiler, um den herum einige aus Teig geformte Ferkel lagen. Die durften wir als Gastgeschenke mitnehmen. Kurze Zeit später tauchte ein bärtiger Riese in Jagdkleidung auf. Der zog einen Hirschfänger hervor und versetzte dem Keiler einen heftigen Hieb in die Flanke. Der Riss weitete sich, und Drosseln flogen aus ihm heraus. Sie flatterten überall im Triclinium herum, wurden dann aber von anderen „Jägern" eingefangen. Jedem Gast wurde eine überreicht. Die Hunde und die Drosseln hatten mächtig Leben in den Speisesaal gebracht. Nachdem sie alle wieder nach draußen gebracht worden waren, traten Ruhe und eine gewisse Ermüdung ein. Es wurde Zeit für eine Pause. Und der Gastgeber gewährte sie uns: Er ging aufs Klo.

Der Tafeltyrann war weg! Erleichterung machte sich breit. Die Gäste waren froh, sich endlich miteinander unterhalten zu können – ohne Showeinlagen, Gags und „Belehrungen" durch den Gastgeber. Ich nutzte die Gelegenheit, um mich bei meinem Sitznachbarn zu erkundigen, wer hier überhaupt so eingeladen sei. Ob er einen Überblick habe? – „Aber sicher, ich kenne die meisten. Fast alle sind wohlhabende, einige sogar richtig reiche Leute. Mancher hat ganz klein angefangen und es zu solidem Wohlstand gebracht. Ein Einziger hat eine Pleite hingelegt. Sagenhaft: Den haben die eigenen Freigelassenen ausgeplündert; vorher war er ein erfolgreicher Beerdigungsunternehmer gewesen. Trimalchio lädt ihn aus alter Verbundenheit ein – und weil er an seinen Lippen hängt. Wir alle, die Sie hier sehen, sind Freigelassene. Haben es also geschafft. So gesehen. Anders gesehen: Wir alle bleiben halt *liberti*, ehemalige Sklaven. Das werden Sie nicht los. Nicht mit noch so viel Knete. Hier unter uns ist alles gut, aber die feine Gesellschaft, die Ritter und Senatoren, die blicken auf uns herab. Ganz selten ergattern Sie da mal eine Einladung. Also bleibt uns nichts übrig, als unter uns zu bleiben. Und ab und zu auf Sklaven zu schimpfen. Darin ist Trimalchio ganz groß – auch eine Möglichkeit, Abstand zu seinen eigenen Wurzeln zu gewinnen. Ist halt menschlich; du guckst nach oben, nicht nach unten, nach vorn statt zurück."

„Und Trimalchio?", fragte ich. „Wenn ich seine *domus* und das Interieur hier um uns herum so sehe, ist der doch auch aus dem Gröbsten heraus." – „Das können Sie laut sagen. Er ist der Reichste von uns allen. Erst Fernhandel, dann Großgrundbesitz. Der hat Zaster ohne Ende. Und ist auch sehr spendabel, schmeißt die besten Partys. Du musst dir nur das ganze Zeugs anhören, das der absondert, das ist der Preis für die Einladungen. Aber er ist unsere Nummer eins, *princeps libertinorum* hier in der Gegend. ‚König der Freigelassenen', um es mal ungeschützt zu formulieren. Was der sagt, hat Gewicht – auch wenn es nicht stimmt. Hat ein riesengroßes Maul und ein Ego von hier bis Rom. Trotzdem, manchmal, glaub ich, ist der doch nicht so ganz zufrieden. Der hat den Anschluss an die feinen Leute hier gesucht, aber die haben ihm die kalte Schulter gezeigt. Jetzt will er denen zeigen, dass er auch so kann wie sie. Oder sogar besser. Partys, von denen man noch lange spricht, mit allen Schikanen und ohne Kostenlimit. Manchmal nervig, aber alles in allem ein feiner Kerl. Der hält zu seinen Kumpels, der lässt keinen im Regen stehen. Zu seinen Sklaven könnte er allerdings manchmal etwas netter sein. Finde ich, andere mögen das anders sehen."

Einige Zeit später war es mit unserer Freiheit vorbei: Trimalchio betrat wieder den Raum. Er wischte sich demonstrativ den Schweiß von der Stirn ab, wusch sich die Hände in parfümiertem Wasser und fing dann an, von seinen Darmproblemen zu erzählen: „Schon seit

Tagen streikt mir der Bauch. Ich hoffe, dass er bald Vernunft annimmt. Üblicherweise dröhnt's bei mir in der Bauchgegend, als brüllte ein Stier. Sollte einer von euch Probleme haben, dann braucht er sich nicht genieren zu tun. Keiner von uns ist ohne Loch geboren, und anzuhalten ist die größte Qual. Glaubt mir, Blähungen steigen einem ins Hirn. Ich weiß, dass schon viele daran gestorben sind. Also, wer von euch Erleichterung sucht, soll sich ruhig hier im Speisesaal erleichtern. Sollte ein bisschen mehr kommen, dann steht draußen alles bereit."

Trimalchio als Darm- und Pups-Experte – damit schlüpfte er in eine neue Rolle. Und die wurde sogar von einigen seiner treuesten Anhänger als peinlich empfunden. Manche hatten Mühe, das Lachen zu unterdrücken. Zum Glück war schon der nächste Gag auf dem Weg: Drei Schweine unterschiedlichen Alters und unterschiedlicher Größe wurden hereingeführt. „Welches der drei wollt ihr in Rekordzeit tischfertig haben?", fragte Trimalchio in die Runde. Ohne unsere Entscheidung abzuwarten, entschied er sich für das älteste, sechs Jahr alte Schwein und ließ direkt einen Koch rufen: „Gib dir bloß Mühe, etwas Anständiges auf den Tisch zu bringen!", wies er ihn an. „Sonst landest du in der Abteilung der Laufburschen."

Abgang Koch mit Schwein. Nächster Auftritt Trimalchio. Diesmal mit Lehrstunde in kreativer Mythologie. Wir erfuhren unter anderem, dass der Kyklop Odysseus mit einer Zange den Daumen ausgekugelt habe und die Sibylle, die legendäre Seherin von Cumae, in einer Flasche baumele – „hab' ich selbst gesehen", versicherte Trimalchio. Reines *name dropping* und samt und sonders dummes Zeug, alles gemäß Trimalchios – von mir erfundener – 2P-Regel: platt und peinlich.

Er hätte uns danach bestimmt mit weiteren mythologischen Enthüllungen traktiert, wäre da nicht plötzlich eine Platte mit einem riesigen Schwein serviert worden. Unglaublich, diese Schnelligkeit in der Zubereitung! Auch Trimalchio gab sich überrascht und schaute sich das Schwein genauer an. „Was, was?", schrie er plötzlich auf. „Das Schwein ist ja gar nicht ausgenommen! Her mit dem Koch! Und zwar sofort!" Der Schuldige war völlig zerknirscht: Ja, er habe vergessen, das Schwein auszunehmen. „Ausziehen!", befahl Trimalchio. Zwei Prügelknechte standen schon bereit, aber wir Gäste setzten alles daran, den Stimmungskiller einer Prügelszene im Triclinium zu vermeiden, und verwandten uns für den armen Kerl. „Kann doch mal passieren! Lass ihn laufen, Trimalchio, bitte!"

Rasch setzte der Hausherr eine andere Miene auf, jetzt wieder ganz der auf Milde gestimmte *pater familias*. „Dann zieh dich wieder an", forderte er den Sklaven auf, „und nimm das Schwein vor unseren Augen aus!" Der Koch griff zu einem Tranchiermesser, schnitt den Bauch des Schweines behutsam auf – und im Nu kullerten Brat- und Blutwürste daraus hervor. Die Dienerschaft, die gerade anwesend war, klatschte Beifall und ließ ihren Herrn für dieses Kunststückchen hochleben. Der Koch erhielt für sein perfektes Rollenspiel ein paar Geschenke, unter anderem eine Schale aus korinthischer Bronze. Auch das war wohl berechnet. Denn es gab Trimalchio die Gelegenheit, über die Entstehung der korinthischen Bronze zu schwadronieren – erneut mit haarsträubendem historisch-mythologischem Nonsens. Und damit zu renommieren, er allein habe echte korinthische Gefäße. Warum? „Der Schmied, bei dem ich kaufe, heißt Corinthus. Was aber ist korinthisch, außer wenn man einen Corinthus hat?"

Ich weiß nicht, ob ich der Einzige war, der sich über diese unglaubliche Instrumentalisierung der Gäste ärgerte. Der ganze Gag mit dem angeblich nicht ausgenommenen Schwein war von vorn bis hinten inszeniert, und die Reaktion der Gäste, die sich für die Schonung des vermeintlich schuldigen Kochs einsetzten, war einkalkuliert. Aus meiner Sicht war das extrem manipulativ und übergriffig. Ich persönlich hatte eigentlich keine Lust, mich zu einem unfreiwilligen Mitspieler in einer von Trimalchio inszenierten Show zu machen. Aber ich stand mit diesem Ärger ziemlich allein da. Selbst mein Nachbar, der sonst kein Problem damit hatte, Trimalchios Manipulationen beim Namen zu nennen, verhielt sich überraschend zahm. Der Schweine-Gag als solcher hatte offensichtlich Eindruck gemacht.

Und es ging immer so weiter. Trimalchio brachte die Gesellschaft mit einem „Wasser raus, Wein rein!"-Ruf zusätzlich in Schwung. Er selbst ging mit mehr oder weniger gutem Beispiel voran und war bald an der Grenze zur Betrunkenheit angelangt. Das führte zu einer weiteren Enthemmung: Er zitierte seinen Buchhalter herbei und ließ ihn die angeblichen ökonomischen Erfolgszahlen von seinen Besitzungen vortragen: Dort seien an einem einzigen Tag siebzig Sklavenkinder geboren worden, las der Buchhalter vor, fünfhundert Rinder fürs Joch abgerichtet, fünfhunderttausend Scheffel Weizen auf den Speicher gebracht und zehn Millionen Sesterze in Rücklagen überführt worden, weil man sie nicht mit Gewinn habe investieren können. Mit der Wirklichkeit hatten diese Erfolgsquoten sicher nichts zu tun. Sie waren grotesk überhöht – und doch sammelte Trimalchio damit bei seinen Gästen Reputationspunkte. Es wurde gelogen, dass sich die Balken bogen, aber es blieb eben doch etwas hängen: Trimalchio war der Prototyp des erfolgreichen Agrariers. Er wusste, wie man es anstellte, Profit zu machen. Und allein das zählte bei seiner Tafelgesellschaft – und nicht nur dort.

Wie aber ist er dahin gekommen? Natürlich mussten wir uns im Laufe des Abends seine Erfolgsgeschichte anhören. Begonnen hat er als Sklave. Als Jugendlicher aus Kleinasien gekommen, gelang es ihm schnell, zum Liebling seines neuen Herrn aufzusteigen. Aber nicht nur in sexueller Hinsicht – „wobei ich auch die Herrin zufrieden gestellt habe; ihr wisst, was ich meine" –, sondern auch weil er sich als Chefbuchhalter bewährte und insgesamt „das Hirnchen meines Herrn in den Griff kriegte". Der setzte ihn neben dem Kaiser zum Erben seines Vermögens ein. Trimalchio stieg mit dem ererbten Kapital in den Fernhandel ein – und verlor fast gleichzeitig fünf Schiffe durch Schiffbruch. Hart am Rande der Pleite gab er dennoch nicht auf und investierte ein zweites Mal alles, was er noch besaß, in Handelsaktivitäten. Diesmal ging die Sache gut. Es sprangen Millionengewinne für ihn heraus.

Wer indes gesellschaftliche Anerkennung finden will, tut gut daran, sich vom „windigen" Kaufmann in einen soliden Agrarier zu verwandeln. Trimalchio kapierte das rasch. Er kaufte die Grundstücke zurück, die er zuvor veräußert hatte, um Kapital für den Handel zu haben, und erwarb weitere Ländereien. Dabei bewies er ein glückliches

Händchen: „Alles, was ich anfasste, wuchs wie ’ne Wabe“. Diese Erfolgsstory sollte auch auf seinem Grabmal dokumentiert werden. Auch darüber ließ sich Trimalchio in epischer Breite aus, bis hin zu der Grabinschrift, die er sich ausgedacht hatte: „Hier ruht Pompeius Trimalchio Maecenatianus. Pflichtbewusst, tapfer, treu, aus kleinen Verhältnissen aufgestiegen. Er hinterließ dreißig Millionen und hat nicht ein einziges Mal einen Philosophen gehört.“ Beim Ordnen seiner letzten Dinge habe er aber nicht nur an das Grabrelief gedacht, das ihn als spendablen Wohltäter darstellen sollte – „wie ich aus einem Geldsack Münzen unterm Volk ausstreue“ –, sondern auch an reichlich Profanes wie den Schutz seines Grabes: „Ich lasse dort einen meiner Freigelassenen Wache schieben, damit die Leute nicht an mein Grabmal zum Kacken rennen.“

Betrunken, wie er war, trieb Trimalchio es auf die Spitze. Er ließ sein Testament bringen und las es vom ersten bis zum letzten Buchstaben vor. Anschließend brach er in Tränen aus. Seine Ehefrau Fortunata tat es ihm gleich, und auch die gesamte Dienerschaft fing an zu heulen. Man kam sich fast vor wie auf einer richtigen Beerdigung. Die Stimmung war im Keller, bis Trimalchio sie mit den Worten drehte: „Ich will euch lustig sehen! Los, ab ins Bad, das Leben genießen!“

Lucius und ich fanden das alles andere als verlockend. Wir versuchten, uns davor zu drücken, kamen aber nicht weit und mussten schließlich die Bade-Spielchen mitmachen, die von schrillem Gelächter und gewaltigem Lärm der meist nicht nur angetrunkenen Party-Gäste begleitet wurden. Ein bisschen nüchterner wurden die meisten durch dieses Intermezzo aber schon. Schließlich gab Trimalchio das Zeichen, mit der Plantscherei aufzuhören. Wir wurden in einen neuen Speisesaal geleitet, in dem bereits neue köstliche Speisen auf uns warteten. Und silberne und goldene Kostbarkeiten aus dem Hausrat, die Fortunata dort zur Schau gestellt hatte: durchaus in der Art, wie ich es von Partys der feinen Gesellschaft kannte, nur etwas plumper und – noch – peinlicher.

Kaum hatten wir es uns in diesem neuen Triclinium gemütlich gemacht, da wurden wir Zeugen eines veritablen Ehekrachs zwischen

Trimalchio und Fortunata. Das war die einzige „Einlage“ des *convivium*, die nicht vom Regisseur Trimalchio geplant worden war. Der Streit entzündete sich an dem zärtlichen Verhältnis des Hausherrn zu einem hübschen Bediensklaven. Fortunata reagierte eifersüchtig und steigerte sich dazu, ihren Mann als „Miststück“ und „Drecksack“ zu titulieren. Der keilte heftig zurück, erinnerte daran, dass er das „Flittchen“ überhaupt erst zum Menschen gemacht und aus dem Dreck geholt habe. Er hätte viel bessere Partien machen können – und kinderlos sei die Ehe auch noch geblieben. „Aber ich habe mir die Axt selbst ins Bein gejagt!“ Jetzt aber sei seine Geduld am Ende. Der Steinmetz, bei dem er sein Grabrelief in Auftrag gegeben hatte, bekam eine neue Weisung: „Ich will nicht, dass du eine Statue von der da auf mein Grabmal setzt, damit mir, wenigstens wenn ich tot bin, das elende Gezänk erspart bleibt!“

Der angesprochene Habinnas, Trimalchios bester Freund, bemühte sich daraufhin, die Wogen zu glätten. Es gelang ihm dadurch, dass er die Rede wieder auf Trimalchios Lebensleistung brachte. Und so endete das Ganze in einem Monolog des Hausherrn über das Thema, das ihn am meisten begeisterte: Trimalchio – „wie einer, der mal Frosch war, jetzt zum König geworden ist“.

Aber auch ein König muss mal abtreten. Die Idee mit der Testamentseröffnung zu Lebzeiten schien unserem Gastgeber noch nicht ausgereizt. Er setzte noch eins drauf, indem er anfing, Bestattung zu spielen. Er ließ die Kleidung holen, in der er einst „mit Glanz und Gloria zur Bestattung getragen werden wollte“, legte sie an und forderte uns auf: „Stellt euch vor, ihr seid zu meinem Totenfest eingeladen!“ Für das übliche lärmerfüllte Lamento fehlten uns nur noch die Hornbläser. Aber auch die standen in der Kulisse bereit. Trimalchio ließ sie rufen und wies sie an: „Stellt euch vor, ich wäre tot. Tragt was Hübsches vor!“

Die taten, was ihnen befohlen worden war, und machten ordentlich Lärm. Die dadurch aufgeschreckte Nachbarschaft – es war schon nach Mitternacht – alarmierte die Feuerwehr. Und die brach im Glauben, Trimalchios Haus stehe in Flammen, die Haustür auf und stürmte hinein.

Das nun ausbrechende Chaos war unsere Chance. Lucius und ich verständigten uns blitzschnell durch Blicke. Wir nahmen Reißaus, als wäre wirklich ein Feuer ausgebrochen.

In der Hektik des Aufbruchs hatten wir vergessen, eine Fackel mitzunehmen. Doch wir hatten Glück: Der Mond erhellte die Nacht. Nach einer knappen Stunde erreichten wir die *villa* des Popilius.

„War's schlimm?", fragte Lucius mich, bevor er in seine Wohnung im Nebentrakt verschwand. – „Furchtbar", gab ich zurück, „und furchtbar interessant. Trimalchios Gastmahl – man sollte einen Roman darüber schreiben."

ZURÜCK IN ROM

11 Zu Gast bei Andromachos, Arzt: „Man sagt Ärzten gern nach, dass sie Kasse machen."

„Migranten müssen zusammenhalten! Erst recht in einem Land, wo sie nicht bei allen willkommen sind: Sie als Germane, ich als Grieche. Wir schließen jetzt einen antirömischen Pakt. Wenigstens auf ein paar Tage. Seien Sie mein Gast!" Mit diesen Worten lud Andromachos mich ein, eine Zeitlang seine „Couch" zu benutzen. Der „Spruch" mit dem antirömischen Pakt war natürlich nicht ernst gemeint; Andromachos suchte einfach eine gemeinsame Basis, um seine Einladung zu „rechtfertigen".

Die Bekanntschaft mit Andromachos verdankte ich einer anhaltenden Magenverstimmung mit sehr unangenehmen Begleitumständen. Die üblichen Hausmittel, die mir mein damaliger Gastgeber empfahl, brachten keine Besserung. Deshalb riet er mir, mich an einen Profi-Arzt zu wenden. Nicht, dass er dem seit Generationen bewährten Hausmittel nichts zutraue. Aber wenn es ernst sei, setze er doch mehr auf die griechische Medizin als auf die überkommene römische Hausheilung. Dass sich manch ein Traditionalist unter seinen Bekannten immer noch weigere, die Überlegenheit der griechischen Ärzte anzuerkennen, und ebenso arrogant wie ignorant darauf beharre, dass das römische Volk sechshundert Jahre lang ganz gut ohne Ärzte ausgekommen sei, finde er mittlerweile nur noch peinlich. Also: Ich solle mich mal an Andromachos wenden. Dessen Praxis sei ein paar Häuser entfernt, und er selbst habe dessen ärztliche Hilfe schon mehrmals in Anspruch genommen. Zu ihm kämen vor allem gut betuchte Patienten, und er sei wohl auch Hausarzt bei einer der führenden Familien. „Preiswert ist er allerdings nicht. Wenn Sie die Kosten selbst nicht aufbringen können, übernehme ich das Honorar gern für Sie." Das hätte Gnaeus Venustus als sehr wohlhabendem Geschäftsmann im Importhandel mit Gewürzen nicht wehgetan. Aber ich lehnte dankend ab: „Ich habe noch Reserven – zumal die Couch bei Ihnen mich nichts kostet."

Also hatte ich mich auf den Weg gemacht und war kurze Zeit später vor dem Wohnhaus des Andromachos angekommen, in dem auch die Praxisräume untergebracht sind: eine durchaus noble *domus*, die den Wohlstand ihres Eigentümers nicht leugnet, allerdings auch nicht protzig betont. Es ist sicher keine der üblichen eher bescheidenen *tabernae medicae*, in die ich da eintrat: Ein wunderschöner Mosaikfußboden, Fresken mit überwiegend floralen Motiven an den Wänden und einige hübsche Statuetten sorgen für ein angenehmes, gewissermaßen warmes Ambiente, das von kühler Sachlichkeit weit entfernt ist. Ich persönlich empfand das als sehr beruhigend und gewissermaßen Mut machend, konnte mir aber auch vorstellen, dass andere Patienten schmucklosere, nüchternere Praxisräume bevorzugen würden.

Die Praxis besteht aus mehreren Räumen, einem kleinen Wartezimmer, in dem man sich bei einem Assistenten des Arztes, vermutlich einem Sklaven, anmeldet, dem großen Behandlungsraum und einem weiteren Zimmer mit einer Liege. Andromachos behandelt dort Patienten, vorrangig aber ist das eine Art Beobachtungsstation für Frischoperierte, die er nicht sofort nach Hause entlassen will. Ein weiterer Assistent tut dort als Pfleger Dienst. Schließlich gibt es noch, wie ich später feststellte, als ich Andromachos bei der Behandlung von Patienten über die Schulter schauen durfte, einen kleinen Nebenraum. Dort steht ein Ofen, auf dem man Wasser erhitzen kann. Abwechselnde Kalt- und Warmduschen einzelner Körperteile gehören zu den gängigen Behandlungsmethoden. Besonders interessant fand ich ein Gefäß in Form eines menschlichen Fußes: Es dient zur Wärmebehandlung bei rheumatischen Schmerzen.

Der Assistent im Wartezimmer begrüßte mich höflich. Er schaute mich kurz prüfend an und ging aufgrund meiner äußeren Erscheinung davon aus, dass ich nicht zu den Ärmsten gehörte. Auf die Kosten der Behandlung wies er hin; Genaueres könne er nicht sagen, da müsse er die Untersuchung abwarten und hören, was der Chef sage. Das ist, wie ich gehört hatte, ein übliches Verfahren: Das Honorar bemisst sich bei vielen Ärzten auch nach der „Bonität" des Patienten. Arme zahlen weniger, Reiche mehr.

Kurze Zeit später wurde ich ins Behandlungszimmer gerufen. Andromachos ist ein Mann in mittlerem Alter, von hohem Wuchs, gepflegtem Äußeren und vollbärtig. Er begrüßte mich und ließ sich meine gesundheitlichen Probleme erläutern. Dabei saß er auf einem Hocker; ich stand direkt vor ihm. Nach meinem Bericht tastete er meinen Oberkörper und den Bauchbereich ab. An manchen Stellen drückte er seine Finger stärker in das Fleisch und registrierte meine Reaktionen sehr aufmerksam. Er legte die Hand auch auf meine Stirn und prüfte, ob ich Fieber hätte. „Erhöhte Temperatur", stellte er fest.

Dann erkundigte er sich ausführlich nach Vorerkrankungen, nach möglichen familiären Leiden, vor allem aber nach meinen Ess- und Trinkgewohnheiten. Ein Fisch- oder Fleischgericht, an das ich mich nur mit einem gewissen Widerwillen erinnern würde? Nach kurzem Überlegen fiel mir ein Fischragout ein, das merkwürdig geschmeckt hatte, das ich aber aus Rücksicht auf den Gastgeber nicht hatte zurückweisen wollen. Kurz danach hatte sich der Verdauungsapparat ziemlich dringend gemeldet. „Aha", sagte Andromachos, „ich glaube, es ist nichts Ernstes. Eine Lebensmittelvergiftung, wahrscheinlich von schlechtem Fisch ausgelöst, etwas erhöhte Temperatur, aber eher eine milde Reaktion des Körpers. Ich nehme an, Ihre Beschwerden werden morgen, spätestens übermorgen abklingen. Sie sollten sich aber beim Essen zurückhalten – und vorerst keinen Wein trinken. Außerdem habe ich hier ein Mittel, das Sie bitte zweimal am Tag einnehmen. ‚Galene' heißt es; ich habe es selbst entwickelt. Es hilft bei fast allen inneren Beschwerden. Manche meiner Patienten sprechen geradezu von einem Wundermittel. Ich würde es lieber als Breitband-Therapeutikum bezeichnen. Kommen Sie morgen wieder, dann sehen wir, ob es gewirkt hat. Ich vermute, dass sie dann schon beschwerdefrei sein werden. Gute Besserung!"

Ob es an „Galene" lag oder ob sich mein Körper erholt hatte – jedenfalls waren die Beschwerden am nächsten Tag wie weggeblasen. Ich fühlte mich gesundheitlich überhaupt nicht mehr eingeschränkt, stellte mich aber wie vereinbart erneut bei Andromachos vor und berichtete ihm vom Erfolg seines Medikaments. Da habe er ja wohl wirklich eine Arznei entwickelt, die ein Segen für viele Kranke sei!

Andromachos lächelte und nickte. „Man soll sich ja nicht selbst auf die Schulter klopfen", sagte er, „aber Sie bestätigen, was zahlreiche Patientinnen und Patienten mir schon berichtet haben: ‚Galene' ist äußerst wirkungsvoll und verursacht keine Nebenwirkungen, jedenfalls bis jetzt nicht. Manche Menschen nehmen es sogar dauerhaft; vor allem die, die Angst haben, sich zu vergiften oder vergiftet zu werden."

Das klang interessant. Ich erläuterte den Hintergrund meines Aufenthaltes in Rom und fragte vorsichtig, ob er ein bisschen Zeit erübrigen könne, sich mit einem neugierigen Germanen zu unterhalten. Ein Antidot, ein Mittel gegen eine Vergiftung? Darüber erführe ich gern mehr.

Andromachos nahm sich die Zeit. Er wirkte eigentlich zurückhaltend, aber einen gewissen Stolz auf seine Erfindung konnte und wollte er nicht verbergen. Er erzählte, dass er an der Entwicklung von „Galene" seit Jahren arbeite. Sein Ziel sei es, das berühmte Mithridaticum in der Wirkung zu übertreffen. Das hatte Mithridates VI., der König von Pontos, der den Römern im vorigen Jahrhundert jahrelang die Stirn geboten hatte, von Medizinern zum Selbstschutz entwickeln lassen. Der König lebte in ständiger Frucht vor Giftanschlägen – was an hellenistischen Herrscherhöfen nicht unrealistisch war und erst recht angesichts der Spannungen mit Rom alles andere als eine irrationale Furcht.

Seine Ärzte hatten ihm darauf ein Mittel gegen Vergiftungen aller Art zusammengestellt – gegen Schlangenbisse, Skorpion- und Spinnenstiche sowie vergiftete Speisen. Diese nach ihm benannte Arznei nahm Mithridates in angemessenen Dosen, Tag für Tag zur Immunisierung, und es bewährte sich nicht nur bei ihm. Das Mithridaticum entwickelte sich zu einem Exportschlager. Allerdings war seine Zusammensetzung nicht genau bekannt; man sprach von 37 bis 54 Ingredienzien, die da zusammengeführt worden seien. Manches klärte sich erst, als Pompeius nach seinem Sieg über Mithridates und dessen Tod die im Palast beschlagnahmten einschlägigen Aufzeichnungen von seinem Freigelassenen Lenaeus ins Lateinische übersetzen ließ und sie so auch einer größeren medizinischen Öffentlichkeit zugänglich machte. Der einzige Nachteil des Mithridaticum habe für seinen „Erfinder“ in der Wirksamkeit gelegen, munkelte man: Als der König sich nach seiner Niederlage zum Freitod entschloss, soll infolge der jahrelangen Immunisierung kein Gift stark genug gewesen sein, ihn umzubringen. Er habe deshalb auf das Schwert zurückgreifen müssen.

„Dieses Mithridaticum habe ich genauer erforscht“, erläuterte Andromachos. „Ich habe es durch weitere Zutaten verfeinert und wohl auch verbessert mit neuen Zutaten wie zum Beispiel Vipernfleisch, Meerzwiebeln, Pfeffer und einer etwas anderen Dosierung der Opiate. Honig und Wein dienen als Bindemittel für jetzt insgesamt 64 verschiedene Inhaltsstoffe. Die Mühe hat sich gelohnt: Meine Patienten schwärmen geradezu von meiner ‚Galene‘. Und gerade einige sehr hochgestellte Persönlichkeiten schlafen, seit sie das Mittel kontinuierlich als Gift-Prophylaxe nehmen, deutlich ruhiger. Sie wissen ja sicher, dass Giftmorde in den sogenannten besseren Kreisen ein Problem sind. Leider scheint es auch Familienangehörige zu geben, die dadurch schneller an ihr Erbe gelangen wollen. Ob das alles stimmt oder nicht auch eine Menge Hysterie und Narzissmus im Spiel sind – keine Ahnung. Aber das Mittel hat unheimlich eingeschlagen, und es hat mich, um ehrlich zu sein, auch reich gemacht.“

„Sodass Sie die Rezeptur auch schön unter Verschluss halten, um weiter Kasse zu machen, wenn ich das so sagen darf?“ – „Mein lieber germanischer Freund, ich weiß, dass man uns Ärzten nachsagt, dass wir gern ‚Kasse machen‘, wie Sie sich ausdrücken. Aber Sie übersehen, dass ich erstens als Arzt dem Wohl der gesamten Menschheit verpflichtet bin, um es mal pathetisch zu formulieren, und mir der Ruhm des pharmakologischen Erfinders wichtiger ist als der des hemmungslosen Geldschefflers. Zweitens: Schauen Sie sich um. Ich lebe hier in einer wunderschönen *domus*; ich habe alles, was ich brauche, und ich verfüge über einen sehr solventen Patientenstamm. Es gibt sogar die berechtigte Aussicht auf eine weitere sehr ehrenvolle Entwicklung, aber dazu möchte ich noch nichts sagen. Nein, ich werde die Erfolgsformel von ‚Galene‘ nicht für mich behalten, sondern sie der gesamten wissenschaftlichen und literarischen Welt offenbaren. Ich arbeite an einer Publikation in Gedichtform, in der ich alle Geheimnisse verraten werde."

„Das finde ich ganz großartig", sagte ich. „Damit werden Sie nicht nur dem ärztlichen Ethos gerecht, sondern tun auch eine Menge für einen besseren Ruf der Mediziner. Es ist ja wirklich so, wie Sie sagen: Vielen sagt man nach, sie seien geldgierig und Trickser, die durch lange Behandlungen möglichst viel Geld aus ihren Patienten herausholen wollen. Ich habe das nur so gehört", ergänzte ich, „habe absolut keine eigenen Erfahrungen – *relata refero*. Ganz toll finde ich, dass Sie neben Ihrer medizinisch-pharmakologischen Arbeit auch noch literarische Ambitionen hegen und ein Medikament mit einem sozusagen poetischen Beipackzettel in Umlauf bringen." – „Ein Hobby von mir. Ich bin ja dezidiert der Meinung, dass Ärzte eine umfassende Bildung haben sollten. Zumindest sollten sie lesen und schreiben können", fügte er ziemlich bitter hinzu. „Das ist bei einigen sogenannten Kollegen nicht garantiert ... Aber lassen Sie uns über Erfreulicheres sprechen."

An diesem Punkt unseres Gesprächs kam ihm die Idee, mich in sein Haus einzuladen. Ich hatte bei der Anamnese am Tag zuvor erwähnt, dass ich Couchsurfer sei. Und ich glaube, meine offene Anerkennung für seine Leistung als Arzt, Apotheker und Freizeitdichter hatte mich ihm sympathisch gemacht. Und wohl auch, dass ich nicht wie andere pauschal auf Ärzte und ihre tatsächliche oder vermeintliche Geldgier eingeschlagen hatte. Gerade in manchen Oberschicht-Zirkeln, mit denen ich bei zahlreichen *convivia* Kontakt hatte, gab es starke Vorbehalte gegen die Mediziner und die angebliche „feindliche griechische Übernahme unseres römischen Gesundheitswesens". Es waren nicht wenige Leute, die diesen Unsinn und schlimmere Verschwörungstheorien – griechische Ärzte wollten alle Römer aus Rache für die Unterwerfung ihrer Heimat umbringen – tatsächlich glaubten.

Zwei Tage später zog ich also vorübergehend in Andromachos' geräumiges Stadtpalais ein. Ich erhielt eines von mehreren Gästezimmern zur persönlichen Nutzung – und die Erlaubnis, jederzeit die Praxis aufzusuchen, um meinem Gastgeber bei der Arbeit zuzusehen. Das war, um ehrlich zu sein, nicht immer die reine Freude. Denn zum einen traf ich da mitunter auf schwer kranke Menschen, zum anderen praktizierte Andromachos auch als Chirurg. Und da waren des Öfteren Eingriffe vonnöten, die nicht nur den Patienten, sondern auch mir als Beobachter im übertragenen Sinne an die Nieren gingen. Die OP-Kandidatinnen und -Kandidaten erhielten vorher einen beruhigenden Trank mit einer vorsichtigen Beimischung eines aus Schlafmohn gewonnenen Pulvers oder auch zwei Becher unvermischten Wein. Aber die anästhesierende Wirkung entsprach keineswegs einer vollständigen Betäubung. Die Menschen litten schlimme Schmerzen, und mir wurde zum ersten Mal so richtig bewusst, warum das Phänomen des Schmerzes in der griechisch-römischen Philosophie einen so breiten Raum einnimmt. Bei einigen Eingriffen mussten die beiden Assistenten des Arztes den Patienten regelrecht festhalten, der sich gegen seine Schmerzen aufbäumte. Die frischen Wunden wurden mit pflanzlichen Arzneien versorgt, die eine gewisse antibiotische Wirkung zu haben scheinen.

Alle benutzten Instrumente wurden sehr sorgfältig gespült, bevor sie wieder in große Ledereetuis kamen. Andromachos hat mehrere Dutzend, nach meinem Eindruck weit über hundert Instrumente zur Verfügung: Skalpelle, Sonden und Spatel in jeweils unterschiedlichen Größen, Wundhaken, Pinzetten, Zangen und Scheren, Sägen und Knochenheber, Anal- und Vaginalspecula sowie pilzförmige Schröpfköpfe aus Bronze, die an einem Bronzeständer hängen. Letztere kommen bei zahlreichen Behandlungen zum Einsatz: Manchmal wird die Haut eingeritzt, bevor Andromachos den erwärmten Schröpfkopf auf sie setzt und durch den Unterdruck eine stärkere Blutung hervorruft, manchmal geht es nur um die bessere Durchblutung bestimmter Körperstellen, wo der Arzt muskulöse Verhärtungen oder andere Anomalien ertastet hat. Bei dieser Methode wirken die Schröpfköpfe – lateinisch *cucurbitulae*, „kleine Kürbisse", genannt – wie Massagen. „Es geht darum, schädliche oder im Überfluss vorhandene Säfte aus dem Körper herauszuziehen", erklärte Andromachos mir das Prinzip. „Die *cucurbitula* ist dabei ein ziemlich mildes Hilfsmittel, ohne Risiko und nie gefährlich. Sie hat sich so bewährt, dass sie manchmal geradezu als Berufslogo eines Arztes dient – sogar auf dem Grabstein des einen oder anderen Kollegen."

Da er den Aspekt „Risiko" selbst ansprach, war ich so mutig, bei diesem heiklen Punkt nachzufragen. – „Ärztliche Behandlungen sind selten ohne Risiko", räumte Andromachos ein, „und Kunstfehler kommen vor. Auch mir selbst sind schon einige unterlaufen. Wobei sich meist erst im Nachhinein herausstellt, dass man einen Fehler gemacht hat. Kritiker behaupten ja, Ärzte seien so ziemlich die Einzigen auf der Welt, die straflos einen Menschen töten dürften. Das ist natürlich großer Quatsch. Selbstverständlich kann auch uns der Prozess gemacht werden, wenn wir grob fahrlässig oder sogar vorsätzlich jemanden zu Tode gebracht haben. Andererseits unterscheiden sich die Ärzte in ihrer Risikobereitschaft ganz erheblich. Was mich angeht, halte ich mich an einen Grundsatz, den Asklepiades von Bithynien, einer der ersten bedeutenden Ärzte in Rom, aufgestellt hat: *tuto, celeriter, iucunde*; ‚sicher, schnell und schonend (für den Patienten)'. Wie Sie das in einer konkreten Situation und bei einem bestimmten Befund auslegen und ob ‚schnell' immer der richtige Zugriff ist, muss man von Fall zu Fall entscheiden, aber *tuto* und *iucunde* finde ich ganz richtige und wichtige Prinzipien bei der Ausübung der ärztlichen Kunst."

Ich fand das bei meiner „Famulatur" in der Praxis des Andromachos vollauf bestätigt. Er untersucht und behandelt nicht nur vorsichtig und rücksichtsvoll und bemüht sich, den Patienten möglichst wenig Schmerzen zuzufügen, sondern befleißigt sich auch vorbildlicher Hygiene. Er wäscht sich sehr oft die Hände, hat tadellos saubere Fingernägel, trägt stets frische Kleidung und strömt selbst keine unangenehmen Körpergerüche aus. Gegen Mundgeruch nimmt er von Zeit zu Zeit eine Pastille. Wein trinkt er nach meiner Beobachtung niemals im Dienst, auch nicht mal einen Becher zum Mittagessen. Gegenüber seinen Patienten tritt er freundlich-distanziert auf, nicht überheblich und allwissend, wie andere Mediziner sich gern geben, unmissverständlich, aber verbindlich und sprachlich korrekt. Insgesamt eine geradezu mustergültige Erscheinung, zu der die Kranken schnell Vertrauen fassen.

So erlebte ich ihn auch bei Hausbesuchen. Die absolviert er meist gegen Abend. sowohl bei seinen Stammpatienten aus der Oberschicht, die es bequemer finden, dass ihr Arzt sich zu ihnen bemüht, als auch bei „Akutpatienten", wenn Verwandte ihn zu einem Schwerkranken rufen, der selbst zu schwach ist, die Praxis aufzusuchen. In seinem Arztkoffer hat Andromachos die wichtigsten Instrumente dabei, auch eine Reihe beliebter Heilmittel, einschließlich der ‚Galene', versteht sich. Getragen wird alles von einem Assistenten, der ihn auch bei Untersuchungen oder beim Wenden eines bettlägerigen und immobilen Patienten unterstützt.

Andromachos untersucht gründlich, erklärt dem Kranken das Wichtigste von seinem Befund – besonders gesprächig ist er dabei allerdings nicht – und instruiert die Verwandten geduldig über die notwendigen Pflegemaßnahmen. Er strahlt eine solche Autorität aus, dass wohl keiner seiner Patientinnen und Patienten oder deren Angehörige auf die Idee kommen würden, eine zweite Meinung einzuholen. „Klar können Sie einen anderen Arzt konsultieren, aber auf eines werde ich mich nicht einlassen", erklärte er mir: „Am Krankenbett mit einem Kollegen ein Streitgespräch über das weitere medizinische Vorgehen zu führen. Ich höre, dass solche peinlichen Situationen mitunter herbeigeführt werden. Das verunsichert die Laien, und die Profis können oder wollen nicht zugeben, dass sie sich geirrt haben oder ein Kollege eine zutreffendere Diagnose stellt. Man kann doch das Krankenzimmer nicht zu einem Ärztetribunal machen. Ohne mich!"

Die meisten Salben und Medikamente, die Andromachos seinen Patienten verabreicht, stammen aus seiner eigenen Herstellung. Tatsächlich stehen überall in der Praxis Tiegel und Fläschchen, Töpfe und Mörser, Waagen und Gewichte sowie kleinere und größere Vorratsgefäße. Auf Regalen liegen Kräuter zum Trocknen. Andromachos ist wie die meisten römischen Ärzte sein eigener Apotheker. „Na ja", sagte er, als ich ihn darauf ansprach, „manche Standardarzneien beziehe ich auch von Kollegen, die sich auf den Vertrieb gängiger Mittel spezialisiert haben. Das muss man allerdings erst mal testen, bevor man Vertrauen aufbaut; leider sind auch da nicht wenige Scharlatane unterwegs. Aber mittlerweile habe ich Bezugsquellen, auf die ich mich hundertprozentig verlassen kann. Was meine eigenen Medikamente angeht: Da sammeln zwei Kräuterweiber die entsprechenden Heilpflanzen und liefern sie mir. Die beiden sind außerordentlich erfahren. Ich fürchte allerdings, dass ich mich von einer meiner Lieferantinnen, einer gewissen Canidia, demnächst trennen muss. Ich habe gehört, dass sie sich als Zauberin selbstständig gemacht hat und zum Beispiel ‚Liebeskräuter' verkauft. Mit solchen windigen Aktivitäten möchte ich nicht in Verbindung gebracht werden. Kann ich mir nicht erlauben. Wäre allerdings schade. Die Frau hat bisher zuverlässig und in hervorragender Qualität geliefert. Weitere Rohstoffe beziehe ich über den Großhandel. Ich glaube, mein Lager haben Sie noch nicht gesehen. Da ist vieles vorrätig, auf das Sie in der Praxis nur in kleinen Mengen stoßen."

Von einem Pharma-Unternehmer kaum zu unterscheiden, ging mir durch den Kopf. Der Mann hat zusätzlich zum Arzt-Beruf noch ein pharmakologisches Start-up. Das nötigte mir Anerkennung ab, zumal er auch in der wissenschaftlichen Mediziner-Szene aktiv ist. Davon zeugen Dutzende von Buchrollen in den Schränken seiner Praxis und ein Schreibtisch, auf dem neben eigentlich immer ausgerollten Buch-*volumina* Papyrusblätter und Schreibmaterial liegen. Auf meine entsprechende Frage sagte Andromachos: „Ich finde, dass jeder Praktiker sich weiterbilden muss, indem er nicht nur die Klassiker der medizinischen Literatur gelesen hat, sondern sich auch wichtige Neuerscheinungen besorgt. Jedenfalls gehört das dazu bei einer führenden Arztpraxis in Rom – meine eigene würde ich als eine solche sehen, auch wenn das vielleicht ein bisschen vollmundig klingt. Das Auseinanderdividieren von Praktikern und Theoretikern tut unserer Zunft nicht gut. Es verursacht unnötige Zänkerei, die die Patienten nicht verstehen und die sich wenig förderlich auf die Reputation der Ärzteschaft insgesamt auswirkt. Da entsteht in der Öffentlichkeit manchmal der Eindruck, dass die verschiedenen medizinischen Schulen rechthaberisch und eitel eher gegeneinander als gemeinsam für das Wohl ihrer Patienten kämpfen."

„Aber es gibt ja wohl wirklich enorme Unterschiede zwischen den einzelnen Arztpraxen und der Kompetenz der Mediziner. Mein vorheriger Gastgeber sagte mehrmals zu mir: ‚Seien Sie bloß froh, dass Sie bei Andromachos gelandet sind – und nicht bei einem der vielen Quacksalber, die keine Ahnung haben, sich aber vor den Kranken mit Scheinwissen und verbalem Blendfeuerwerk spreizen'." – „Schön, dass Gnaeus Venustus das so sieht! Er hat recht – leider. Das Problem ist: Ob ein ‚Arzt' wirklich die nötige Kompetenz hat, kontrolliert ja keiner, zumindest keine übergeordnete Stelle. Wenn Sie sich Arzt nennen, dann sind Sie einer. Fertig. Auch wenn Sie Ihr medizinisches Wissen als unfreier Assi eines Arztes erworben haben und nach zwei, drei Jahren glauben, sich selbst als *medicus* auf die Menschheit loslassen zu sollen. Oder wenn Kollegen sich öffentlich hinstellen und sagen, sie könnten Köche, Färber, Wollarbeiter, Schuster und Weber binnen sechs Monaten zum Arzt umschulen. Einer der Schlimmsten, die ihre Schülerplätze mit diesem unverantwortlichen Gerede voll machen, ist momentan Thessalos von Tralles. Der Kerl schleimt sich sogar beim Kaiser ein, indem er ihm seine Werke unaufgefordert schickt. Jedenfalls braucht man sich nicht zu wundern, wenn sich Leute als Mediziner niederlassen, die von Tuten und Blasen keine Ahnung haben. Und wenn das dann nach ein paar Monaten auffällt, nachdem sie genug Schaden unter ihren Patienten angerichtet haben, dann schulen sie halt noch mal um und werden Leichenträger. Wie man Leute unter die Erde bringt, haben sie ja schon reichlich geübt."

„Die Behörden oder der Kaiser greifen da überhaupt nicht ein?", fragte ich irritiert. – „Wie sollten sie? Wenn jemand offensichtlich gemeingefährlich ist, dann kann ihn jedermann durch eine Anzeige stoppen. Dann gibt es ein Gerichtsverfahren. Aber es existiert absolut kein Qualitätsmanagement. Das gilt ja auch für Ihre Profession – ich habe doch richtig verstanden, dass Sie im Lehrerberuf tätig sind? Wer ein guter Lehrer ist, darüber entscheidet der Markt. Und ebenso darüber, wer ein guter Arzt ist. Aber verstehen Sie mich nicht falsch! Es gibt eine Menge qualifizierter Mediziner hier in Rom, tüchtige Kollegen, die ihr Handwerk verstehen. Als solches – als *ars* – wird es ja von vielen Römern eingeschätzt, und wir werden auf eine Stufe mit Architekten oder sogar nur mit ‚anderen' Handwerkern wie Schmieden gestellt. Es müssen beileibe nicht alle so einen Ruf genießen und so viel Geld verdienen wie ich. Darüber kann man sicher streiten, ob das gerecht ist, dass prominente Mediziner wie ich und vor allem manche Modeärzte, die mit jeder Menge Tamtam und aggressiver PR auf sich aufmerksam machen, Multimillionäre sind, während der namenlose, aber durchaus solide arbeitende Praktiker finanziell gerade mal gut über die Runden kommt."

„Aber Sie sind ja wirklich eine Ausnahmeerscheinung", sagte ich, „und jemand, der nicht nur Wissenschaftler und Pharmakologe, sondern auch Arzt mit hohen ethischen Standards ist, wie ich in den letzten Tagen erleben durfte. Und ich sage das aus ehrlicher Überzeugung, nicht etwa aus Solidarität unter Migranten!" – „Bei allem Flachs – mit den ‚Migranten' sind wir tatsächlich bei einem Problem, was die Akzeptanz des Arztberufs hier in Rom angeht. So blendend die Aussichten für griechische Ärzte hier in dieser Millionenmetropole sind – ich selbst stamme ja von Kreta und bin wegen des hohen Bedarfs an Medizinern und entsprechend guten Verdienstmöglichkeiten vor Jahren hierhin übergesiedelt –, so grottig ist ihr Image bei einem Teil der römischen Bevölkerung. Da gibt es noch viel Überzeugungsarbeit zu leisten."

„Glauben denn wirklich so viele Römer, dass ihr althergebrachtes *pater-familias*-Herumdoktern der jahrhundertealten griechischen Medizin das Wasser reichen könnte?" – „Das ist wohl nur eine kleine Minderheit. Aber bei einem ziemlich großen Teil der Oberschicht – die geben ja den Ton an und bestimmen die öffentliche Meinung – gibt es sozusagen nationale Vorbehalte, die sich mit sozialem Dünkel verbinden: Viele griechische Ärzte haben als Sklaven angefangen, einige sind mit Gewalt hierhin deportiert worden. Noch heute sind etliche Freigelassene, und die zählen nicht so richtig. Und eben Griechen oder Syrer oder Ägypter. Es gibt keine echte Fremdenfeindlichkeit, aber es gibt so etwas wie römisches Nationalgefühl, das in uns die Besiegten, die Unterworfenen sieht. Dass die einen so lebenswichtigen

Sektor wie den Medizinbetrieb beherrschen, passt manchen nicht in ihr nationalrömisches Weltbild."

„Ist der Prozentsatz von Griechen im Medizinbereich wirklich so hoch?", fragte ich, während ich dachte, was für ein Schmelztiegel der Kulturen Rom doch ist. – „Bei den Ärzten liegt er bei neunzig Prozent, schätze ich, nicht viel niedriger bei anderem medizinischem Personal wie Hebammen und Sanitätern – so würde ich die weniger qualifizierten Ärzte bezeichnen. Aber wissen Sie, woran die feine Gesellschaft vor allem Anstoß nimmt?"

„Wir hatten ja schon ein paar Kritikpunkte. Keine Ahnung, was noch dazukommt." – „Dass wir für unsere medizinische Dienstleistung überhaupt Geld nehmen! Als ein ‚unnatürliches Verkaufen von Wissen' diskreditieren das einige Meinungsmacher – mögen sie auch, wenn's um ihre eigene Gesundheit geht, Tausende und Zehntausende lockermachen, ohne mit der Wimper zu zucken. Mit der Gesundheit der Menschen mache man keine Geschäfte, tönen die, und verunglimpfen uns als geldgierig und kleingeistig – weil wir unsere Dienste verkaufen. Und uns damit unfrei, weil von anderen abhängig machen – Sklaven eben, wenn man's überspitzt ausdrücken will. Aber sollen wir das alles aus purer Nächstenliebe, aus reiner Freude am Beruf, aus schierem Streben nach Unabhängigkeit zum Nulltarif tun? *Das* wäre ehrbar, finden sie. Nur dass wir im Unterschied zu ihnen nicht über riesige Latifundien verfügen, die uns ein Leben als Rentiers garantieren."

„Das meinen die ernst?" – „Und ob die das ernst meinen! Das ist doch ein zentraler Bestandteil jeder Adelsethik: Handarbeit entehrt. Und die *ars medica* ist aus ihrer Sicht Handwerk – und zum Teil ja auch im wahrsten Sinne des Wortes: Chirurgie ist ‚Handarbeit'!"

„Aus germanischer Sicht ist das mal eine sehr überraschende Variante der Kritik an Migranten: Dass Migranten angefeindet werden, weil sie arbeiten und eigenes Geld verdienen wollen." – „Ich weiß nicht, worauf Sie abzielen. Aber in Rom gibt es diesen Vorwurf. Jedenfalls bei einem Teil der besonders nationalbewussten Oberschicht."

„Wenn Ihnen ein Patient so gegenübertritt und Sie diesen mangelnden Respekt spüren lässt, lassen Sie den das bei der Behandlung auch spüren?“ – „Sie meinen: Ein bisschen fester auf eine Schmerzstelle drücken, ein bisschen tiefer schneiden als nötig, ein bisschen weniger Beruhigungsmittel? Wer kann schon für sein Unterbewusstsein garantieren? Aber im Ernst: Mit der ärztlichen Ethik verträgt sich das nicht. Sie haben sicher schon vom Hippokratischen Eid gehört. Es ist nicht so, dass wir Ärzte darauf verpflichtet wären. Er ist mehr eine Leitlinie für ethisches, verantwortungsbewusstes ärztliches Handeln. Ich persönlich fühle mich weitgehend an diese Leitlinie gebunden, wenn auch nicht in allen Punkten. Bei der Abtreibung bin ich dezidiert anderer Meinung. Aber die Verpflichtung, ‚Kranke vor Schaden und Unrecht zu bewahren‘, nehme ich sehr ernst – und dass mein ganzes ärztliches Tun darauf abzielt, dem kranken Menschen zu *nützen*. Zumindest der Geist des Eides erlaubt es auch nicht, kranke Menschen unterschiedlich zu behandeln – Sklaven nicht und eben Hochnäsige und Eingebildete auch nicht. Dass das manchmal schwerfällt, gebe ich zu. Also: Auch bei Ärzte-Kritikern und sogar Ärzte-Hassern gilt nicht nur *tuto* und *celeriter*, sondern auch *iucunde*.“

„Der Grundsatz der Gleichbehandlung stößt aber doch auch an finanzielle Grenzen! Nicht jeder kann die Honorare aufbringen, die Sie verlangen. Behandeln Sie denn auch Sklaven?“ – „Im Prinzip schon, und zwar, wenn sie das aus ihrem persönlichen *peculium* selbst bezahlen müssen, zu einem Sozialtarif. Oft übernehmen aber ihre Herren die Behandlungskosten. Die müssen dann ordentlich an den ‚Sklaven‘ zahlen, der ihre Sklaven hoffentlich geheilt hat.“

„Und gibt es Sondertarife für Barbaren?“ – „Wie sollte es? Die behandle ich doch hier in Rom pausenlos. Für uns Griechen, da hatte der alte Cato ganz recht, sind und bleiben die Römer Barbaren. Jedenfalls so lange, bis sie aufhören, ihre griechischen Wohltäter und Wunderheiler als Geschäftemacher und Totschläger zu verleumden.“

12 Im Gespräch mit Cyparene, Friseurin und Kosmetikerin: „Du kommst dir von aller Welt verlassen vor."

„Wollen Sie nicht doch mit uns kommen? Eine Hochzeitsfeier in den besten Kreisen miterleben? So schnell werden Sie nicht wieder die Gelegenheit dazu haben." Mein Gastgeber versuchte ein letztes Mal, mich zum Mitkommen zu bewegen. Seine ganze Familie – Frau, Sohn und zwei Töchter sowie zwei Unfreie, die sie begleiteten – stand gewissermaßen abmarschbereit im Atrium. – „Das ist wirklich sehr freundlich von Ihnen", antwortete ich, „aber ich schaffe es nicht. Ich fühle mich noch zu schwach; der gestrige Abend hat Spuren hinterlassen. Irgendein Gericht ist mir nicht bekommen."

„So schlimm?", fragte er nach. – „Nein, es geht schon besser, aber eine mehrstündige Hochzeitsfeier wäre doch wohl zu viel – auch aus Rücksicht auf die Feiernden und ihre Gäste."

„Na gut, wir machen uns dann auf den Weg. Erholen Sie sich gut! – Ach, und wundern Sie sich nicht, dass es ziemlich einsam ist im Haus. Ich habe den meisten Sklavinnen und Sklaven freigegeben." – „Keine Sorge!", rief ich. „Ich weiß ja, wo die Küche ist – und nach Essen ist mir ohnehin nicht zumute. Ihnen und der Familie einen schönen Tag!"

Auf dem Weg in mein Gästezimmer kam ich an dem von den Unfreien bewohnten Trakt vorbei. Aus einer halbgeöffneten Tür hörte ich Schluchzen. Ich klopfte und trat ein, um zu sehen, ob jemand Hilfe brauchte. Auf einem Bett saß eine junge Sklavin zusammengekauert. Tränen liefen ihr über das Gesicht, ihre Augen waren gerötet. Ich erkannte sie kaum wieder: Cyparene, die etwa achtzehnjährige, immer freundlich und selbstbewusst auftretende *ornatrix* der Hausherrin, hockte da wie ein Häufchen Elend.

„Was ist denn los, Cyparene?", fragte ich. „Haben Sie Schmerzen? Kann ich Ihnen helfen?" Meine Frage löste bei ihr einen weiteren Schluchzanfall aus. Sie zeigte auf ihren Unterarm. Er hatte aus zwei Wunden geblutet, und zwar ziemlich heftig, wie Spuren auch auf dem Fußboden verrieten. Andererseits schienen mir das keine besonders gefährlichen Verletzungen zu sein.

„Was haben Sie denn da gemacht?", fragte ich und fügte, um mein Mitgefühl auszudrücken, hinzu: „Tut sicher arg weh, was?" – „*Ich* habe gar nichts gemacht!", platzte es aus ihr heraus. „Das war die Herrin! Hat mir einfach eine Haarnadel zweimal in den Arm gerammt, wütend, fast außer sich. Und geschlagen hat sie mich auch. Zweimal feste ins Gesicht. Und gedroht, dass sie mich peitschen lassen würde, wenn das noch einmal passiere. Und meine Stellung als ihre Friseurin, Kosmetikerin und Typberaterin sei ich auch los, auch wenn sie da noch einmal darüber nachdenken wolle. Es war schrecklich!" Erneut schüttelte sie ein Weinkrampf.

„Beim Jupiter, was ist denn passiert? Was hat einen solchen Zornesausbruch Ihrer Herrin ausgelöst? Erzählen Sie mal. Das beruhigt auch ein bisschen." – „Sie ist ja heute zu einer Hochzeitsfeier eingeladen und wollte sich dafür besonders fein machen. Eine ziemlich lange ‚Sitzung' mit Baden, Eincremen, Schminken und Frisieren. Heute besonders aufwendig, mit einer Gesichtsmaske für einen möglichst strahlenden Teint. Die habe ich vorher zwei Stunden lang vorbereitet, aus Gerste, Erve, Eiern, Harz, Hirschhorn, Honig, Lupinen, Bohnen und anderen Inhaltsstoffen, und dann aufgetragen. Nicht das erste Mal; sie vertraut mir da voll. Ich muss sie auch immer abschirmen gegenüber den anderen Hausbewohnern, wenn sie dasitzt mit der Maske und das Zeug allmählich in ihr Dekolleté runterrutscht. Sieht wirklich nicht so toll aus und riecht auch nicht besonders gut. Deshalb hat sie eine irre Angst, dass jemand sie in diesem Zustand sehen könnte – außer mir.

Aber heute ist ihr erst etwas von der Gesichtspackung in die Augen gelaufen, da hat sie sich schon aufgeregt, und dann ist etwas auf das gute *pallium* gespritzt, das wir für das Ausgehen zurechtgelegt hatten – weil sie herumgezappelt hat, als das mit den Augen passierte. Aber klar, *ich* war schuld und musste mir eine Standpauke anhören wie noch nie zuvor. Sie hat mich richtig fertiggemacht, und ich wurde immer nervöser und hektischer bei der Arbeit."

„Sie meinen beim anschließenden Frisieren?" – „Schon beim Färben der Haare – sie wollte blonde Strähnchen haben – hat nicht alles so funktioniert, wie sie das erwartete, aber da hat sie sich noch nicht so tierisch aufgeregt. Erst als die Locken nicht so fielen wie erhofft, wurde sie auf einmal fuchsteufelswild und hat mich angeschrien, ich würde ihre Haare ‚versauen'. ‚Versauen' hat sie gesagt – obwohl ich mir seit Jahren größte Mühe gebe, ihr ziemlich dünnes Haar in Form zu bringen. Und wenn Sie ständig das *calamistrum*, das Brenneisen, einsetzen, wie die Herrin es verlangt, wird das Haar auch nicht besser. Das wissen doch alle, nur sie will es nicht hören! Und als ich dann noch mit dem Brennstab ganz leicht ihre Kopfhaut berührt hab, da war es aus. Sie griff sich eine der langen Haarnadeln und rammte sie mir zweimal ganz feste in den Unterarm. Das hat wie wild geblutet und unheimlich wehgetan, aber das hat sie überhaupt nicht interessiert. Sie hat mich nur noch weiter beschimpft und geschlagen. Und gedroht, sie wolle sich eine neue *ornatrix* suchen. Dann ist sie abgerauscht."

„Das ist sehr schlimm, da haben Sie recht! Aber meinen Sie nicht, dass sie sich wieder beruhigt? Dass ihr andere Bedienstete vielleicht klarmachen, was sie an Ihnen hat?" – „Wir hatten ein Super-Verhältnis, soweit das zwischen Herrin und Sklavin überhaupt geht. Manchmal habe ich mich richtig als ihre Vertraute gefühlt. Aber gerade deshalb wird kaum jemand zu mir halten."

„Die Unfreien hier im Haushalt halten da offenbar nicht zusammen?" – „Manchmal schon. Aber nicht grundsätzlich. Da belauert einer den anderen, und da wird man auch schon mal von einem anderen Sklaven angeschwärzt. In so einer *familia urbana* gibt's 'ne Menge Rivalität, da kämpft jeder und jede darum, in der Rangordnung hochzuklettern. Rücksichtnahme und Solidarität können Sie nur von den wenigsten erwarten."

„Was ist mit dem *pater familias*? Können Sie sich nicht an ihn wenden? Dass er vermittelt und seine Frau milder stimmt?" – „Lieber nicht! Zum einen lässt sie sich ungern etwas sagen, was ihre Sklavinnen angeht. Zum anderen will ich nicht, dass er mir einen Gefallen tut. Das lässt der sich bestimmt bezahlen. Aber Sie dürfen das alles nicht weitererzählen, hören Sie! Dann bin ich geliefert."

„Ich bin ein ganz diskreter Gast und mische mich nicht ein. Ich helfe, wenn ich kann, aber nur, wenn es gewünscht wird. Also keine Sorge! Versprochen! Was meinen Sie denn mit ‚bezahlen'?" – „Der Herr hat, glaube ich, sowieso schon ein Auge auf mich geworfen. Er fasst mich manchmal auch so komisch an, berührt mich an der Brust und so. Ich glaube, der hat nur Angst vor seiner Frau, sonst wäre er schon deutlicher geworden und hätte mich ins Bett gezerrt."

„Das dürfte er?" – „Klar, wenn er den Ärger mit seiner Frau in Kauf nimmt, jederzeit. Wir Sklavinnen können uns da nicht widersetzen: Wenn unser Herr Sex will, dann müssen wir uns fügen. Das gehört zu seinem ‚Herrenrecht'. Ich weiß aus anderen Haushalten, was da läuft. Und ich habe Angst, dass er mich zwingt. Und dass sie mich weiterverkauft, wenn sie's erfährt. Ist doch klar, dass er dann alles auf mich schiebt. Ich hätte ihn angemacht und so weiter. So sauer, wie die Herrin jetzt auf mich ist, glaubt sie das am Ende noch. Oder will es glauben. Und dann steht Cyparene zum Verkauf. Oh nein, nicht noch mal!" Sie fing wieder an, heftig zu weinen.

Ich versuchte, sie zu beruhigen. Vielleicht sei die Herrin schon besänftigt, wenn sie von der Feier nach Hause komme. Wenn sie sich bislang so gut verstanden hätten, sei das doch eine gute Voraussetzung dafür, dass der Zorn schnell verrauche. Sie solle doch nicht so schwarzsehen.

Aber Cyparene war offensichtlich traumatisiert. Sie war ganz besessen von der Vorstellung, wieder auf einem Sklavenmarkt zu landen. „Wissen Sie, wie das ist?", schluchzte sie. „Natürlich haben Sie keine Ahnung. Aber ich weiß noch genau, wie es mir vor drei Jahren ergangen ist. Erst auf dem Sklavenmarkt in Delos, meiner Heimat, dann hier in Rom. Du bist eine menschliche Ware, wirst auf einem Gerüst ausgestellt, splitterfasernackt. Du kommst dir von aller Welt verlassen vor. Interessenten begutachten dich, mustern dich von oben bis unten, machen dämliche Bemerkungen, packen dich an, befühlen deine Haut, befehlen dir, den Mund aufzumachen, und überlegen laut, was sie mit dir machen können. Der *mango*, Sklavenhändler, preist dich als Sonderangebot, als Schnäppchen geradezu an, schlägt dem Kunden vor, dich ins Bordell zu stecken – ‚gut gebaut, gute Rendite' und solche Sprüche –, und du zitterst vor lauter Angst, dass es tatsächlich so kommen könnte. Oder dass du an einen Herrn gerätst, der dich bei jeder Gelegenheit demütigt, prügelt, missbraucht, oder dass du in eine *familia* kommst, wo sie alle auf der ‚Neuen' rumhacken und du ganz unten anfangen musst. Gleichzeitig schämst du dich zu Tode, du hast nichts an, alle starren auf dich, du bist total wehrlos, ein Stück Vieh, mit dem sie machen können, was sie wollen. Du kennst keinen Menschen – außer dem *mango*, den du lieber nicht kennen würdest. Für den bist du nur eine Art Gegenstand, den er möglichst teuer an den Mann bringen will. Der schlägt dich nur nicht, damit du nicht wegen irgendwelcher Verletzungen im Preis fällst. Der Typ ist ein echter Menschenverächter. Kein Wunder, dass sie dem jede Trickserei und jeden Betrug zutrauen. Furchtbar, es war ganz furchtbar! Zweimal hab ich das erlebt, das kommt jetzt alles wieder hoch. Dabei war es hier so gut. Ich habe heimlich gehofft, in ein paar Jahren freigelassen zu werden. Alles aus! Wieder auf den Sklavenmarkt!" Sie steigerte sich in diese schreckliche Aussicht hinein.

Ich konnte die Situation überhaupt nicht einschätzen: ob ihre Befürchtung realistisch war oder wie viel auf das Konto einer – verständlichen – Hysterie ging. Der Sklavenmarkt – das war wirklich ein erschütterndes Erlebnis für sie gewesen. Hatte ich mir nie so klargemacht, was das für den einzelnen Menschen bedeutete, der da verschachert wurde und keinerlei Einfluss auf seine künftige Existenz hatte, ohnmächtig, eingeschüchtert und gedemütigt. Cyparene tat mir sehr, sehr leid. Sie hatte nach diesen traumatischen Erfahrungen zweier Sklavenmärkte im Haushalt meiner Gastgeber eine Ausbildung als *ornatrix* erhalten, hatte ziemlich gut Latein gelernt und hatte gewissermaßen Fuß gefasst, indem sie in eine Vertrauensstellung als – früher hätte man es so gesagt – Kammerzofe aufgestiegen war, in Frisur-, Schmink- und wohl auch Bekleidungsangelegenheiten die wichtigste Beraterin einer Dame aus der Oberschicht. Und nun sah sie das jähe Ende dieses „Aufstiegs" gekommen.

Ich versuchte, ihr mit einer anderen Chance Mut zu machen: „Wenn Sie so schlecht behandelt werden, können Sie dann nicht als

Sklavin Zuflucht zu einer Kaiserstatue nehmen?" – Sie lachte bitter auf: „Sklavenasyl? Ein schöner Begriff. Die letzte Zuflucht für verzweifelte Unfreie. Hört sich toll an, ist aber völlig unrealistisch."

„Wieso das?" – „Um *das* in Anspruch zu nehmen, müssen Sie ganz anders behandelt werden als ich. Richtig fies gequält, elend geschunden, so grausam fertiggemacht, dass Sie kurz davor sind, sich was anzutun. Normale Schläge, Peitschenhiebe, Essensentzug für eine bestimmte Zeit, verbale Erniedrigungen der übelsten Art – das alles müssen Sie als Sklavin hinnehmen. Das gehört zum ‚Spiel' von Oben und Unten. Erst wenn es wirklich brutal wird, unmenschlich auch aus Sicht von Sklavenbesitzern, dann kommt das vielleicht infrage: *ad statuam confugere. Vielleicht* – und mit ganz ungewissem Ausgang."

„Kennen Sie solche Fälle?" – „Man hört von ganz, ganz wenigen. Das zeigt schon, wie selten das vorkommt. Sklaven überlegen es sich hundertmal, bevor sie den Schutz einer Kaiserstatue in Anspruch nehmen. Und von einem erfolgreichen ‚Verfahren' habe ich noch nie gehört."

„Sondern?" – „Da wird dann eine Untersuchung von einem Beamten durchgeführt. Der geht den Klagen nach, hört Zeugen, untersucht den Fall. Und dann stellt sich angeblich heraus, dass alles nicht so schlimm war. Kurzschlussreaktion oder so. Und dann wirst du zu deinem Peiniger zurückgeschickt. Viel Spaß! Eine saftige Bestrafung ist dir sicher. Das weiß man, deshalb lässt man's lieber gleich bleiben. Sonst kommst du vom Regen in die Traufe. Zwecklos. Wie gesagt: Außer wenn da wirklich einer rumwütet und seine Sklaven ohne Ende quält. Dann kriegen auch die anderen Sklavenhalter Angst, dass es allgemein zu Aufruhr oder Aufständen unter Sklaven kommen könnte, und gehen mit dem Sklavenasyl gegen einen in ihren Reihen vor. Notbremse oder Ventil, könnte man sagen."

„Wenn der Sklave aber – gegen alle Wahrscheinlichkeit, wie Sie sagen – in dem ‚Asylverfahren' doch Recht bekommt, wird er dann freigelassen? Sozusagen als Ausgleich für das erlittene Unrecht?" – „Wo denken Sie hin? Selbstverständlich nicht. Er wird an einen anderen Herrn verkauft; den Kaufpreis sackt der alte Eigentümer ein. Der

Sklave kriegt ein neues Zuhause, wahrscheinlich auch einen milderen Herrn. *Aber* er bleibt Sklave. Mehr Ansprüche hat er nicht – Sklave eben. Aber in meinem Fall ist daran überhaupt nicht zu denken. Ich bin ja bisher gut behandelt worden, die anderen übrigens auch. Ganz selten, dass es mal mehr als eine Ohrfeige oder als Strafe ein Ausgangsverbot für ein paar Tage gegeben hat."

„Vielleicht sind Sie auch deshalb so schockiert und so tief getroffen, weil Sie eine solche Behandlung gar nicht kannten? Weil da ihre Herrin so unerwartet ausgeflippt ist? Ich will ihren Wutausbruch gar nicht beschönigen und Ihre Verletzung da am Unterarm nicht verharmlosen, aber meinen Sie nicht, dass das ein einmaliger ‚Ausrutscher' gewesen sein könnte?" – „Es hörte sich für mich nicht so an. Vielleicht haben da auch andere Mädchen in der *familia* ‚vorgearbeitet'. Ich weiß, dass zwei ganz scharf sind auf meinen Job. Die sind total neidisch. Ich traue denen zu, dass die mich bei der Herrin schlechtgemacht haben."

Ich war ziemlich erschüttert über diese Verdächtigungen. Aber es war nicht ausgeschlossen, dass gegen Cyparene intrigiert worden war. Von solchen Machenschaften innerhalb einer *familia urbana* hatte ich mehrfach gehört. Ich bemühte mich aber, ihr diese Ängste etwas zu nehmen: „Geben Sie nicht so viel auf Gerüchte. Damit setzt man sich nur selbst unter Druck." – „Sie haben gut reden", antwortete sie. „*Sie* waren nicht dabei, als die Herrin explodiert ist, *ich* schon. Und ich habe in ihren Augen gesehen, dass da etwas kaputtgegangen ist. Aber bitte, bitte, sagen Sie niemandem, dass wir darüber gesprochen haben! Und versuchen Sie bitte nicht, sich für mich einzusetzen. Das nehmen beide übel, Herrin und Herr, weil sie sich da unter Druck gesetzt fühlen. Das ist für sie das Schlimmste – anders als wir sind sie es ja nicht gewohnt!"

Ich versprach, mich herauszuhalten, und verabschiedete mich von ihr mit einigen Kopf-hoch-Floskeln. Auch wenn es mir schwerfiel, hielt ich mich an mein Wort. Nach wenigen Tagen erfuhr ich, dass Cyparene den Haushalt meiner Gastgeber verlassen habe. Sie war an eine gute Bekannte der Herrin verkauft worden. Das Einzige, was man ihr erspart hatte, war der Sklavenmarkt.

13 Im Gespräch mit dem Liktor Marcus Sutorius über Laelia, Vestalin: „Tagtäglich ordentlich Nachschub fürs Selbstwertgefühl."

Ich traf Marcus Sutorius im Marcellus-Theater bei der Aufführung eines *mimus*. Er saß direkt neben mir; nach einem *salve* zur Begrüßung kamen wir aber zunächst nicht ins Gespräch. Das änderte sich bei einer sehr freizügigen Szene der Komödie. Darin ging es um Ehebruch; die betrügerische Ehefrau und ihr Liebhaber „lästerten" kräftig über den gehörnten Ehemann ab. Dabei fielen Vokabeln, die alles andere als jugendfrei waren. „Unmöglich, wie die sich da ausdrücken!", platzte es aus meinem Sitznachbarn heraus. „Wenn ich bedenke, dass meine Frau und meine Töchter da oben" – er zeigte auf die obersten Sitzreihen des Theaters – „das alles anhören müssen, kriege ich echt die Wut. Schamlos! Finden Sie nicht?"

Ich war überrascht über die direkte Ansprache. „Wissen Sie, ich bin Ausländer, ich kann wenig dazu sagen. Außer dass die Römer offiziell ja eigentlich als sehr moralisches Volk gelten – *mos maiorum*, Sitte der Vorväter, und so. Erstaunt bin ich deshalb schon, solche Dialoge hier zu hören." – „Da sehen Sie mal, wie weit es mit uns gekommen ist: Von der Bühne runter dürfen Sie offenbar alles sagen und vorführen, was im bürgerlichen Leben Anstoß erregt. Und mehr als das. Ich sage nur: Sittengesetze. Das ist doch wirklich eine Doppelmoral hier bei uns in Rom."

„Wo gibt es die nicht?", gab ich zurück. „Kollektiv geht manches, was individuell verpönt ist." – „Da sagen Sie was. Davon kann ich Ihnen ein Lied singen." Neben uns räusperte sich jemand; er fühlte sich beim Zusehen offensichtlich gestört. „Soll ich Ihnen mal was Interessantes erzählen?", flüsterte mein Sitznachbar, „... nach der Vorstellung bei einem Becher Wein? Ich lade Sie ein."

Der Mann hatte ein Mitteilungsbedürfnis, das mich neugierig machte. Also sagte ich zu – und bereute es nicht, denn ich erfuhr einiges über eine Welt, die einem Außenstehenden, zumal einem vorübergehenden Gast, normalerweise verschlossen bleibt.

Als das Stück zu Ende war, gingen wir auf Vorschlag von Marcus Sutorius – so hatte er sich vorgestellt – in ein nahe gelegenes Lokal, eine etwas anspruchsvollere *taberna*, die sogar Liegesofas hatte. Aber wir setzten uns an einen Tisch.

„Stichwort Doppelmoral. Sie wollten mir etwas Interessantes erzählen", eröffnete ich das Gespräch. – „Ich weiß, es ist ziemlich ungewöhnlich, bei einem Fremden so mit der Tür ins Haus zu fallen. Aber der Vorteil ist gerade, *dass* Sie fremd sind in Rom. Und hoffentlich verschwiegen. Ich muss das einfach loswerden …"

„*Totus auris sum*, ich bin ganz Ohr." – „Ich bin zurzeit ohne Arbeit, das heißt, ich bin bei einem Senator Klient. Der ist ganz großzügig, aber leben kann man von der *sportula*, dem Klientenlohn, nicht, schon gar nicht eine Familie ernähren. Bis vor Kurzem war ich als Liktor tätig. Sie wissen, was das ist?"

„Ein Amtsdiener, der einen Magistrat bei Dienstgängen begleitet und mit den *fasces*, Rutenbündeln, dessen Amtsgewalt verkörpert." – „In meinem Fall nicht ganz so. Ich gehörte zu den *lictores curiati*. Die sind den im Kult führenden Personen zugeordnet."

„Also den *sacerdotes*, Priestern?" – „Fast. Eine der Priesterschaften, das wissen Sie bestimmt, fällt völlig aus dem Rahmen: Die *virgines Vestales*, Roms einziges weibliches Priesterkollegium. Jede Vestalin hat, wenn sie sozusagen dienstlich unterwegs ist, Anspruch auf einen Liktor. Ich hatte die Ehre, Laelia zu begleiten, die *virgo Vestalis maxima*. Sie ist die Dienstälteste und in gewisser Weise die Vorgesetzte der anderen fünf. Eine sehr ernste, pflichtbewusste Dienerin der Vesta, im Dienst untadelig, aber persönlich leider auch herrisch, rechthaberisch und eitel. Für mich verkörpert sie geradezu die Doppelmoral, die ich vorhin meinte."

„Ich würde Doppelmoral etwas anders definieren. Aber lassen Sie mich raten: Sie sind mit ihr aneinandergeraten?" – „Genau. Natürlich hat sie als Vestalin das Sagen, natürlich muss ich mich ihr – auch als Mann – unterordnen. Aber Hinweise, Ratschläge oder Einwände wird man ja wohl noch vorbringen dürfen."

„Durfte man wohl *nicht*." – „Nee, durfte man nicht. Fehlende *reverentia*, Ehrerbietung, haben die mir vorgeworfen. Typisch Mann, kommt nicht klar damit, dass eine Frau das Sagen hat, haben die getönt. Gibt Widerworte, weiß alles besser – solche Klagen wurden da laut."

„Und: Wussten Sie es besser?" – „Ja klar, oft genug schon. Aber ich habe das immer vorsichtig formuliert oder habe nur das Gesicht verzogen, ‚ständig kritisch geguckt', haben die gesagt. Das reichte dann. Die haben mich gefeuert. Von heute auf morgen, von tausend Sesterzen Jahresgehalt auf null. Soziale Verantwortung für Mitarbeiter? Hat die nicht interessiert. Hauptsache, sie selbst machen sich die Taschen voll."

„Vestalinnen sind aber nicht zur Armut verpflichtet oder so etwas?" – „Merkwürdiger Gedanke, entschuldigen Sie. Warum sollten die freiwillig arm sein? Es gibt doch schon genug Arme. Nein, die meisten *virgines* sind richtig wohlhabend. *Stipendium*, Gehalt, vom Staat für jede einzelne, verpachteter Grundbesitz im gemeinsamen Eigentum der Priesterschaft, außerdem, glaube ich, Immobilien und vermietete Geschäftsräume in der City, üppige Zuwendungen vom Kaiserhof und von Einzelpersonen, die sich lieb Kind machen wollen. Und manche Vestalin verfügt auch noch über Privatvermögen und hat eigene Sklaven. Genaues erfahren Sie als kleiner Liktor ja nicht, aber die sind alle aus dem Gröbsten raus. Die stammen ja aus vornehmen, reichen Familien. Wenn die wirklich klamm sind, springt bestimmt die Familie ein – obwohl sie ja offiziell nicht mehr dazugehören. Aber die finanziellen Nöte von Mitarbeitern – so etwas geht die heiligen Damen nichts an."

„Wie? Die haben keine Familie mehr?" – „Nein, mit der *captio*, der rituellen ‚Ergreifung' durch den Pontifex maximus, gehen sie sozusagen in die Gemeinschaft mit Vesta über; dieser Göttin sind sie *sacrae*, heilig. Und als Vestalinnen sind sie für unser gesamtes Gemeinwesen zuständig. Sie sind der *salus populi Romani* verpflichtet, dem Wohlergehen des *gesamten* römischen Volkes. Darauf sollen sie sich ganz konzentrieren, sollen der Vesta dienen, um die *pax deorum* zu sichern, den Frieden mit den Göttern. Mit familiären Bindungen verträgt sich das nicht, jedenfalls nicht im juristischen Sinn. Natürlich dürfen sie mit ihren Verwandten Kontakt haben, aber aus der *gens*, dem Geschlechtsverband, sind sie raus. Was aber auch enorme Vorteile hat."

„Nämlich?" – „Die Vestalinnen sind die einzigen Frauen, die weder unter der *patria potestas*, der väterlichen Gewalt, stehen noch in der *manus*, der Hand, ihres Vaters oder Ehegatten sind noch einen männlichen *tutor* brauchen. Sie können alle ihre Dinge eigenständig regeln und sogar selbst ein Testament verfassen. Echte Autonomie, sage ich ihnen. Ob das alles so richtig ist? Ich weiß es nicht. Aber nur so, habe ich von Priestern gehört, mit denen ich mich mal darüber ausgetauscht habe, nur so ist die kultische Unabhängigkeit gewährleistet. Ihre Selbstständigkeit sei die Basis dafür, dass ihre Gebete und kultischen Handlungen für die Bürgergemeinde überhaupt wirksam seien. Mit Privilegien habe das nichts zu tun. De facto sind das aber natürlich Vorrechte. Und das lassen die dich auch deutlich spüren. Laelia jedenfalls: Aristokratische Abstammung plus fehlende Kontrolle durch Männer plus weitere Vorrechte plus supergroße Anerkennung in der Öffentlichkeit – das kann so einer schon zu Kopf steigen. – Da fällt mir ein: Wussten Sie eigentlich, dass man Vestalinnen vor Gericht nicht einmal zu einem Eid zwingen kann?"

„Bemerkenswert. Aber dafür gibt es doch sicher auch gute Gründe. *Sacrae virgines*, heilige Jungfrauen, stehen irgendwie außerhalb der normalen Rechtsordnung. Ich finde das einleuchtend, frage mich aber, was passiert, wenn sich eine heilige Jungfrau nicht so verhält, wie es der Norm – auch der Ausnahmenorm im Rahmen ihrer ‚Heiligkeit' – entspricht. Sie bleiben ja trotz allem fehlbare Menschen." – „Das weiß, glaube ich, keiner so ganz genau. Im kultischen Bereich führt, glaube ich, der Pontifex maximus die Aufsicht über die Vestalinnen. Der kann ihnen aber wohl keine Anweisungen geben, auch andere Priester nicht. Eingreifen darf und muss er allerdings, wenn ein Verdacht unkeuschen Verhaltens aufkommt. *Incestum* ist das Schlimmste, was eine Vestalin begehen kann. Dafür wird sie, wenn sie überführt wird, in einem unterirdischen Verlies eingemauert und muss dort elend verhungern."

„Kommt das oft vor?" – „Das ist natürlich jedes Mal ein Riesenskandal, wenn so was auffliegt. Passiert aber höchstens zweimal in hundert Jahren, schätze ich. Die Geschichtsschreiber stürzen sich auf solche Skandalprozesse, ist ja klar, und spielen da manches hoch. Die allermeisten Vestalinnen hatten und haben sich da völlig im Griff, wenn Sie mich fragen. Und ich habe in meiner Dienstzeit nicht *einmal* etwas beobachtet oder gehört, was dagegenspräche. Die Priesterinnen schotten sich in der Hinsicht total ab. Die wissen, dass sie sich nichts erlauben dürfen. Sie müssen rein bleiben, sonst geht ihr Kontakt zu den Göttern verloren. Und der Bürgerschaft fehlt sozusagen dieser von den Vestalinnen aufgespannte Schutzschirm. Deshalb sind selbst Berührungen tabu. Darauf musste ich als Liktor auch immer achten: Dass niemand ‚meiner' Laelia zu nahe kam, auch nicht im schlimmsten Verkehrsgewühl und Gedränge. Da kommt man schon mal tüchtig ins Schwitzen, auch wenn die Leute selbst durchaus bemüht sind, Abstand zu halten. Vor so einer Vestalin hat, glaube ich, jeder Respekt. Na ja, außer vielleicht irgendwelche Verrückte oder besoffene Jugendliche. *Deswegen* sind wir ja da – *die Story* kennen Sie, oder? Wie es dazu kam, dass einer Vestalin überhaupt erst ein Liktor an die Seite gestellt wurde?"

„Ich nehme an, das ist ein uralter Brauch – so wie ja fast alles bei den Vestalinnen auf den König Numa in grauer Vorzeit zurückgehen soll." – „Sollte man meinen. Stimmt aber nicht. Die Sache ist gerade mal hundert Jahre alt. Also noch vergleichsweise frisch, wie von gestern. Sie geht zurück auf einen Vorfall kurz nach dem Ende von Caesars Dictatur. Da ist mal eine Vestalin auf dem Nachhauseweg von einer Party von jemandem bedrängt worden, der nicht wusste, wen er da vor sich hatte. Damals wurde entschieden, dass jede Vestalin Anspruch auf einen Liktor hat, der sie bei öffentlichen Auftritten beschützt. Übrigens kann jeder froh sein, wenn er von einem liktorischen Bodyguard daran gehindert wird, einer Vestalin was zu tun. Aufgrund ihrer *sacrosanctitas*, Unverletzlichkeit, ist das ein todeswürdiges Verbrechen."

„In diesem Zusammenhang fällt mir ein Gerücht ein, das ich vor ein paar Tagen gehört habe: dass es kürzlich zur Vergewaltigung einer Vestalin gekommen sein soll …" – „Ich habe dieses Gerücht auch gehört, kann aber überhaupt nichts dazu sagen."

„Auch nicht, ob gegen den Kaiser selbst in dieser Sache ermittelt wird?" – „Kein Kommentar. Wenn, dann geht der Pontifex maximus den Vorwürfen nach. Von dessen Einschreiten hat man aber nichts gehört."

„Wer ist denn gerade der Pontifex maximus?" – „Seit Augustus immer der Kaiser: Nero."

„Ach so." – „Ja, ach so. Ein guter Rat: Geben Sie nicht so viel auf Gerüchte. Die blühen hier in Rom mächtig. Oft stecken politische Intrigen dahinter. Und ich nehme an, dass auch ihr in Germanien kein heißes Eisen anfasst."

„Nicht, wenn es *zu* heiß ist … Zurück zu Ihrer Arbeit als Liktor. Waren Sie da im Atrium Vestae, der Residenz der Priesterinnen, mit untergebracht?" – „Das hätte die Göttin zu verhindern gewusst! Dort halten sich nur die Vestalinnen selbst auf und ihre Helfer, öffentliche und eigene Sklavinnen und Sklaven; jede Vestalin hat ihr eigenes Zimmer, hinzu kommt ein Gemeinschaftsbereich. Nachts ist der Zugang untersagt, tagsüber aber darf hinein, wer ein berechtigtes Interesse nachweisen kann, auch Privatpersonen. Aber es wird vom Personal genau hingeschaut; die Liktoren sind dafür allerdings nicht zuständig. Ebenso wenig für die *aedes Vestae*, den Rundtempel der Göttin. Hier dürfen Fremde überhaupt nicht hinein, außer in der Festperiode der Vestalia im Juni. Nur in den zehn Tagen ist die Tür überhaupt geöffnet, und Matronen werden eingelassen, Männer nicht. Zum *penus* haben aber auch die Besucherinnen keinen Zutritt. Das ist der durch Matten abgetrennte ‚Vorratsraum' mit den *sacra* – heiligen Gegenständen, deren strenge Bewachung zu den Aufgaben der Vestalinnen gehört. Denn die *sacra* stehen für das Wohl unseres Staates, vor allem das Palladium, ein kleines Kultbild der Athene, das Aeneas aus dem brennenden Troja in die neue Heimat gerettet hat. Aber mehr weiß ich darüber nicht. Das ist alles sehr geheimnisvoll und wird, glaube ich, auch mit Absicht so mysteriös gehalten."

„Mit den übrigen internen Aufgaben der Priesterinnen hatten Sie vermutlich auch nichts zu tun?" – „Nein, da vermuten Sie ganz richtig. Von den beiden zentralen Diensten im Heiligtum bekommt man als Liktor genauso wenig mit wie alle anderen Menschen, weder vom Hüten des ewigen Feuers, das auf keinen Fall ausgehen darf, noch von der Herstellung der *mola salsa*. Das ist der offizielle, aus Dinkelmehl produzierte Schrot, der bei allen staatlichen Opfern verwendet wird. Die Vestalinnen stellen ihn dreimal im Jahr her; natürlich mithilfe von Bäckern und anderen Bediensteten."

„Dürfen sie das Hüten der Flamme *auch* an Hilfskräfte delegieren?" – „Ich glaube, schon. Aber die jeweils dafür zuständige Vestalin trägt die Verantwortung. Ihr geht es an den Kragen, wenn das Feuer durch Unachtsamkeit erlischt."

„Aber doch wohl nicht wirklich an den Kragen?" – „Nein, *das* ist schon auf das *incestum* beschränkt. Aber angenehm wird es für die Schuldige nicht: Der Pontifex maximus lässt sie auspeitschen. Sehr unschön für die hohen Damen, wenn Sie mich fragen."

„Höre ich da eine gewisse Genugtuung heraus?" – „Jeder muss seine Pflicht tun, erst recht privilegierte Frauen, die Pflichten von anderen strikt einfordern. Aber ehrlich gesagt, ich habe während meiner Dienstzeit von keinem derartigen Vorfall gehört. Kann aber sein, dass die das unter der Decke halten, damit die Bevölkerung nicht alarmiert ist. Denn das Erlöschen des ewigen Feuers gilt als ganz schlimmes Zeichen – da geht alles den Bach runter, sagt man."

„Wann genau kommen Sie als Personenschützer dann ins Spiel? Wenn Ihre Vestalin den Vesta-Bereich auf dem Forum verlässt?" – „Genau. Wir Liktoren werden entweder zu einer bestimmten Uhrzeit bestellt oder sind in Rufbereitschaft. Die meisten Termine liegen ja lange vorher fest – wenn bei religiösen Feiern und Ritualen die Anwesenheit aller Vestalinnen oder zumindest einer Priesterin vorgeschrieben ist. Das steht alles im Kultkalender, und der ist in Rom ganz schön voll. Arbeitsmangel haben die jungfräulichen Damen nicht. Es kommen ja auch noch unvorhergesehene *lustrationes*, Reinigungsriten, hinzu, bei denen Vestalinnen sich mit Bitten für die Gemeinschaft an die Götter wenden. Bei all diesen Auswärtsterminen ist man als Liktor dabei. Um zu diesen Dienstorten zu kommen, dürfen die Priesterinnen übrigens sogar mit dem Wagen fahren – für Normalsterbliche in den hellen Tagesstunden seit Caesars Tagesfahrverbot ausgeschlossen. Ein Privileg, dass ‚meine' Laelia durchaus genoss. Sie hat das, glaube ich, ihren männlichen Priesterkollegen und den Senatoren, die an einem Ritual teilnahmen, demonstrativ vorgeführt. Laelia kam meistens zu spät, jedenfalls fast immer als Letzte. Überhaupt – an Selbstbewusstsein fehlt es weder meiner Chefin noch ihren Kolleginnen. Aber klar, wer von den höchsten Würdenträgern des Staates, vom einfachen Volk ganz zu schweigen, so hofiert und respektiert wird, kriegt tagtäglich ordentlich Nachschub an Selbstwertgefühl. Und wissen Sie, bei welcher Feier Laelia jedes Jahr erkennbar aufblühte?"

„Sie werden es mir gleich verraten." – „Bei den Argei am 15. Mai. Argei sind Strohpuppen; die werden erst auf 27 kleinere Kultplätze überall in der Stadt verteilt, dann eingesammelt und vom Pons Sublicius, unserer ältesten Brücke hier, in den Tiber geworfen. Die meisten sprechen von einem Reinigungsritual; so ganz genau weiß das aber keiner mehr. Mir hat mal jemand erzählt, dass dieser kultische Vorgang mit einer Redewendung in Verbindung stehe: *sexagenarii de ponte!*, ‚Sechzigjährige von der Brücke!'. Und das soll auf einen Brauch in grauer Vorzeit zurückgehen, als nutzlos angesehene Greise in den Fluss zu entsorgen. ‚Senizid' nennen die Wissenschaftler das, Altenmord. Später habe man diesen Brauch aufgegeben und statt der Alten Puppen im Tiber versenkt. Keine Ahnung, ob das stimmt. Aber Sie sollten Laelia mal dabei beobachten, wenn sie zusammen mit ihren Kolleginnen die Argei von der Brücke schmeißt!"

„Das hört sich für mich nach selektiver Wahrnehmung an. Sie mögen Laelia nicht leiden und stricken an einem Mythos: emanzipierte Vestalinnen gegen alte weiße Männer. Entschuldigen Sie, aber das ist aus meiner Sicht eine klassische Verschwörungstheorie!" – „*Ich* kenne Laelia, *Sie* kennen sie nicht. Mehr will ich dazu nicht sagen."

„Gibt es andere Gelegenheiten, bei denen Vestalinnen von ihrem Liktor sozusagen Gebrauch machen?" – „Grundsätzlich müssen wir bei allen dienstlichen Auswärtsterminen zur Verfügung stehen. Was dienstlich ist, bestimmt die jeweilige Chefin. Das können auch gesellschaftliche Anlässe sein. Die Vestalinnen bekommen sehr viele Einladungen und sind regelmäßig zu Gast bei Familien der besten Gesellschaft, sogar am Kaiserhof. Manche Gastgeber schmücken sich geradezu mit ihnen als Ehrengästen. Bei solchen *convivia* sind wir nicht direkt dabei. Wenn das ‚dienstlich' ist, warten wir in einem anderen Raum. Ich weiß aber, dass Laelia da nicht selten auch in politischen und wirtschaftlichen Angelegenheiten um Vermittlung gebeten wurde. Oder auch eigene Interessen verfolgt hat – wenn sie jemanden protegierte oder für einen nahen Verwandten eintrat. Manche Vestalinnen mischen da politisch ganz schön mit. Und werfen ihre Autorität in die Waagschale. So was wird natürlich nicht an die große Glocke gehängt; viele Menschen ahnen gar nicht, *wie* einflussreich die *virgines Vestales* sind. Oder zumindest sein können, wenn sie es wollen oder wenn man sie geschickt einsetzt und instrumentalisiert."

„Könnte man sie als Celebritys bezeichnen?" – „Einige von ihnen unbedingt; *celeber* bedeutet ja auch ‚viel gehört', ‚viel besprochen', ‚berühmt'. Das sind absolute A-Promis. Es würde mich nicht wundern, wenn demnächst einer *virgo Vestalis maxima* von einer Privatperson auch noch eine Statue gestiftet und auf dem Forum aufgestellt würde, mit dem Zusatz ‚aus Dankbarkeit'. Schon jetzt bekommt die eine oder andere Vestalin ja üppige Geschenke – wohl nicht nur wegen ihres frommen Lebenswandels und exzellenter Pflichterfüllung, sondern weil sie ihre Kontakte irgendwie hat spielen lassen. Bei der Superstellung in der Öffentlichkeit braucht man sich ja auch nicht zu wundern, dass so gut wie keine ‚heilige Jungfrau' nach den dreißig Pflichtjahren im Vesta-Dienst ausscheidet. Theoretisch könnte sie dann sogar heiraten – aber der Partnermarkt für vierzigjährige Ex-Vestalinnen dürfte ziemlich limitiert sein. Nee, die machen alle weiter, bis sie sterben."

„Wir beide, wir haben uns ja bei den Spielen kennengelernt. Wie sieht es da aus? Schauen sich die Vestalinnen auch Wagenrennen, Theateraufführungen und Gladiatorenkämpfe an?" – „Zum Teil wird das von ihnen sogar erwartet. Die *ludi* wurzeln ja alle im Kult; das sehen Sie allein schon an den *pompae*, den Prozessionen, die ihnen vorangehen. Als Repräsentanten der Bürger in religiösen Angelegenheiten fügen sich die Vestalinnen so bestens in diesen Rahmen ein. Kaiser Nero, dem ja der griechische Sport sehr am Herzen liegt, hat die Vestalischen Jungfrauen kürzlich ausdrücklich eingeladen, sich die Wettkämpfe der Athleten anzuschauen. Im Circus und in der Arena sieht man immer mal wieder Priesterinnen in der Ehrenloge. Von Laelia weiß ich es nicht, aber eine Kollegin von ihr soll ein ausgesprochener Fan von Gladiatorenshows sein und dabei richtig ‚mitgehen'. Ich persönlich finde das unangemessen."

„Ich verstehe, was Sie meinen. Und speziell im Theater, wenn ich noch mal nachhaken darf – sind Vestalinnen da auch willkommen?" – „Und ob! Schon Kaiser Augustus hat ihnen dort eine Loge eingerichtet, ganz unten – während andere Frauen zwingend oben sitzen müssen statt bei ihren Ehemännern, also dort, wo die Sicht schlechter ist. Und dann stellen Sie sich vor, dass *virgines sacrae* diesen ganzen obszönen Unrat anhören müssen, der da von der Bühne runterkommt. Diese unmoralischen Plots, bei denen sogar Götter verspottet und alle Moralgesetze auf den Kopf gestellt werden. Ich bin immer wieder empört, das wissen Sie ja. Aber kein Mensch errötet vor Scham: Die Schauspieler nicht, die Zuschauer nicht, und auch die Vestalinnen nicht. Wie finden *Sie* das?"

„Heilige Jungfrauen bei unheiligen Spielen – eine, wie mir scheint, nicht ganz unrömische Dialektik." Ich spürte: Marcus Sutorius war enttäuscht von mir. Er hatte auf einen wackeren Mitstreiter im Kampf gegen den „Schund" der Bühne gehofft und vor allem auf moralische Unterstützung gegen seine ehemalige Chefin Laelia, auf deren Betreiben er entlassen worden war. Er unternahm noch ein paar rhetorische Versuche, mich auf seine Seite zu ziehen. Doch ich hielt mich bedeckt, indem ich eine Aussage von ihm abwandelte: „*Sie* kennen Laelia, *ich* kenne sie nicht." Aber ehrlich gesagt: Lust darauf, sie kennenzulernen, hatte ich nicht.

14 Zu Gast bei Publius Aquillius Aphrodisius, Bestatter: „Sagen Sie ruhig Showmaster zu mir!"

„Auf Couchsurfer sind wir bestens vorbereitet", rief Publius Aquillius vergnügt. „Sehen Sie hier: jede Menge *lecti* oder, wenn Sie es noch ein bisschen stabiler haben wollen, jede Menge *fercula*. Suchen Sie sich eines aus! Sie sind herzlich willkommen!"

Im ersten Moment war ich ganz verdutzt. Dann wurde mir klar, dass Aquillius sich einen Spaß mit meiner Bitte um einen Couchsurfing-Platz bei ihm auf dem Esquilin gemacht hatte. Nein, auf *lecti funebres*, Totenbahren, oder *fercula*, im Leichenzug verwendete Tragegestelle, hätte ich eigentlich noch keine Lust, erwiderte ich. Aquillius hatte natürlich eine normale „Couch" für mich, allerdings liegt seine Dienstwohnung gleich neben seinem Büro. – „So ganz werden Sie dem Tod hier nicht entgehen", warnte er. Der Mann liebte offenbar Gags, die in Verbindung mit seinem Beruf standen.

„Will ich auch gar nicht", antwortete ich. „Im Gegenteil. Mein letzter Gastgeber, Ihr Freund Marcus Claudius, hat mich ja genau deswegen zu Ihnen geschickt, weil ich die Planung einer römischen Bestattung sozusagen mal backstage erleben wollte. Und das", ergänzte ich scherzend, „geht ja kaum ohne Nahtod-Erfahrung in Ihrem Sinne und mit Ihrer Hilfe." – „Ich sehe, wir verstehen uns", sagte Aquillius. „Wer über den Tod lacht, lebt länger."

„Ein römisches Sprichwort?" – „Kann sich gern dazu entwickeln, ist aber bisher nur meine eigene Maxime."

„Sie haben gut lachen. Sterben ist Ihr Gewinn." – Ich hoffte, ihm damit nicht zu nahe getreten zu sein. Aber Aquillius pflichtete mir bei: „Der Tod ist schlecht für die, die sterben, aber gut für Bestatter und Grabschaufler. Altes griechisches Sprichwort. Aber mal im Ernst. Sie haben Glück: Wir sind gerade dabei, ein großes Begräbnis vorzubereiten. Übermorgen geht's los. Die *pompa funebris* als Höhepunkt des Rituals muss umsichtig vorbereitet werden. Da darf keine Panne passieren, das wäre schlecht fürs Renommee der Trauerfamilie."

„Und für Ihres auch", kommentierte ich etwas keck. – „Ja natürlich! Die Familie des Verstorbenen erwartet von uns ein würdiges *spectaculum*, ehrenvoll für den Toten, aber auch prestigefördernd für seine *gens*. Die Leute sollen etwas zum Schauen und Staunen haben. Leichenzüge sind kleine Triumphzüge, wenn Sie so wollen. Sie sollen spektakulär sein, in jeder Bedeutung des Wortes, ansehnlich und auffällig. Ein Hingucker. So, dass möglichst viele Leute am Straßenrand stehen."

„Daher auch der Begriff *pompa*?" – „Genau. ‚Prachtvoller Umzug', ‚prunkvolle Prozession'. Ein griechisches Wort, das wir auch erobert haben."

„Sie tragen den Titel *dissignator*, das heißt, Sie sind so eine Art Zeremonienmeister, der den Zug zusammenstellt und plant?" – „Ursprünglich war der *dissignator* nur der ‚Anordner', der jedem seinen Platz zuweist, übrigens auch im Theater. Heutzutage aber meint man damit den Manager des Leichenzuges. Das *spectaculum funebre* ist eine Show – soll eine sein und wird auch so wahrgenommen: zeigen, was man hat, auch und gerade immaterielles Ahnenkapital."

„Sind Sie auch *Inhaber* des Bestattungsunternehmens?" – „Nein, aber Geschäftsführer. Eigentümer ist eine Kapitalgesellschaft, die die Ausrichtung von Begräbnissen von der öffentlichen Hand gewissermaßen gemietet hat. In den kleineren Städten gibt es meist nur einen Konzessionär, in Rom sind es mehrere. Aber die Kapitaleigner bleiben im Hintergrund. Das schont den guten Ruf. Als *libitinarius*, Bestattungsunternehmer, stoßen Sie bei vielen Leuten auf Vorurteile, oft auf Ablehnung."

„Warum? Weil Sie als Mittler zwischen Toten und Lebenden auf religiöse Skrupel stoßen? Oder weil Leichen unappetitlich und ‚schmutzig' sind?" – „Das spielt bei manchen auch eine Rolle. Wir beobachten seit Jahrzehnten, dass alle, die mit Bestattungen zu tun haben, an die Peripherie der Stadt gedrängt werden. Ich will nicht sagen, dass man uns ausstößt, aber es gibt eine Tendenz, uns auszugrenzen. Der entscheidende Grund für unser geringes Ansehen ist aber, dass wir am Tod verdienen. Und dass wir angeblich geldgierig sind. Da ist eine Menge Neid im Spiel – obwohl viele Leistungen gesetzlich gedeckelt sind und wir auch unentgeltliche Dienste für die Allgemeinheit übernehmen."

„Nämlich welche?" – „Vor allem Leichname beiseitezuschaffen, die auf den Straßen herumliegen, ohne dass sich sonst irgendwer um ihre Beisetzung kümmert. Das sind Menschen, die offenbar niemand vermisst. Und auch vom Henker Hingerichtete zu ‚entsorgen', wenn Sie den Ausdruck erlauben. Aber darum geht es: notwendige ‚Siedlungshygiene', die wir im Konzessionsvertrag zugesagt haben – wie gesagt, als unentgeltliche Leistung. Nachts sind immer zwei, drei Teams unterwegs, die Leichname und oft auch Tierkadaver wegräumen. Kein beneidenswerter Job, glauben Sie mir! Danken tut es einem trotzdem keiner."

„Wohin werden diese Leichname gebracht?" – „Sie werden anonym bestattet in großen Amphoren, vergraben oder in den Krematorien verbrannt. Die müssen einfach schnell weg."

„Hört sich nicht nach würdiger Bestattung an." – „Was wollen Sie machen? *Pietas* ist gut und schön, aber dazu brauchen Sie Angehörige oder Bekannte, die *pii* sind. *Wir* sind reine Entsorger. Hört sich nicht gut an, ist aber so. Und dient der Gesundheit der Lebenden."

„Normalerweise sorgt aber schon die Familie dafür, dass ihre verstorbenen Angehörigen ein ordentliches Begräbnis erhalten?" – „Selbstverständlich. Wobei ‚Begräbnis' nicht ganz richtig ist. Fast alle Toten werden bei uns verbrannt, nur wenige begraben. Mit der entsprechenden Veränderung eines Berufsbildes: Unsere *fossores*, Grabschaufler, sind schon vor vielen Generationen zu *ustores*, Verbrennern, geworden."

„Geben die Leute denn viel Geld für Bestattungen aus?" – „Na ja, es kann immer noch mehr sein. Aber im Prinzip ja. Knauserig sind da nur die wenigsten. *Funera*, Bestattungen, haben auch bei der Mittelschicht etwas mit Sozialprestige zu tun. Außerdem hilft uns der Gesetzgeber: Jede Person hat Anspruch auf ein ihren Lebensverhältnissen angemessenes *funus*, eben auch finanziell. Die Erben müssen gemäß dem jeweiligen Status und Standard zahlen – auch die Erbschleicher, von denen es in Rom eine Menge gibt. Wenn einer bankrott ist oder vorgibt, Pleite zu sein, hat die *impensa funeris*, der Bestattungsaufwand, für seine Angehörigen Vorrang vor allen anderen Verpflichtungen – gut für uns, wenn wir in Vorleistung gegangen sind. Aber bevor Sie sich falsche Vorstellungen machen: Mehr als ein paar Hundert Sesterze kosten nur die wenigsten Begräbnisse. Oft werden nur ein paar Einzelleistungen aus unserem Komplettpaket gebucht … Wollen wir einen kleinen Rundgang durch unser Lager machen, bevor Sie Ihr Zimmer hier bei uns beziehen?“

Ich willigte ein. Wir gelangten zunächst in einen großen Lagerraum für *lecti funebres*, Totenbahren, und *fercula*. „Für eine Prunkbestattung brauchen wir manchmal etliche Tragegestelle, um Bilder und Plakate etwa von militärischen Erfolgen des Toten zu transportieren, außerdem für ausgewählte Beutestücke, Ehrenkränze und andere Auszeichnungen“, erläuterte Aquillius. In einem kleinen Raum stehen Regale mit Salben und Ölen, „Rohstoffe für unsere *pollinctores*. Die bereiten die Leichname in ihrem Zuhause ordentlich zu: waschen, anziehen, bei vornehmen Männern die Amtstracht, sonst edle Kleidung – haben wir auch im Angebot – und vor allem schminken und eincremen. Besonders im Sommer geht da eine Menge an schweren Parfümsalben drauf. In der Regel bleibt der Tote ja immerhin drei Tage zu Hause aufgebahrt. Dahinten auf den Regalen lagern unsere kostbarsten Schätze: Weihrauch und andere Spezereien. Je nach Preisklasse werden schon im Haus Weihrauchpfannen aufgestellt, vor allem aber wird der Scheiterhaufen damit gleichsam zum Duften gebracht. Echter Weihrauch wird übrigens aus Arabien eingeführt. Billig ist der nicht.“ In einem weiteren Lager sind Geschirr, Kränze aus Trockenblumen und andere Materialien untergebracht: „Alles, was man für die Bewirtung der Trauergäste am Grab benötigt“, erklärte mir mein Gastgeber. „Wenn gewünscht, übernehmen wir auch das Catering für den Leichenschmaus und die Feier neun Tage nach der Bestattung.“

Auf dem Weg zur Wohnung des Aquillius, meinem künftigen Couchplatz, kamen wir an einem gewaltigen Berg Brennholz vorbei. Ich dachte mir schon, dass damit die Scheiterhaufen aufgetürmt würden, und Aquillius bestätigte das: „Da man ja nie abschätzen kann, wie sich die Zahl der Toten entwickelt, und wir unsere Kunden nicht kennen – weshalb, nebenbei bemerkt, man uns nicht ‚Gier' gegenüber bestimmten Personen vorwerfen kann –, haben wir einen ordentlichen Vorrat für unsere *rogus*-Spezialisten angelegt. Je aufwendiger die Bestattung ist, umso höher wird der *rogus* errichtet. Dafür brauchen Sie erfahrene Fachkräfte. Der Scheiterhaufen soll ja möglichst gleichmäßig abbrennen, und die ganz oben daraufgestellte Totenbahre darf nicht zu einer Seite herunterkippen. Das ist bei Prachtbegräbnissen der Gau. So ein Herunterkrachen des Leichnams hat mit Dignität nichts mehr zu tun. Und natürlich muss auch Pech als Brandbeschleuniger sehr überlegt platziert werden."

„Muss bei der Stabilität des *rogus* nicht auch das Werfen von Grabbeigaben einberechnet werden?" – „Das ist nicht so ein großes Problem. Die meisten Grabbeigaben sind ja Lieblingsgegenstände des Toten; die werden von Beginn an gleichmäßig verteilt. Und was die Trauergemeinde manchmal auf den *rogus* wirft, wiegt meist wenig: Weihrauch, Parfüms, Kleidung, Kuchen und solche Dinge als Abschiedsgeschenke."

Wir hatten die Wohnung erreicht. Sie ist Teil des Gebäudekomplexes, in dem auch die Büros des Unternehmens liegen. Aquillius lebt dort mit seiner *familia* – Ehefrau Fannia, zwei Kindern und einem Sklaven.

„Dieses Zimmer steht Ihnen allein während Ihres Aufenthaltes hier zur Verfügung", sagte mein Gastgeber und wies auf einen kleinen Raum. Ein bisschen Stolz schwang dabei mit, dass er mir diesen Komfort bieten konnte. Ich wusste das zu schätzen und sagte das auch, als ich mich bedankte. „Richten Sie sich ein, ich werde den Sklaven schicken. Er ist Ihnen in jeder Hinsicht zu Diensten. Bis später. Ach, und selbstverständlich können Sie sich in unserem Betrieb frei bewegen – auch wenn ein Germane kaum als Influencer für unsere Werbung in Betracht kommt …"

Ich dankte ihm erneut und war dann allein. Couchsurfing in einem Bestattungsinstitut: nicht gerade eine Traumadresse, aber doch hochinteressant. Und geradezu gemütlich. Beruhigend fand ich es, dass im Betrieb des funerären Dienstleisters keine Leichname untergebracht waren. Die wurden, wo Platz war, in der eigenen Wohnung aufgebahrt oder sonst rasch von den hauseigenen *vespillones*, Leichenträgern, zu einem der Verbrennungsplätze gebracht.

Die Betriebsbesichtigung lag hinter mir. Aber wie der Betrieb in einem *libitinarius*-Unternehmen tatsächlich abläuft, konnte ich dank der mir eingeräumten „Freiheiten“ in den nächsten Stunden und Tagen miterleben. Angehörige suchen das Büro auf, um mit Aquillius Einzelheiten eines Leichenbegängnisses zu klären. Sobald der Vertrag geschlossen ist, schickt der Bestatter einen seiner *pollinctores* in das Trauerhaus. Vor der Aufbahrung soll der Leichnam präsentabel hergerichtet werden. Andere Mitarbeiter bringen Weihrauchpfannen dorthin und stellen vor dem Haus Zypressen in Pflanzkübeln auf. Die signalisieren, dass hier jemand gestorben ist, und „warnen“ Abergläubische davor, sich in das dadurch „unreine“ Haus zu begeben. Die meisten Trauergäste lassen sich aber, wie Aquillius mir versicherte, nicht davon abhalten, dem aufgebahrten Leichnam die Ehre eines letzten Besuches zu erweisen.

Aquillius beschäftigt auch einen Mann für das Controlling. Der schaut überall dort, wo das Unternehmen gerade engagiert ist, nach dem Rechten. Ich wurde Zeuge eines Gesprächs, in dem er dem Geschäftsführer über ein Trauerhaus mitteilte: „Die *praeficae* waren wieder mal zu laut. Ihr Gesang übertönte das Flötenspiel; insgesamt wirkte das alles übertrieben, geradezu hysterisch. Ich habe versucht, mäßigend auf die Klagefrauen einzuwirken.“ – „Ich werde mir unsere *praeficae* demnächst mal vorknöpfen“, erwiderte Aquillius, „auf die Miet-Frauen habe ich allerdings kaum Einfluss. Ich kann sie allenfalls seltener engagieren.“ An mich gewandt fügte er hinzu: „Wir sind leider auf Klage-Profis angewiesen. Sie sollen ja auch im Trauerzug, im Umfeld der Trauerrede und bei der Verbrennung des Leichnams auf Kommando losheulen können. Die müssen auch die traditionellen *neniae* draufhaben und neue, auf aktuell verstorbene ‚Kunden‘ getextete Trauergesänge schnell lernen. Aber es stimmt schon: Die *prae-*

ficae steigern sich manchmal in eine künstliche Trauerhysterie hinein, dass es peinlich wirkt."

Von der Professionalität der *praeficae* konnte ich mich zwei Tage später selbst überzeugen. Und von ihrer Stimmgewalt, die in Sachen Lautstärke nur noch von den Hornisten und Tubabläsern überboten wird, die einen Trauerzug anführen. Mein Gastgeber hatte mir angeboten, bei der *pompa funebris* gewissermaßen inkognito mitzugehen oder von einem günstig gelegenen Balkon aus das *spectaculum* zu beobachten. Ich hatte mich für den Balkon entschieden – wegen des besseren Überblicks, aber auch weil mir das irgendwie pietätvoller erschien, als mich ohne innere Beteiligung einem Trauerzug anzuschließen. Die Balkon-Perspektive dagegen verletzte die trauernde Familie ganz gewiss nicht in ihren Gefühlen. Doch eigentlich waren meine Bedenken da gar nicht angebracht: Eine hohe Zuschauerzahl ist aus Prestigegründen sogar das Ziel. Und der Bestatter unternimmt alles, um diese *frequentia* zu erreichen. Am Vortag einer Bestattung lässt er Herolde ausschwärmen, die die *pompa funebris* und ihre Route bekannt geben und Zuschauer geradezu einladen. Je mehr Schaulustige die *pompa* anlockt, umso größer ist ihr Erfolg. Und umso mehr steigt auch das Renommee des Bestattungsunternehmers, der damit zugleich für sich wirbt. Ein Leichenzug als doppelte Werbeveranstaltung – an *den* Gedanken musste ich mich auch erst gewöhnen.

Eines aber wurde dem staunenden Zaun- oder besser Balkon-Gast aus Germanien sehr schnell klar: Es war eine logistische Meisterleistung, die Aquillius und seinem Team da gelungen war. Offenbar in Absprache mit den Ädilen war es geglückt, die für die *pompa* vorgesehenen Straßen einigermaßen freizuhalten. Ganz sperren lassen sie sich nie, aber die Passanten nahmen diesmal, von nur wenigen Ausnahmen abgesehen, Rücksicht – natürlich auch weil ihnen da eine sehenswerte Show geboten wurde. Da blieben die meisten gern für ein paar Minuten stehen, um das Schau-Event „mitzunehmen". Eine weitere logistische Großtat ist stets die Organisation von mehreren Hundert Akteuren, die unterschiedliche Rollen in der *pompa funebris* übernehmen. Das Ganze muss gut koordiniert sein und immer wieder im Detail kontrolliert und nachgebessert werden. Das erledigen Zugordner, die offenkundig über viel Erfahrung verfügen und die notwendige Autorität haben, wenn einer der Tänzer, Musikanten oder Schauspieler gleichsam aus der Rolle zu fallen droht. Die Aufstellung des Zuges am Trauerhaus leitet Aquillius persönlich und schafft damit einen Rahmen, in den sich die jeweilige *pompa* über rund zweitausend Doppelschritte zum Forum Romanum bewegen soll.

Ich hatte meinen „Posten" bei Tagesanbruch bezogen, denn römische Leichenzüge machen sich früh auf den Weg. Das Herannahen des Zuges war nicht zu überhören, obwohl ich kurz eingenickt war. Melodisch war dieser musikalische Lärm nicht, wohl aber aufrüttelnd. Die Bläser an der Spitze der *pompa* schienen mir keine Berufsmusiker zu sein, sondern Angestellte des *dissignator*, die sonst anderen Aufgaben im Bestattungsinstitut nachgingen. Die Trauergesänge, *neniae*, der von Flötenspielern begleiteten Klagefrauen waren auch nicht gerade einem exquisiten Musikgeschmack verpflichtet. Ich war jedenfalls froh, als sie vorbei waren und sich die nächste Gruppe näherte. Das waren Tänzer und Schauspieler, die kurze Sketche aus dem Leben des Verstorbenen aufführten, durchaus auch Amüsant-Anekdotisches, „starke Sprüche", die man von ihm kannte, und typische Gesten, die seine Persönlichkeit in Erinnerung riefen. Ich musste unwillkürlich an Kabarett denken – nichts Unsympathisches und auf jeden Fall ein unterhaltsames Intermezzo.

Dann wurde es ernster, geradezu gravitätisch: Es begann das Defilee der Vorfahren, die das jüngst verstorbene Mitglied der Sippe zu seinem Grab begleiteten. Die Mienen der Darsteller blieben dabei unsichtbar, denn sie alle trugen die individuellen Wachsmasken der Ahnen. Diese *imagines* werden normalerweise in verschlossenen Schränken im Atrium vornehmer Häuser aufbewahrt. Man holt sie nur anlässlich von *pompae funebres* heraus. Ein eindrucksvolles symbolisches Familienkapital, das sich da in Gestalt der Maskenträger zusammenballt. Ich schätzte die Zahl der „Ahnen" auf etwa achtzig – eine Parade, in der nicht nur die unterschiedlichen Amtstrachten hervorstachen, deren von jedem Vorfahren erreichte höchste die einzelnen Darsteller trugen, sondern auch die Liktoren, die einen jeden begleiteten. Das waren bei ehemaligen Konsuln jeweils zwölf Amtsdiener, bei einem Prätor sechs oder je nach seiner Verwendung auch mehr. Die Liktoren trugen schwarze Kleidung und hielten die Rutenbündel gesenkt. Fackelträger begleiteten diesen Teil des Zuges ebenso wie andere Abschnitte der *pompa*.

Auf den Maskenzug folgte die Hauptperson der *pompa*: Der Verstorbene wurde in aufrechter Position auf dem *lectus funebris*, auf den linken Arm gestützt, getragen, auch er in seiner Amtstracht als Konsul. Träger der Totenbahre waren nach Aussage des Aquillius, der mir den Ablauf am Tag zuvor skizziert hatte, acht enge Verwandte des Toten. Decken, Tücher und Blumenkränze schmückten das Totenlager. Der Verstorbene hatte auch etliche militärische Meriten aufzuweisen. Sie wurden durch Ehrenkränze, die er erworben hatte, sowie durch Bilder und Tafeln mit seinen bedeutendsten Kriegserfolgen illustriert – eine visualisierte Leistungsbilanz, die unterstrich, dass er sich seiner ihm voranschreitenden Vorfahren als würdig erwiesen hatte. Es waren ungefähr zwanzig *fercula*, auf denen diese ins Bild gesetzte Erfolgsgeschichte vorbeigetragen wurde.

Der Mann hatte sich indes auch als „Menschenfreund" profiliert – zumindest in seinem Testament. Wie in noblen Haushalten üblich, hatte er einen Teil seiner Sklaven testamentarisch freigelassen. Ein letztes Verdienst, das den Zuschauern durch eine showartige Einlage nahegebracht wurde. Etwa 25 ehemalige Sklaven und Sklavinnen folgten der Bahre ihres Freilassers, alle gut zu erkennen an dem charakteristischen *pilleus*, der Filzkappe des gerade aus der Unfreiheit Entlassenen.

Sie alle waren in dunkle Kleidung gehüllt, ebenso die zahlreichen Verwandten und Freunde, die sich anschlossen, an die fünfhundert Personen waren es bestimmt. Einige Frauen trugen aber erstaunlicherweise weiße Kleidung – helle Inseln in einem ansonsten schwarzgrauen Meer. Ich konnte mir darauf keinen Reim machen und fragte Aquillius später danach. – „Ja, da bahnt sich wohl eine neue Mode an", erklärte er mir, „manche Frauen greifen jetzt zu weißer Trauerkleidung. Ich persönlich finde es nicht gut, aber es wird akzeptiert, und vielleicht setzt es sich sogar durch. Für Männer aber kommt das nicht infrage", fügte er energisch hinzu. „Und Schmuck ist auch tabu."

Das hatte ich selbst beobachtet. Und ebenso, dass zahlreiche Frauen die Haare offen, geradezu wirr trugen. Männer mit Dreitagebärten fielen mir ebenso auf. Das hatte ich so im Alltag nicht gesehen: Die Herren waren entweder frisch rasiert oder trugen Bart. Auch da gab mir Aquillius später Nachhilfe: „Die Vernachlässigung des Äußeren gilt bei uns als Zeichen der Trauer. Man spricht von *squalor*, einem ‚schmutzigen Äußeren': Die innere Trauerarbeit hindert einen förmlich daran, sich um Äußerlichkeiten zu kümmern – das ist die Vorstellung dahinter. Nach neun Tagen sollte diese Zurschaustellung der Trauer allerdings vorbei sein."

Unter den trauernden Angehörigen stachen einige Frauen heraus, die sich immer wieder auf die Brust schlugen, ab und zu den Namen des Verstorbenen riefen und in lautes Schluchzen ausbrachen. Manche dieser sehr expressiven Gefühlsäußerungen schienen mir etwas theatralisch – so als erwarte man von Frauen eine ausgeprägtere Klage-Gestik als von Männern. Denen stehe Selbstbeherrschung tatsächlich besser zu Gesicht, erläuterte mir mein Gastgeber hinterher. In der Tat „erwarte" die Gesellschaft von Frauen demonstrativere Formen des *planctus*, der „lauten Trauer". Und ebendas fördere dieses Verhalten: Frauen ließen sich gewissermaßen in der Trauer stärker gehen, weil das als „frauenspezifisch" gelte. Er selbst glaube indes nicht, dass die innere Trauerintensität bei Frauen stärker sei als bei Männern. Vielmehr sei das alles Ausdruck eines spezifischen Rollenverhaltens. Frauen, die sich auf diesen auffälligen *planctus* nicht einließen, werde schnell „Gefühlskälte" oder „emotionale Indifferenz" unterstellt, meinte er. „Ungerecht, wenn Sie *mich* fragen. Aber umgekehrt sollte man bei der Beurteilung allzu expressiver Frauen-Trauer den gesellschaftlichen Erwartungsdruck nicht unterschätzen", fügte er hinzu – eine erstaunlich liberale Ansicht, ja eine nachgerade luzide Erkenntnis, wie mir schien.

Mit der Abteilung Familie und gute Bekannte war der Trauerzug zu Ende. Ein wirklich eindrucksvolles Spektakel, fand ich, ein echtes

Schau-Spiel, zu dem auch die sehr unterschiedlichen, abwechslungsreichen Eindrücke beitrugen: Repräsentation und Trauergestus, Unterhaltung und Musik, Fackeln und Lebendigkeit, und vor allem eine Anschaulichkeit, die römischen Augenmenschen sehr entgegenkam. Und dem germanischen Beobachter aus einer nicht minder dem Augenschmaus zugetanen anderen Kultur durchaus auch.

Hatte nicht auch schon der griechische Historiker Polybios, der viele Jahre in Rom lebte, die aristokratische *pompa funebris* als wahrhaft sehenswertes *théama*, „intensives Schauerlebnis", gerühmt? Das war es zum Zeitpunkt meiner Romreise immer noch, auch wenn sich die politischen Vorzeichen in der Kaiserzeit geändert hatten und der Wettbewerb unter den großen Adelsfamilien durch den alles überstrahlenden Kaiserhof seinen Glanz und seine politische Brisanz verloren hatte.

Natürlich war mir klar, dass diese *pompa* mit ihrem sprichwörtlichen Pomp und ihrer hochprofessionellen Orchestrierung als Funerär-Show mich ebenso wie alle anderen Beobachter beeindrucken sollte. Und trotzdem *war* ich tatsächlich beeindruckt, auch von diesem aristokratischen Selbstverständnis, das zutiefst von sich selbst überzeugt war und sich dementsprechend inszenierte – in Zeiten, die manches von diesem Selbstverständnis realiter heftig zerzaust hatten.

Nachdem die letzten Angehörigen vorbei waren, verließ ich meinen Beobachtungsbalkon und kehrte zum Haus meines Gastgebers zurück. Erst viele Stunden später sah ich Publius Aquillius. „Alles gut gelaufen?", fragte ich ihn und bestätigte ihm meinen überaus positiven Eindruck vom Defilee der von ihm geplanten *pompa funebris*. – „Aber ja!", versicherte er mir und strahlte über das ganze Gesicht. „Sie haben ja von Ihrem Balkon aus nur den Trauerzug verfolgen können. Der ist tatsächlich ohne Pannen abgelaufen. Aber auch die zwei weiteren Stationen waren perfekt. Der Sohn des Toten hat auf dem Forum Romanum eine sehr ordentliche *laudatio funebris* gehalten, den Verstorbenen und seine *gens* gerühmt, aber nicht zu dick aufgetragen und vor allem den Kaiser sehr geschickt mit einbezogen. Allerdings hatte ich das in den Grundzügen auch so mit ihm vereinbart. Man weiß ja, wie empfindlich Nero ist, wenn er sich bei solchen Gelegenheiten nicht hinreichend gewürdigt fühlt. Ich hatte der Familie da einige Tipps gegeben, und der Sohn hat sich prima daran gehalten. Und auch die Organisation am Forum hat wunderbar funktioniert. Das ist ja kein großes Areal, und wenn Sie da an die 1500 Aktive und zusätzlich die Trauergäste unterbringen wollen, kann das schon mal zu Engpässen führen. Ganz früher, als ich anfing, hatten wir auch schon mal ein veritables Chaos. Aber diesmal wieder 1A!"

„Und die dritte Station, die wunschgemäß funktioniert hat?" – „Das war die Situation am *rogus*. Kein Problem, die Totenbahre auf die richtige Stelle des Scheiterhaufens zu hieven, kein Problem, ihn anzuzünden, und vor allem kein Problem beim Abbrennen: Schön regelmäßig; er krachte nicht, sondern sackte in sich zusammen, die Bahre rutschte nicht ab, die Leute waren sehr diszipliniert, als sie letzte Gaben auf den *rogus* warfen, und der Weihrauch überdeckte alle anderen, auch die nicht so angenehmen Gerüche. Und kein Zwischenfall mit irgendwelchen hysterischen Angehörigen! Ich bin wirklich hochzufrieden. Die Familie hat mich auch schon wissen lassen, dass das auch aus ihrer Sicht eine sehr gelungene Veranstaltung gewesen ist."

„Dann will auch ich nicht versäumen, Ihnen zur Inszenierung dieser überaus ansehnlichen Funerär-Show zu gratulieren. Oder ist der Begriff zu salopp?" – „Überhaupt nicht. Die Leute sollen was zu sehen bekommen. Wir zeigen es ihnen – eine Win-win-Situation für die Trauerfamilie und die Öffentlichkeit, wenn Sie so wollen. Natürlich ist so eine *pompa funebris* auch eine Form der Öffentlichkeitswerbung für einen aristokratischen Clan. Früher zu Zeiten der Republik noch viel mehr als heute, wo es weniger um Politik als um gesellschaftlichen Status geht. Also: Sagen Sie ruhig Showmaster zu mir! Ich bin stolz darauf, Menschen und ihren Angehörigen mit einem prächtigen Spektakel einen letzten Dienst zu erweisen. Wobei das, was Sie heute zu sehen bekommen haben, natürlich eine Ausnahme war. Im Normalfall fallen die von uns inszenierten *funera* eine, zwei oder drei Nummern kleiner aus – mit deutlich reduziertem Aufwand."

„Und deutlich reduziertem Gewinn?", fragte ich leicht spöttisch. – „Ja sicher. Aber wir kommen ganz gut über die Runden. Darüber sprachen wir ja schon … Sodass wir auch Gäste aus dem hohen Norden beherbergen können und möchten: Ich lade Sie ein, ein paar weitere Tage bei uns zu wohnen. Sie können dann gern unseren Normalbetrieb ‚studieren' oder von hier aus zu anderen Erkundungen aufbrechen."

Ich bedankte mich für sein Angebot und nahm es gern an – ich hatte mich mittlerweile daran gewöhnt, dass meine „Couch" inmitten von *lecti funebres* stand.

15 Zu Gast bei Telethusa, Tänzerin: „Du musst möglichst tief runterkommen …"

Subura: Für viele verbindet sich damit die Vorstellung von einem dicht bevölkerten, lauten, schmuddeligen und moralisch anrüchigen Stadtteil Roms, einem proletarischen Viertel der kleinen Leute mit einer ordentlichen „Portion" Straßenkriminalität, Nachtleben und Prostitution. Ich stellte schnell fest: alles stark übertrieben.

Klar, die Leute wohnen da tatsächlich dicht an dicht, und entsprechend viel ist auf den Straßen und Gassen los. Aber nicht Nachtbars oder Bordelle prägen das Straßenbild, sondern Läden und Handwerksbetriebe aller Art. Lebendigkeit, Geschäftigkeit und auch ein Gutteil Chaos – das bestimmt die Atmosphäre. Und natürlich gibt es wie überall in Rom *cellae meretriciae*, „Dirnenkammern", vor denen die Damen leicht bekleidet und mit eindeutigen Gesten, manchmal auch verbalen Ermunterungen Kunden anzulocken bemüht sind. Entsprechend der Menge der dort arbeitenden und wohnenden Menschen ist die Dichte dieser Etablissements hier im Herzen Roms sicher größer als in anderen Bezirken, aber mit einer „sündigen Meile" oder gar einer Art No-go-Area für Ängstliche und Schwache hat das alles nichts zu tun. Und ganz so plebejisch ist die Subura auch nicht: Zwischen den sechsstöckigen *insulae* stehen hier und da auch einige prachtvolle *domus*, manche davon sogar mit ausgedehntem Park.

Ich schlenderte auf dem Clivus Suburanus, der großen Durchgangsachse des Viertels. Na ja, „schlendern" mochte anders aussehen. Denn angesichts des starken Fußgänger- und Wagenverkehrs – alles natürlich nur Wagen im öffentlichen Auftrag – musste man ständig auf der Hut sein, um niemanden anzurempeln oder selbst im übertragenen oder sogar wörtlichen Sinn unter die Räder zu kommen. Telethusa, eine der Entertainerinnen beim *convivium* vor einigen Tagen, hatte angeboten, ich könne ja mal vorbeischauen. Gegen Mittag sei sie meist zu Hause. Sie wohne in der Subura media direkt am *fallax forum*. Da solle ich einfach einen der Ladenbesitzer fragen.

Telethusa schien im gesamten Viertel bekannt zu sein. Es war kein Problem, ihre Wohnungstür zu finden, wohl aber, dahin zu kommen: fünf Stockwerke, und die Treppenstufen wie üblich unbequem hoch. Ich klopfte. Nach wenigen Augenblicken ging die Tür auf. Telethusa begrüßte mich freundlich: „Du bist der erste Germane, der hier aufschlägt! Herzlich willkommen!"

Kaum war ich im Raum, standen zwei weitere Frauen vor mir, beide wie Telethusa Anfang zwanzig, schätzte ich. „Meine Kolleginnen: Fortunata und Culibonia", stellte Telethusa sie vor. „Wir wohnen hier zusammen – eine Tänzerinnen-WG", sagte sie lachend. *Diese* WG lebt allerdings auf überraschend, ja schockierend engem Raum zusammen. Mehr als dieses eine Zimmer gibt es nicht. Und viele Möbel passen auch nicht hinein. Den meisten Platz nehmen die drei Betten ein, auf denen nicht nur Decken, sondern auch Kleidung und Schuhe liegen. Außerdem zwei Truhen, ein Regal vor allem mit Lebensmitteln, ein Wassereimer und ein Spiegel mit einer Ablage für Kosmetika – das war das gesamte Mobiliar. Unter einem Bett lugte eine *matella* hervor.

Telethusa bemerkte mein etwas ungläubiges Staunen über derart beengte Wohnverhältnisse. „Ja, zum Couchsurfing können wir Sie hier nicht einladen, da sind Sie bei wohlhabenden Gastgebern besser aufgehoben. Aber für einen Plausch zu viert reicht der Platz."

„Ihr Zuhause ist doch ganz hübsch", sagte ich und wies auf den Fenstersims: „Sie züchten da ja sogar eigene Gewürzpflanzen … Aber etwas eng kommt es mir schon vor, das stimmt." – „Wir vertragen uns zwar ganz gut, aber natürlich hätte auch jede gern ein eigenes Zimmer. Nur ist das finanziell nicht drin. Die Mieten hier in Rom sind wahnsinnig hoch. In der Kleinstadt zahlst du höchstens ein Viertel. Aber da sind die Verdienstmöglichkeiten auch begrenzt, gerade in unserer Branche."

„Das heißt: im Entertainment?" – „Ja, wir sind da alle tätig. Wenn wir zusammen auftreten, dann als *puellae Gaditanae.*"

„Sind das nicht – wie soll ich sagen? – besonders pikante Tänzerinnen mit starker erotischer Ausstrahlung?" – „Das haben Sie aber hübsch formuliert! Andere drücken das drastischer aus. Die sprechen von aufgeilenden Tanzeinlagen oder so. Übrigens auch unser Chef, wenn er uns vermittelt: ‚Erotik vom Feinsten', ‚mega-geile Shows' und solche Sprüche."

„Sie sind also gar nicht selbstständig?" – „Da kriegen wir zu wenige Angebote, um zu überleben. Ab und zu kann man so ein Engagement zwischendurch mal annehmen, so wie auf der Party, bei der wir uns kennengelernt haben. Da war ich alleine als Tänzerin und Sängerin. Aber nicht als *Gaditana*. Der Gastgeber wollte nichts ‚Ausschweifendes'. So ein Solo-Auftritt ist aber die Ausnahme. Normalerweise werden wir vom *magister* als Tänzerinnen-Truppe vermietet. Er hat die Kontakte und ist auch wirklich gut darin, uns zu vermitteln. Aber er verdient auch gut an uns. *Der* hat eine andere Wohnung als wir."

„Eine *domus*?" – „Nein, das nun doch nicht. Er wohnt auch in einer *insula*, aber in einer großzügig geschnittenen Wohnung im ersten Stock. Hier ganz in der Nähe. Da trainieren wir auch. Hier kannst du ja kaum den Hintern ordentlich bewegen, ohne irgendwas umzustoßen."

„Und der Hintern spielt schon eine wichtige Rolle bei den gaditanischen Tänzen?" – „Ja klar. Du musst möglichst tief runterkommen, am besten mit vibrierendem Hintern den Boden berühren, mit den Schenkeln wackeln wie bei einer bestimmten anderen Tätigkeit – Sie wissen schon – und die Hüften lasziv kreisen lassen. Das kommt bei den Herren gut an – zumal wenn sie schon ordentlich Wein intus haben. Das musst du aber ständig üben, erst recht, wenn du das zu dritt vorführst und dich dabei auch noch musikalisch begleitest."

„In welcher Weise begleitest?" – „Mit Kastagnetten und Liedern. Ohne Stimme hilft dir auch ein gelenkiger Körper nichts. Auch da müssen wir ständig an uns arbeiten. Manche lachen zwar darüber, aber gaditanischer Tanz, das ist eine echte *ars*, eine handwerkliche Kunst. Auch wenn die Leute das so nicht wahrnehmen. Die ziehen sich dann nur in der einen oder anderen Weise an den unanständigen

Texten hoch. ‚Verrufen' seien die, regen sich manche Leute auf, angeblich ‚schlimmer als das, was aus dem Mund von Huren kommt'."

„Dabei streben Sie ja nur eine harmonische Verbindung von Tanz und Gesang an, vermute ich." – „Ich hab die Ironie mitgekriegt." Telethusa drohte mit dem Zeigefinger. „Aber stimmt schon: Zu ‚schamlosen Bewegungen' kannst du keine romantischen Arien oder elegischen Weisen anstimmen." – „Schließlich haben wir die Texte ja nicht gemacht", schaltete sich Culibonia in das Gespräch ein. „Die meisten stammen von Dichter-Profis. Wir tragen sie ja nur vor ..."

„... und kriegen von den Moralisten sozusagen die Prügel dafür, als ‚obszöne Tänzerinnen obszöner Gesänge'", vollendete ich den Satz. – „Genau so. Im Theater hörst du so was übrigens auch oft genug. Die feinen Herren Mimendichter kennen sich in der Gossensprache bestens aus. Aber gut, wir wollen uns nicht beklagen", meinte Culibonia versöhnlich. „Wenn du als Künstlerin im Fach ‚gaditanischer Tanz' unterwegs bist, bist du sowieso abgestempelt. Nachts auf der Party klatschen sie dir Beifall, tagsüber kennen sie dich nicht. So sind sie, unsere Kunden, klarer Fall von Doppelmoral." – „Aber wir sind besser als die Konkurrenz, die Syrerinnen zum Beispiel", warf Fortunata ein. „*Puellae Gaditanae* – das ist ein Markenname, und das hilft uns sehr, Auftritte zu ergattern. Ich glaube auch, dass unsere Gagen höher sind als bei einfachen Tänzerinnen und Flötenspielerinnen. Aber da lässt sich unser *magister* ja nicht in die Karten schauen ..."

„Und Sie stammen wirklich alle drei aus Gades?", fragte ich. – „Natürlich, echte Girls aus ‚sexy Gades' vom Rand der Welt. Wir sind ein Exportschlager; unsere Kolleginnen aus anderen gaditanischen Tanztruppen natürlich ebenso. Der erotische Tanz hat in unserer Heimat eine lange Tradition. Ist es nicht toll, dass er seinen Ruhm bis ins ‚goldene Rom' ausgedehnt hat?"

„Ich finde Ihr Latein aber fast ein bisschen zu gut", wagte ich einzuwenden. – „Meinen Sie, wer sinnlich tanzen kann, kann nicht auch ordentlich Latein? Also ein für allemal: Wir sind waschechte Gaditanerinnen, vom Chef unserer Truppe vor ein paar Jahren persönlich nach Rom geholt. Und übrigens im Unterschied zu anderen Mädchen auch frei. Viele *puellae* werden ja als Sklavinnen aus Spanien hierhergebracht. *Wir* haben *keinen* Herrn – auch wenn unser Impresario sich manchmal so aufführt."

„Seien Sie mir nicht böse, aber Ihre Namen klingen nicht gerade spanisch." – „Da haben Sie einen Punkt! Das sind Künstlernamen. Die kommen beim Publikum prima an."

„Weil sie so erotisch verheißungsvoll klingen?" – „Klar", antwortete Culibonia. „‚Culibonia' spricht ja für sich – ‚schöner Hintern' – und ist fürs Tanzen auch ein hoher Anspruch. Daran wirst du natürlich gemessen! Unsere ‚vom Glück begünstigte' Fortunata macht die Zuschauer dagegen einfach nur glücklich …"

„Und ‚Telethusa'?" – „Eine Ausbilderin von uns hieß so, damals, als wir vor Jahren nach Rom gekommen sind. Ich fand die Frau klasse und hab mich damals ziemlich spontan für ihren Namen entschieden. Das war ein bisschen voreilig und naiv. Erst später habe ich erfahren, dass das ein beliebter Prostituiertenname ist."

„Augen auf bei der Namenswahl, kann man da nur sagen." – „Sie scheinen ein Musterbeispiel für germanische Witzbolde zu sein. Hauptsache, der Witzbold selbst hat Spaß, oder?"

„Entschuldigen Sie bitte, Telethusa, das war eine unüberlegte Bemerkung. Kommt nicht wieder vor, großes germanisches Ehrenwort. Darf ich denn trotzdem noch eine ziemlich indiskrete Frage stellen?" – „Nur zu, wir können mit germanischem Charme umgehen", versicherte Telethusa ironisch.

„Ich habe gerüchteweise gehört, dass Tänzerinnen, Musikantinnen und andere Entertainerinnen auch für sexuelle Dienstleistungen zur Verfügung stehen sollen. Bei *puellae Gaditanae* liegt das angesichts ihrer speziellen Tanzkünste ja besonders nahe. Ist da was dran?" – „Das kommt ganz auf die Einzelne an", erwiderte Telethusa. „Wenn sie unfrei ist, hat sie kaum eine Chance, sich dagegen zu sträuben, wenn ihr Herr sie auch für weitergehende Dienstleistungen vermietet. Ich kenne Mädels, die auf bestimmten ‚Herrenabenden' auch für ein ‚Abenteuer' im Separee bereitstehen. Bist du dagegen frei, läuft nichts ohne deine Zustimmung."

„Entschuldigen Sie, wenn ich so penetrant nachfrage: Eine *puella Gaditana* ist also nicht automatisch eine ‚Gewerbliche'?" – „Sie verdient ihr Geld hauptsächlich mit dem Körper, aber das heißt nicht, dass sie für aktiven Sex zur Verfügung steht. Das muss jede selbst wissen, und ich glaube nicht, dass wir das Thema jetzt vertiefen sollten."

„Sicher nicht. Ich wollte auch nicht zu neugierig sein. Ich stelle es mir nur unschön vor, wenn man mit so einem Ruf leben muss und man selbst gar nicht zu diesen ‚ganz leichten' Mädchen gehört." – „Ist aber so", entgegnete Fortunata. „Da packen sie alle, die im Unterhaltungsbereich arbeiten, in eine Kiste und schreiben groß *infames* drauf, ‚Ehrlose'. Trifft aber Wirtinnen und Gasthausbedienungen, Schauspieler und sogar Wagenlenker genauso, und auch die Lieblinge des Volkes, die Gladiatoren. Alles ‚ehrloses Pack'. Unterhalten dürfen wir sie, aber gesellschaftlich werten sie uns pauschal ab. Sogar vor Gericht hast du als *infamis* deutlich weniger Rechte als andere. Musst du dich halt mit abfinden."

„Es hilft dir ja nicht, wenn du zu Hause sitzt und dir 'nen Kopf machst über Sachen, die nun mal so sind. Hauptsache, du hast ein Dach überm Kopf, musst nicht hungern – und kriegst als Künstlerin ordentlich Applaus. Wenn du einen alten verknöcherten Senator mit deinem Tanz so richtig angemacht hast – ‚Gades-Mädchen als scharfe Nesseln für die Reichen', hat mal einer gesagt –, dann kannst du eigentlich auch ganz zufrieden mit dir sein."

„Gibt es denn trotz dieser *infamia*-Barriere auch Lovestorys – dass sich ein Gast oder Gastgeber in ein Mädchen aus Gades ernsthaft verguckt?" – „Sie meinen: mit Ehe, Kindern, gesellschaftlichem Aufstieg und so? Nicht, dass ich wüsste. Das bleibt höchstens bei einer ‚Freundschaft'. Ist aber für eine wie uns auch nicht das Schlechteste. Da wird aus einer Sklavin schon mal eine Herrin – jedenfalls in gewissen Stunden. Manche Männer verhalten sich auch großzügig und anständig gegenüber ihrer Geliebten. Aber das sind Glücksfälle. Mit Romantik hat unser Business sonst nichts zu tun."

„Ich glaube, wir müssen uns allmählich auf den Weg zum Chef machen", unterbrach Culibonia das Gespräch. „Tut mir leid, germanischer Gast, aber der *magister* wird schnell sauer, wenn wir verspätet zum Training kommen." – Telethusa gab ihr recht und fügte, an mich gewandt, hinzu: „Sie können ja mitkommen, uns beim Training ein bisschen zuschauen."

„Ich weiß nicht so recht", zögerte ich. „Ich vermute, es ist ein bisschen so, wie wenn man sich aufs Essen freut, sich vorher aber zu intensiv in der Küche umschaut. Sinnlicher Tanz ist bestimmt ein Kunstwerk, das hartes und nicht immer so sinnliches Training verlangt. Ich halte es da mit Ovid: ‚Vieles ist abstoßend, während es geschieht, gefällt aber, wenn es fertig ist'." – „Oho, ein Germane, der Ovid zitiert!", rief Telethusa aus. „Allerdings: Charmant geht anders. Aber egal: Wenn Sie wollen, fragen wir den Chef, ob Sie mal bei einem unserer Auftritte zuschauen dürfen."

„Es wäre mir eine große Freude", sagte ich. – „Sie hören von uns", versicherte Telethusa. „Wir wissen ja, wo Sie Ihre Couch bezogen haben. Und sollten Sie weitergezogen sein, sagen Sie Ihrem jetzigen Gastgeber einfach, wo wir Sie finden können. Machen Sie's gut!"

Ich verabschiedete mich und tauchte wieder in den Strom der Passanten auf dem Clivus Suburanus ein. *Puellae Gaditanae*, dachte ich, sind schon etwas Besonderes, mit Erotik- und Bauchtänzerinnen späterer Zeiten vielleicht vergleichbar. Oder auch mit Striptease-Künstlerinnen? Allerdings strippen sie nicht, sondern teasen nur. Das aber offenbar sehr gekonnt und sehr heftig.

Ich war gespannt, Telethusa im Kreise ihrer Kolleginnen in „gaditanischer Aktion" wiederzusehen. Bei der ersten Begegnung war sie ja nur als Solo-Entertainerin ohne das „Kreisenlassen ihrer lasziven Hüften" in Erscheinung getreten. Aber ich wartete vergebens, habe nichts mehr von ihr gehört. Der Chef der Truppe hatte offenbar wenig Neigung, einen germanischen Gast bei einem römischen Herrenabend einzuschleusen. Als zahlungskräftiger Kunde, der seine Mädchen engagierte, kam ein Couchsurfer aus einer anderen Welt für ihn nicht infrage.

16 Begegnung mit Vacerra, Latrinenschreck: „Ich kriege euch doch alle!"

Das hatte ich nun wirklich nicht erwartet. Latrinen gibt es in Rom genug, meist düstere, wenig einladende und übel riechende Örtlichkeiten mit Bänken, auf denen die Besucher ohne Trennwand nebeneinander hocken, während andere ihre Nachttöpfe in „freie" Öffnungen ausleeren. Dorthin geht man tatsächlich nur, wenn es dringend ist. Die volkstümliche Bezeichnung spiegelt das wider: *necessarium* oder *necessaria (latrina)*, Ort der „Notwendigkeit". Die eher euphemistische Bezeichnung *latrina* – aus *lavatrina*, „Waschraum", entstanden – passt zu diesen öffentlichen Toiletten kaum, allenfalls der neutrale Begriff des *recessus*, „Rückzug".

Nun aber dieser Glanz, den die Latrinenanlage nahe der Curia Pompei förmlich ausstrahlt! Einer meiner Couch-Gastgeber hatte mich beiläufig darauf aufmerksam gemacht, dass sich eine Toilettenkultur für die „besseren Schichten" zu etablieren begonnen hatte. „So, wie Sie sich kleiden und auftreten, wird Sie niemand schräg ansehen, wenn Sie die Prachtlatrine dort am östlichen Rand des Marsfelds mal aufsuchen. Es gibt ohnehin keine strikte Zugangsüberprüfung. Aber die einfachen Leute wissen, dass sie da nichts zu suchen – oder besser: abzugeben – haben."

Der Mann hatte nicht übertrieben. Der Raum ähnelt einer Säulenhalle. Er ist nicht gerade lichtdurchflutet, aber doch sehr viel heller als die üblichen Latrinen. Gleich am Eingang stieß ich auf einen Springbrunnen, der munter plätschert und irgendwie einladend wirkt. Der Fußboden besteht aus einem bunten Mosaik mit Meereswesen, einige Skulpturen gliedern den Raum, der an die 130 Fuß lang ist, und auch die Wände sind geschmückt, mit Stuckreliefs.

Trennwände zwischen den einzelnen Plätzen – ich schätzte zwischen vierzig und fünfzig Sitzen – gibt es auch hier nicht. Etwa fünfzehn davon waren besetzt, als ich ankam, drei von Frauen, die sich allerdings in einiger Entfernung von ihren männlichen *consessores*, „Mitsitzern", niedergelassen hatten. Ich nahm auf der Bank in der

Nähe eines „Dreier-Clubs“ Platz, der sich angeregt unterhielt. Vor den Sitzen verläuft eine breite Rinne mit fließendem Wasser, in die man die *xylospongia* taucht, die an einem Stock befestigten Schwämme, die der Reinigung dienen. Das war für mich mittlerweile nicht mehr gewöhnungsbedürftig. Anfangs war mir diese Reinigungsmethode nicht ganz so vertraut gewesen, aber man gewöhnt sich daran. Ebenso an die Anwesenheit weiblicher Latrinenbenutzer. Angesichts der Tatsache, dass die Frau zumindest in einer jedenfalls für die Oberschicht geltenden Norm in der Öffentlichkeit möglichst wenig in Erscheinung treten soll, war dieser Verzicht auf Geschlechtertrennung in Sachen Latrinen schon recht überraschend für mich.

Mit zunehmender Gewöhnung verlor ich meine sozialisationsbedingten Hemmungen. Zwar war ich immer noch bemüht, mindestens einen freien Platz zwischen mir und dem nächsten *consessor* zu lassen, doch verweigerte ich mich nicht mehr wie anfangs dem Gespräch mit anderen Latrinenbesuchern. Die Latrine als kommunikativer Raum – den zu nutzen bedeutete nun wirklich eine Art *clash of culture*. Aber auch da lernt man dazu, sich unbefangen und – relativ – offen seinem neuen Umfeld anzupassen – und eben nicht auf dem schnellsten Weg den Ort der Notwendigkeit hinter sich zu lassen. Wo es dunkel war und unangenehm roch, war meine einschlägige Bereitschaft zu längeren Gesprächen nicht sehr ausgeprägt. Aber hier, in diesem noblen Ambiente, fand ich nichts dabei, mich mit meinen Mitsitzern zur Rechten und zur Linken auszutauschen – latrinaler Small Talk sozusagen.

Es entwickelte sich auch eine rege Konversation, die ihren Ausgang von solch neuartigen Prachtlatrinen nahm. Allgemein begrüßte man diese Entwicklung sehr. Das sei doch schon ein grandioser Fortschritt, dass man sich das Latrinen-Ambiente nicht mehr mit Bauarbeitern, Kutschern und Sklaven teilen müsse, sondern standesgemäß defäkieren könne. Einer der Diskutanten warf die Frage auf, ob angesichts dieser Verhältnisse das von Kaiser Tiberius erlassene Verbot noch zeitgemäß sei, ein Kaiserbild – und sei es auch nur auf einer Münze – mit in eine öffentliche Latrine zu nehmen. In einer Prachtlatrine wie dieser, fand er, habe das doch nun wirklich nichts mehr mit Majestätsbeleidigung zu tun. „Vorsicht, Vorsicht!“, mahnte ein anderer, „nach meiner Kenntnis ist auch unser gegenwärtiger Kaiser Nero da sehr sensibel. Ihr könnt es übertrieben ehrpusselig nennen, aber wir kennen ja mittlerweile sein Ego: Nero und *merda*, Scheiße, das passt echt nicht zusammen. Da reagiert er vermutlich höchst empfindlich – auch weil nicht alle seine Kunst als Sänger und Wagenlenker von diesem ‚Qualitätsbegriff‘ abzugrenzen bereit sind.“

Während wir so mit leicht spöttischem Unterton diskutierten, öffnete sich die Tür. Ein Mann trat ein und musterte alle Anwesenden gründlich. „Ach du Schreck!“, platzte es aus meinem *consessor* zur Linken heraus, „der hat uns gerade noch gefehlt: *Vacerra ad portas!*“

Ich schaute ihn verständnislos an. „Vacerra“, fragte ich, „wer ist Vacerra?“ – „Der absolute Latrinenschreck“, bekam ich zur Antwort, und auch die anderen *consessores* in der Nähe nickten. „Der Kerl kommt nicht, um es etwas derb auszudrücken, zum Kacken in die Latrine, sondern um zu speisen.“

„Ich verstehe nicht“, erwiderte ich, „hier isst doch gar keiner – und bei aller Hochachtung vor dem Genius dieses Ortes: Zum Essen lädt er ja nun doch nicht ein.“ – „Seht da!“, rief mein Nachbar zur Rechten, „der Einzige in Rom, der Vacerra nicht kennt! Dabei kann man ihm wirklich nicht entkommen. Er klappert alle Latrinen ab, mischt sich in den Thermen unters Volk, sucht überall nach Opfern; gemäß seinem ‚Wahlspruch‘ – ich habe es aus seinem eigenen Mund gehört: ‚Ich kriege euch doch alle!‘“

„Entschuldigen Sie, was soll das denn heißen, dass er uns alle kriegt?“ – „Der Kerl ist ein verdammter Mahlzeiten-Schnorrer. Der rennt tagein, tagaus durch alle Latrinen, um jemanden aufzugabeln, der ihn zur *cena* einlädt. Er hat ja durchaus Talent, sich bei seinen Opfern einzuschmeicheln, ihnen Komplimente zu machen, sie für alles Mögliche zu rühmen – und wenn’s auch nur ihre Haltung beim Kacken ist –, sie so einzuwickeln, dass sie gar nicht mehr anders können, als ihm einen Platz an ihrer Tafel anzubieten.“

„Und diese Masche funktioniert?“, fragte ich verwundert. – „In vielen Fällen durchaus. Wissen Sie, in Rom gibt es nur wenige, die

Schmeicheleien widerstehen können. Und am Ende hat der Schmarotzer recht: ‚Ich kriege euch doch alle!' Genauer gesagt: eine Gratis-Einladung zur *cena*."

Mittlerweile hatte Vacerra seine Blicke schweifen lassen und sich ein Opfer ausgesucht, das vier Plätze von mir entfernt saß. Die Kleidung wies ihn als sehr wohlhabenden Mann aus. Vacerra nahm direkt neben ihm Platz und begann das Gespräch mit irgendeinem Stadtklatsch. Dafür sind Römer, das hatte ich binnen weniger Tage herausgefunden, äußerst empfänglich. Gerüchte über Heiraten, Scheidungen, Skandalgeschichten in den „besten" Kreisen und „unangemessenes" Verhalten von Prominenten üben auf sie eine unwiderstehliche Magie aus. Und Vacerra versteht es wohl perfekt, auf dieser Klaviatur zu spielen: „Hast du eigentlich schon gehört …?" – „Glaubst du, das stimmt, was man sich auf dem Forum erzählt?" – „Marcus Aurelius soll beim Kaiser in Ungnade gefallen sein. Weißt du Näheres?" So oder ähnlich „haut" er seine Mitsitzer an, und die meisten geben offenbar der Versuchung nach, sich auf ein Gespräch mit ihm einzulassen. Eine andere Masche besteht darin, einen seiner Nebensitzer auf dessen vermeintlich literarische Meriten anzusprechen. Es gibt genug Leute in Rom, die sich für mehr oder weniger begnadete Freizeitpoeten halten, das hatte ich schon festgestellt. Da bedarf es nur eines kleinen „Schubses", um sie zum Deklamieren zu bringen – auch wenn die Latrinenumgebung eher ungeeignet dafür ist. Aber das ist egal, wenn ihr *ingenium* mit ihnen durchgeht …

Wer in Vacerra und Konsorten einen geduldigen Zuhörer oder sogar Claqueur gefunden hat, lädt ihn und seinesgleichen am Ende aus Dankbarkeit zu einem *convivium* ein – nicht zuletzt in der realistischen Hoffnung, dort erneut vor seiner Gästeschar als Dichter und Sänger brillieren zu können und zumindest *einen* Gast als lebhaften „Unterstützer" zu haben. Die Eitelkeit seiner Mitbürger ist eine wichtige Grundlage von Vacerras Geschäftsmodell.

Beißt er irgendwo auf Granit, so scheut sich Vacerra nicht, den Platz zu wechseln. Irgendwann setzte er sich auch neben mich. An meinem holprigen Latein merkte er aber rasch, dass ich ein Fremder und dass deshalb bei mir nichts zu holen war. So schnell, wie er gekommen war, war er auch wieder weg. Die Suche nach einem Opfer ging weiter.

Allerdings kam es nicht zum „Abschluss“, denn ein unerwartetes Ereignis kam dazwischen. Und zwar eines in Form eines für die Lokalität nicht gerade unspezifischen Geräusches. Einem der Mitsitzer entfuhr ein gewaltig lauter Furz, den er fröhlich-selbstbewusst kommentierte: „Unter der Erde, so könnte man meinen, habe es gedonnert.“ Kaum waren diese im Versmaß vorgetragenen Worte verklungen, brach unter allen Latrinenbesuchern eine unglaubliche Hektik aus. Sie rafften ihre Gewänder, einige warfen den Schwamm, mit dem sie sich gerade reinigten, unverzüglich zu Boden und suchten das Weite. Im Nu entstand vor dem Ausgang ein heftiges Gedränge. Es setzte eine regelrechte Flucht ein. Selbst Vacerra war schleunigst verschwunden.

Der Einzige außer mir, der sich der allgemeinen Panik nicht anschloss, war der Mann, der seinen Furz so laut kommentiert hatte. „Alles Hasenfüße und Feiglinge“, sagte er mit verächtlicher Stimme. „Leute, die selbst beim Kacken vor Angst schlottern!“

„Angst wovor?“, fragte ich. „Was ist denn in die Leute gefahren?“ – „Die sind zumindest literarisch bewanderter als Sie“, antwortete er lächelnd. „Wissen Sie denn nicht, von wem der Vers stammt, den ich da zitiert habe? Von welch sprachgewaltigem, von allen neun Musen intensiv geküsstem römischem Homer?“

„Keine Ahnung“, musste ich zugeben. – „Das war ein Vers aus einem Gedicht unseres hochverehrten Kaisers persönlich“, klärte er mich auf. „Und all die Angsthasen fürchten sich vor kaiserlichen Spitzeln, die solche ‚Majestätsbeleidigungen‘ an ihren Herrn melden könnten.“

„Ich gehöre nicht zu den besonders Mutigen“, räumte ich ein. „Und als Germane bin ich ja eh im Verdacht, auf der falschen Seite zu stehen. Bitte entschuldigen Sie mich“, und im Nu war auch mein erster Besuch in einer Prachtlatrine beendet.

Die Sache hatte zum Glück kein Nachspiel. Neros Spitzel haben Edellatrinen wohl noch nicht als Treffpunkte potenzieller Hochverräter, Majestätsbeleidiger oder gar Verschwörer auf dem Schirm.

Dass Dichterzitate einen derartigen Aufruhr auslösen können, war für mich schon überraschend. Erst recht, wenn sie einer Situation so gut angepasst sind wie das „Donnern unter der Erde". Welches Entsetzen hätte es da wohl ausgelöst, kam mir in den Sinn, wenn jemand Neros Dichtung mit einem Catull-Zitat als *cacata charta* bezeichnet hätte, „bekacktes Papier"? Das hätte zwar auch zum Ambiente gepasst, wäre aber als Meinungsäußerung oder „Rezension" viel eindeutiger gewesen als eine bloße Zitation.

17 Zu Gast bei Vatinius, Comedian: „Mit meinem Schandmaul habe ich den Aufstieg geschafft."

„Was? Ein echter Germane? So'n barbarischer Saufkopp, dessen rote Nase als Einziges in den finsteren Wäldern seiner Heimat leuchtet? Wo hat der denn sein Fell gelassen?" Das waren die ersten Worte, die ich von Vatinius über mich hörte. Eine irritierende Begegnung, und noch dazu auf einem *convivium*, bei dem ich als eine Art Ehrengast eingeladen war. Vatinius dagegen war vom Gastgeber als Entertainer engagiert worden. Berufsbezeichnung: *scurra*.

Das deutsche Adjektiv „skurril" leitet sich davon ab, aber es bezeichnet nicht deckungsgleich den Humor, der von diesem Spaßmacher – und seinen Kollegen – ausging. *Scurrae* sind in Rom zwar so eine Art Comedians. Aber ihre satirischen Angriffe sind heftiger, ätzender, verletzender. Sie zielen häufig genug unter die Gürtellinie, und sie beschränken sich nicht auf allgemeine Kritik an bestimmten sozialen Gruppen, auf „Typen" oder Vertreter einer bestimmten Lebensweise. Vielmehr arbeiten sie sich „lästernd" an Einzelpersonen ab, die zugegen sind, oder sie zielen scharfzüngig auf Abwesende, die ihr Publikum aber kennt oder zumindest leicht identifizieren kann. Viele Bosheiten *sollen* treffen und ihre Opfer dem Spott der Zuhörer aussetzen. So, wie Vatinius mir gegenüber alle Klischee-Register zog, die die Herkunft „Germane" hergab. Klar, alle Germanen sind Säufer, laufen halbnackt mit Fellen bekleidet in der Gegend herum, und die besteht ausschließlich aus undurchdringlichen Wäldern: Barbaren in barbarischer Umgebung. Ziemlich platt, und doch kam dieser Humor bei einigen Partygästen bestens an. Andere verzogen das Gesicht; immerhin stößt „skurriler" Humor nicht bei allen auf Gegenliebe, wie ich hier selbst beobachten konnte.

Vatinius hat durchaus ein Gespür dafür, wie seine „Jokes" bei dem Verspotteten ankommen. Bei mir schlug die Überraschung wohl schnell in Erregung oder sogar Wut um. Und da wurde Vatinius Opfer seiner eigenen Vorurteile. Er schien zu befürchten, dass ich mich handgreiflich wehren könnte – solche Erfahrungen machen *scurrae* ab und zu, erzählte er mir später, wenn Beleidigte nicht die Contenance wahren, anders als nur verbal zurückschlagen, oder ihrerseits den „Herausforderer“ zu einem Box- oder Ringkampf herausfordern. Jedenfalls bemühte er sich, die Situation mit besänftigenden Gesten mir gegenüber zu deeskalieren. „Sie verstehen doch Spaß“, meinte er, „war nicht so gemeint. Ich gehe nur meinem Beruf nach, die Leute erwarten solche Späße von mir. Alles gut?“

So gut war es nicht, fand ich. Aber ich wollte keinen Ärger machen – und hätte auch etliche Mitgäste gegen mich gehabt; das zeigte ihre Reaktion. „Wissen Sie, ich habe ein Näschen dafür, an welchem Punkt ich meine Mitmenschen ‚erwischen‘ kann“, plapperte Vatinius in mein Schweigen hinein.

„Von ‚Näschen‘ kann ja wohl kaum die Rede sein“, erwiderte ich. „Was Sie da im Gesicht haben, ist ja eine mehr als ausgeprägte Nase; ein kolossaler Zinken.“ Ich selbst war überrascht, wie aggressiv ich replizierte. Eigentlich recht unverschämt, aber einige Gäste klatschten begeistert Beifall. – „Da hat Vatinius es mal so richtig zurückgekriegt“, sagte einer. Den Hintergrund kannte ich da noch nicht: Seine äußerst auffällige Nase hatte „meinem“ *scurra* einen recht zweifelhaften Ruhm beschert – eine bestimmte „viernasige“ Becherform erhielt ihre Bezeichnung von seinem markanten Riechkolben.

„Da haben sich aber die beiden Richtigen gefunden“, rief unser Gastgeber. Und fuhr, an mich gerichtet, fort: „Sie suchen doch einen neuen Couch-Paten. Wie wäre es mit Vatinius? Dann hätten Sie Zeit, sich auszusprechen – oder sich weiter ordentlich zu beharken.“ – Vatinius reagierte sofort: „Von mir aus sehr gern! Meine schicke Wohnung könnte durch einen barbarischen Akzent nur gewinnen. Diversität ist ja in!“ Ich war zwar nicht vollauf begeistert von dem Vorschlag, aber verlockend war es schon, für ein paar Tage in die „skurrile“ Welt eines Vatinius einzutauchen.

So kam es, dass ich bei einem Mann einzog, der mir nicht gerade sympathisch war – und der mir im Laufe meines Aufenthalts bei ihm noch unsympathischer werden sollte. Vatinius besitzt eine große Wohnung im ersten Stock einer *insula*. Möbel und Ausstattung mit Kunstgegenständen zeigen, dass er finanziell zur Oberschicht gehört. Seine Engagements als *scurra* sind offensichtlich lukrativ; die Gastgeber reißen sich um ihn. In manchen Kreisen gilt er als große Nummer. Dass er stolz ist auf seinen Aufstieg, kann man ihm nicht verübeln. Seine Karriere ist atemberaubend. Angefangen hat er als einfacher Schuster im süditalischen Beneventum. Und eine imposante physische Erscheinung hat er auch nicht zu bieten. Im Gegenteil. Er ist verwachsen, zieht ein Bein stark nach und hat mit seiner Riesennase auch kein attraktives Gesicht. Mit diesem Aussehen und dieser Herkunft ist ihm in der römischen Gesellschaft eine Außenseiterposition eigentlich so gut wie sicher. Gerade an dem Punkt setzte seine Erfolgsgeschichte an:

„Behinderte haben es in Rom nicht leicht", erzählte er mir in einem längeren Gespräch. „Im Gegenteil. Sie sind oft Gegenstand von Spott und Herabwürdigung. Witze über Behinderte gehören in unseren Gerichtssälen fast zum guten Ton. Als Redner müssen Sie dabei nur aufpassen, dass Sie kein Mitleid mit den Opfern Ihrer Sottisen auslösen, aber lächerlich machen dürfen Sie jeden. Und körperliche und geistige Anomalien sind gute Aufhänger dafür, ihre Gegner kräftig durch den Kakao zu ziehen.

Man stößt sogar auf reiche Leute, die sich nach *monstra* im Sklavenangebot umschauen. Dafür gibt es einen eigenen Monstrositäten-Markt, hier in Rom und auch anderswo. Da kauft man sich Kleinwüchsige, Kretins, körperlich und geistig Behinderte und hält sie sich dann als eine Art Hofnarren. Die dürfen ihren Herren alles an den Kopf werfen. Die amüsieren sich über die Blödmänner und die spastischen Verrenkungen der Krüppel – und freuen sich, dass sie selbst gesund sind. Manche Leute stellen sich auch kunstgewerbliche Erzeugnisse mit *monstra*-Motiven in die Wohnung."

„Sie selbst sind vermutlich auch Opfer spöttischer Anwürfe geworden?" – „Klar. Schon als Kind bin ich ständig gehänselt worden. Wenn ich die dämlichen Bemerkungen gezählt hätte, die ich seitdem zu hören gekriegt habe – das hätte meinen verfügbaren Zahlenraum bestimmt überschritten. Aber ich habe eine kluge Entscheidung getroffen: Ich schlage zurück. Wenn die Leute über Behinderte lachen wollen – ich biete es ihnen an; ich bin ein Krüppel, der über andere Krüppel herzieht und sein Aussehen auf dem Entertainment-Markt teuer verkauft."

„Und dieses Geschäftsmodell ist erfolgreich?" – „Ich kann mich vor Buchungen kaum retten! Übrigens ist selbst der Kaiser auf mich aufmerksam geworden. Ich werde demnächst am Hof eine Vorstellung geben – natürlich auch aus anderen Gründen."

„Und die wären? Klären Sie mich auf." – „Das ist römische Innenpolitik, zu kompliziert für interkulturelle Debatten mit germanischen Gästen."

„Schade. Aber wenn Sie nicht darüber sprechen möchten – ich respektiere meine Gastrolle."

In den nächsten Tagen wurde mir gleichwohl klar, worum es ging. Vatinius empfing zahlreiche Besucher. Oder besser gesagt: Informanten, die ihm alles mögliche Wissenswerte und Verwendbare stecken. Mein Gastgeber hat sich ein System von Zuträgern aufgebaut, das ihn mit Interna vor allem aus der Oberschicht versorgt. Darunter ist viel Klatsch, den er gnadenlos in seine Vorstellungen einbaut – egal ob er hinreichend belegt oder nur als vages Gerücht an ihn gelangt ist. Solches Gerede ist ihm aber auch als politische Munition gegen tatsächliche oder vermeintliche „Regimekritiker" willkommen. Er speichert sein Wissen und gibt es brühwarm an den Kaiserhof weiter: Vatinius ist ein klassischer *delator*, Denunziant, der Oppositionelle anschwärzt und sich damit lieb Kind beim Kaiser macht – und hohe Belohnungen abholt. Ein Spitzel, der alle Informationen, die seine Zuträger ihm liefern, gnadenlos auf ihre Nützlichkeit ausschlachtet.

In den nächsten Tagen nahm er mich zu zahlreichen Live-Auftritten mit. Als gebuchter Comedian teilte er da skrupel- und hemmungslos aus, nutzte sein Insiderwissen, um beispielsweise einen gewissen Quintus an den Pranger zu stellen. Der habe eine Liaison mit der einäugigen Thais. Fazit: Thais sei einäugig, Quintus aber sei auf beiden Augen blind, weil er sich in diese behinderte Partnerin verguckt habe. Ein Schenkelklopfer bei Leuten, die schon Einiges an Wein intus hatten. Oder: „Kennt ihr Cordus? Ist euch aufgefallen, mit welch üppigem

Gefolge der sich umgibt, einschließlich hübscher langhaariger Sklaven? Und wisst ihr auch, warum er so beliebt ist? Er hat seinen Ritterring verpfändet – und mit dem Erlös finanziert er seine opulenten Auftritte in der Öffentlichkeit!" – „Und Aelia? Die ist doch auf vielen Partys. Ist euch aufgefallen, dass sie vor Kurzem nur noch vier Zähne hatte? Dann ein Hustenanfall – und weitere zwei waren weg. Kurze Zeit später ein weiterer Hustenanfall – noch mal zwei Zähne futsch. Und jetzt? Kann sie endlich nach Lust und Laune rumhusten: Wo nichts ist, kann auch kein Zahn mehr rausgeschleudert werden."

Ergebnis: Die Leute bogen sich vor Lachen. Und so ging es in einem fort: Erbschleicher, Bankrotteure, Behinderte – alle kriegten, mit Klarnamen benannt, ihr Fett ab. Ob es stimmte oder nicht – der Boulevard-*scurra* führte sie unbarmherzig vor. Dass Rom eine klatschsüchtige Stadt ist, wusste ich bereits. Dass man sich mit Verleumdungen, Indiskretionen und Gerüchten in die Herzen vieler Menschen „spielen" kann, war mir dagegen neu. Vatinius demonstrierte mir, was möglich war – übrigens auch mit „artistischen" Einlagen wie Sprüngen, Tanzschritten, Grimassen und teilweise schamlosen Gesten sowie mit mehr oder weniger gelungenen Parodien auf Nichtanwesende und bisweilen sogar auf Anwesende, mit Bauchrednereinlagen, Tierstimmenimitationen und pantomimischen Kabinettstückchen, deren Opfer er indes zuvor „vorsichtshalber" namentlich benannte.

Dabei verschont der *scurra* indes konsequent seine jeweiligen Gastgeber. Denen redet er stattdessen schmeichlerisch nach dem Mund, indem er ihre gesprächsweise vorgetragenen „Erkenntnisse" rühmt und wiederholt. „Der erinnert mich an den Parasiten in Plautus-Komödien", sagte mal jemand, „aber gegenüber dem, der die Party schmeißt, ist er total devot." Und natürlich ist jede Kritik am Kaiserhof tabu, ebenso Persiflagen oder satirische Attacken auf mächtige Berater und Günstlinge des Kaisers. Vatinius schien mir aufgrund seines Informantennetzes gut zu wissen, wen er gefahrlos aufs Korn nehmen kann und wen er besser verschont. Das gilt in besonderer Weise für Menschen, die nicht anwesend sind. Gerüchte hinter dem Rücken seiner Opfer zu streuen, den Boden für Verleumdungskampagnen vorzubereiten, möglichst ohne sich selbst angreifbar zu machen – darin ist er ein Meister. Ohne ein dankbares Publikum, das dieses fiese Spiel ziemlich begeistert mitspielt, könnte er allerdings diese Wirkung nicht entfalten. Wegen seines Witzes und scharfzüngigen Spotts ist er ein beliebter Entertainer, aber er ist auch ein gefürchtetes Schandmaul, das nicht nur Freunde hat.

„Das ist mir voll bewusst", erklärte er mir, als ich ihn nach einer Party mal darauf ansprach. Ich hatte mitbekommen, wie ein paar Gäste sich über den „unverschämten Kerl" aufregten: wie weit der es eigentlich noch treiben wolle. – „Ich weiß, dass ich als *improbus*, unverschämt, und *petulans*, aggressiv-übergriffig, gelte. Manche bezeichnen mich sogar als *niger*, schwarze Seele. Ja, klar, Bosheit ist meine Geschäftsgrundlage, mit der bösen Zunge verdiene ich mein Geld – und habe mir meine Stellung aufgebaut. Sie werden sehen: Nicht mehr lange, dann werde ich selbst Nero zum *amicus* haben. Dann kann mir keiner mehr was!"

Ob das nicht auch belastend sei und ihm nicht manchmal Selbstzweifel kämen, fragte ich ihn. – „Nennen Sie mir *einen* Schuster, der es so weit gebracht hat wie ich! Nennen Sie mir *einen* Krüppel, der sich mit Behindertenspott so eine Wohnung zulegen konnte, wie Sie sie in den letzten Tagen bei mir genossen haben! Und wissen Sie, was das Beste ist, wenn Sie alle Scham haben sausen lassen? Dann haben Sie keinen Ruf mehr zu verlieren und können sich so richtig gehen lassen. Mit Selbstachtung kommen Sie als *scurra* nicht weit. Im Übrigen: Schauen Sie sich das Netzwerk an, das ich mir aufgebaut habe: Alle, die mir Informationen stecken, und alle, an die ich die, mit ätzendem Gift getränkt, weitergebe, sind Teil des ‚*scurra*-Systems'. Und da soll ausgerechnet ich in mich gehen, ich, der ich eine Schaltstelle davon besetzt halte? Meinen Sie im Ernst, ich sollte stattdessen lieber wieder stinkende Schuhe flicken und mich von Gassenjungs als ‚Missgeburt' anpöbeln lassen?"

Ich widersprach ihm nicht. Zum einen hätte es eh keinen Zweck gehabt, zum anderen hatte er ja nicht ganz so Unrecht mit der Kritik an den gesellschaftlichen Verhältnissen und Einstellungen gegenüber behinderten Menschen. Aber wohl fühlte ich mich in der Gesellschaft *dieses* Entertainers nicht. Ich sah zu, rasch einen neuen Gastgeber zu finden, und zog nach wenigen Tagen bei Vatinius aus. Später hörte ich, dass er tatsächlich ganz oben angekommen sei. Als mächtiger und reicher Höfling bei Nero, dem seine dreist-witzige Art offenbar gut gefällt. Er dürfe den Kaiser selbst sogar verspotten, geht das Gerücht – ein Hofnarr, den andere allerdings zu den *foedissima eius aulae ostenta*, den widerlichsten Scheusalen dieses Kaiserhofes, zählen. Wobei sich diese Charakteristik weniger auf sein Äußeres beziehen dürfte als auf seinen Charakter.

18 Im Gespräch mit Lucius, Graffiti-Künstler: „Den Inhalt dieser scripta können Sie oft glatt vergessen."

„He, Lucius, hat dein neuer Star etwa gesiegt?", dröhnte es über die Sacra Via. Ich war gerade beim Windowshopping auf der *summa Sacra via* im Osten des Forum Romanum unterwegs – dort, wo Juweliere und Silberschmiede, Purpurhändler und Edel-Parfümeure ihre Läden haben. Genau genommen ohne *windows*; man kann in die Geschäfte und Ateliers direkt hineinblicken. Einige Geschäftsinhaber haben auch Tische und Theken nach draußen gestellt, um ihre Waren zu präsentieren. Das ist wegen der Verkehrsbehinderung zwar nicht erlaubt, aber sehr verkaufsfördernd. – „Ja klar", schallte es durch all den Straßenlärm zurück. „Und ich bin gerade dabei, das für alle Zeit festzuhalten." – „Für alle Zeit? Hast du es nicht 'ne Nummer kleiner?" – „Warten wir's mal ab! Jedenfalls durften wir einen historischen Moment miterleben: Marcus Attilius – das ist der kommende Superstar der Arena. Wetten?"

Doch sein Gegenüber war schon in der Menge untergetaucht. Lucius erhielt keine Antwort mehr. Aber es gab eine ganze Reihe Leute, die seine Werbung für Marcus Attilius aufmerksam verfolgten: Sie standen um Lucius herum und schauten sich interessiert an, was er da auf die Wand eines Hauses „zauberte". Lucius ist das, was zweitausend Jahre später als „Graffiti-Künstler" bezeichnen werden sollte. Allerdings fallen seine Produkte deutlich weniger auf: Er benutzt den normalen Griffel, *stilus*, mit dem man auch auf Wachstäfelchen schreibt, um seine „Botschaften" an die Öffentlichkeit zu bringen. Sein Beschreibstoff sind Wände. Genau gesagt: der Wandverputz. Der metallene *stilus* findet auch da hinein seinen Weg. Allerdings muss man schon sehr genau hinschauen, um überhaupt mitzukriegen, dass da jemand die Wand zur Veröffentlichung seiner „Mitteilungen" genutzt hat. Bei oberflächlichem Hinsehen fallen die Ritzlinien überhaupt nicht auf.

Es war nicht das erste Gladiatoren-Graffito, mit dem Lucius an diesem Tag die Außenwand eines repräsentativen Gebäudes verzierte.

Ich entdeckte mehrere Zeichnungen, darunter eine, die sicher von seiner Hand stammt: *M Attilius T v Hilarus Ner XIV c XIII m.* Der Text strotzt nur so vor Abkürzungen, aber einer der Umstehenden las laut: „*Marcus Attilius Thraex vicit. Hilarus Neronianus quattuordecim, coronarum tredecim, missus*". Ich schaute immer noch verständnislos. Doch auf meine Bitte hin erläuterte mir der „Vorleser" den Text: „Der Thraker – das ist eine Gladiatorengattung – Marcus Attilius hat gewonnen; dieser einzelne Buchstabe *v* steht für *vicit*. Hilarus, aus der Gladiatorentruppe des Nero, vierzehn Kämpfe, dreizehn Siegeskränze – das *c* steht für *cononae* –, begnadigt – *m* für *missus*."

Im Augenblick war Lucius dabei, seinem Idol ein neues Graffiti-Denkmal mit karikaturähnlichen Kritzeleien zu setzen. Die „Rahmung" war schon fertig: Links hatte er drei Hornbläser gezeichnet, rechts drei Tubabläser – die Begleitmusik zu Gladiatorenkämpfen. Jetzt war er mit den Protagonisten beschäftigt. „Seinen" Attilius hat er in triumphierender Pose dargestellt, das Kurzschwert hoch erhoben, den Schild aber nach wie vor kampfbereit vor dem Körper – obwohl sein Gegner den Kampf schon verloren hat. Denn der Helm ist ihm vom Kopf gefallen, und er kniet wehrlos vor dem Sieger.

Wie ist der Kampf für den Unterlegenen wohl ausgegangen? Hat er überlebt? Oder hat Attilius zum tödlichen Streich ausgeholt? Wir alle, die wir dem „Künstler" zuschauten, waren gespannt auf die Beschriftung. Lucius fing mit seinem Idol an: „Marcus Attilius, ein Kampf, ein Siegeskranz" und *v* für *vicit*, „Sieger"– was schon durch die Darstellung klar ist. Seinem Gegner, Lucius Raecius Felix, hat der Beiname „der Glückliche", wenig geholfen. Er ist gegenüber Attilius ein Veteran: „zwölf Kämpfe, zwölf Siege". Einer, der noch jeden Gegner niedergekämpft hat, jetzt aber gegen einen Neuling unterlegen ist. Einen Moment zögerte Lucius noch, dann setzte er das „erlösende" *m* hinzu, *missus*: Raecius ist begnadigt worden. „Fertig!", rief Lucius den Neugierigen um ihn herum zu. „Fortsetzung folgt in einigen Wochen. Dann wird Attilius den nächsten Kampf gewonnen haben." – „Abwarten!", rief einer aus der Menge. – „Aber gerne doch", erwiderte Lucius. „Attilius ist in Hochform, ein Newcomer mit großem Potenzial zum Publikumsliebling. Ich werde euch auf dem Laufenden halten." Er streckte seinen *stilus* siegesgewiss in die Höhe.

Damit war die kleine Graffiti-Show vorbei. Die Passanten gingen weiter. Ich aber wandte mich an Lucius, stellte mich vor und bat, ihm ein paar Fragen stellen zu dürfen. Seine „Vorstellung" sei amüsant, aber auch überraschend gewesen. – „Schießen Sie los", ermunterte er mich.

„Dass Sie hier in aller Öffentlichkeit Malereien und Texte an die Wände kritzeln, erstaunt mich sehr. Haben Sie denn keine Angst, erwischt zu werden?" – Lucius schaute mich verständnislos an: „Wieso erwischt? Von wem?"

„Die Wand gehört Ihnen doch nicht; vielleicht will der Eigentümer solche Kritzeleien nicht." – „Passen Sie mal auf; wir gehen jetzt gemeinsam ein paar Schritte zurück … Erkennen Sie meine *scripta* noch – und die der anderen *scriptores*?"

„Ich muss sehr genau hinschauen. Wenn ich weiß, dass da *scripta* sind, erkenne ich sie schemenhaft." – „Sehen Sie: Was sollte der Eigentümer des Gebäudes dagegen haben? Die meisten sind da absolut tolerant. Solche Wandkritzeleien sind doch überall! Wenn wirklich mal einer Anstoß nimmt, dann verlagert sich die Szene eben ein Stück weiter nach rechts oder links."

„Szene?" – „Ja, das ist eigentlich zu viel gesagt. Aber es gibt vielfach Häufungen von Kritzeleien: Einer fängt an, andere schreiben ihren Senf dazu. Und ab und zu bleiben da, wo sich so eine kleine ‚Szene' etabliert hat, Leute stehen und schauen sich das ganze Zeugs an."

„‚Zeugs', sagen Sie. Sie nehmen diese ‚Botschaften' offenbar selber nicht besonders ernst. Auch Ihre eigenen nicht?" – „Ob ich mit meiner Schwärmerei für Attilius oder sonstige Größen des Showbusiness andere Leute anstecken kann, weiß ich nicht so recht. Ich mache das hauptsächlich für mich selbst: Gladiatorenstatistiken sind mein Hobby. Wenn einer sie liest – prima; wenn nicht, steht es wenigstens da. Ich glaube, die meisten, die der Wand ihre Wünsche, ihre Freuden, ihren Frust und ihren Ärger, ihre Liebe und ihre momentanen Einfälle anvertrauen, nehmen sich nicht selbst besonders ernst. Wissen Sie, welcher Spruch immer wieder auftaucht?"

„Keine Ahnung. Ich bin ja erst heute durch Ihre Aktivität auf Wandkritzeleien aufmerksam geworden." – „Der Spruch heißt: *admiror, paries, te non cecidisse ruinis, qui tot scriptorum taedia sustineas.* ‚Ich staune, Wand, dass du nicht zusammengebrochen bist, musst du doch das nervige Zeugs so vieler Schreiber aushalten'."

„Das hört sich tatsächlich nach Selbstironie an. Und nach intellektueller dazu. Ist das nicht in metrische Form gegossen, was Sie da gerade zitiert haben?" – „Gut erkannt: ein elegisches Distichon."

„Haben die meisten Ihrer Schreiberkollegen höhere Bildung? Was meinen Sie?" – „Glaube ich nicht. Einige bringen Dichterzitate auf die Wand – der Renner ist der erste Vers von Vergils ‚Aeneis'; die haben natürlich Unterricht beim *grammaticus* gehabt. Aber die meisten begnügen sich damit, ihren Namen einzuritzen, Grüße an irgendwelche Bekannten hinzuschreiben, Zahlen oder Buchstabenreihen wie in der Schule – also *abcd* und so weiter. Natürlich beweisen sie sich und anderen damit, dass sie zu einer ‚Elite' gehören: Sie können schreiben. Das kann hier in der Stadt, schätze ich, höchstens jeder Dritte, auf dem Land noch viel weniger. Mit Wandkritzeleien zeigen Sie, dass Sie zu einer geistigen Oberschicht gehören, wenn ich so sagen darf. Da gefallen Sie sich mit jedem Wort selbst – auch mit dem banalsten Nonsens."

„Wie ist es mit politischen Parolen? Werden die Wände auch dafür genutzt, um Protest und Unzufriedenheit auszudrücken?" – „In der Vergangenheit hat's das ab und zu mal gegeben. Aber das hat sich nicht durchgesetzt. Die Leute sind auch vorsichtig. Wissen *Sie*, wer Ihnen da gerade über die Schulter schaut, wenn Sie einen kritischen Kommentar vom Stapel lassen? Sie bringen sich damit in Gefahr – und bewirken praktisch nichts. Da ist es besser, an Zuschauerdemonstrationen bei den öffentlichen Spielen teilzunehmen. Da schützt Sie wenigstens die Masse."

„Und wie steht es mit Beleidigungen, Schmähungen, verbalen Abrechnungen?" – „Da gibt es natürlich jede Menge."

„Was aber den Beleidigten kaum wehtut, vermute ich?" – „Es sei denn, Sie sind so pervers und klappern auf der Suche nach Schmähungen gegen Sie selbst alle möglichen Wände ab. Dann werden Sie vielleicht mal fündig. Aber richtig erhellend ist das dann auch nicht."

„Weil das sozusagen invektorische Massenware ist?" – „Sehr vornehm ausgedrückt! Aber Sie haben recht. So was wie ‚Nymphe, die Schlampe', ‚Stronnius hat keine Ahnung', ‚Oppius, du Spitzbube', ‚Gaius, lass dich ans Kreuz schlagen!', ‚Platz doch, Carpio!' oder ‚Macer hat 'ne Schraube locker': Das ist meistens reine Psychohygiene für die Schreiber, die reagieren sich ab – und niemand ist getroffen. Ist doch echt ein harmloses Ventil."

„Was ist mit dem Thema Liebe und Sexualität?" – „Ein Dauerbrenner! Da lassen etliche Leute ihre Gefühle raus, andere prahlen mit ihren Sexabenteuern. Aber Wände sind geduldig, bestimmt die Hälfte ist bloßes Angeben. Na gut, wer's braucht. Schadet ja nichts."

„So ein paar Sprüche würden mich da interessieren. Haben Sie Beispiele auf Lager?" – „Ich weiß etwas viel Besseres", entgegnete Lucius. „Haben Sie ein bisschen Zeit? Dann zeige ich Ihnen etwas Interessantes. Es ist auch nicht weit von hier, eine halbe Meile vielleicht, dahinten in der Subura." Er zeigte nach Nordwesten.

„Ich habe nichts vor, und wenn es Ihnen Spaß macht, einen Fremden in die Geheimnisse der römischen Kritzelszene einzuweihen, bin ich gern dabei. Sie machen es ja ganz schön spannend." – „Wobei ich hoffe, dass Sie nicht enttäuscht sind. Es ist nichts Weltbewegendes, aber doch eine anschauliche Antwort auf Ihr Interesse an Sexuellem."

„So würde ich es nicht gerade ausdrücken", stellte ich klar, „aber wenn Sie mich in *die* Ecke stellen wollen – bitte sehr." – „Nun seien Sie mal nicht so empfindlich", grinste Lucius. „Wer sich für die *scripta* auf Wänden interessiert, sollte eigentlich locker sein. Sonst ist er bei Vergil und Cicero besser aufgehoben."

„Verstanden, ab sofort bin ich locker. Oder sogar cool, wenn Sie das lieber hören." – „Nee, eher nicht. Hört sich nach einem barbarischen Idiom an. Gräzismen sind in Ordnung, aber sonst bitte Latein."

„Ok", wollte ich sagen, konnte mich aber gerade noch bremsen. „*Certe. Ut tibi videtur, Luci*", ging ich auf seine Anregung ein.

Während Lucius mir erzählte, dass manche Graffiti-Maler auch große Bilder produzieren – Schiffe beispielsweise, Labyrinthe, Pferde und andere Motive –, gelangten wir zu einem unscheinbaren Haus in der Subura. Die halbnackten Mädchen, die davorsaßen, entlarvten es schnell als Bordell. Einen Moment lang hatte ich den Verdacht, dass Lucius einer der vielen berüchtigten „Schlepper" sei, die Kunden für ein Freudenhaus heranschaffen. Ich überlegte noch, wie ich gegen diese Irreführung protestieren sollte, da wies Lucius auf die Hauswand des Etablissements: „Hier gewinnen Sie einen Eindruck von dem, was für die Kunden des Bordells wichtig ist." Ich schaute genauer hin. Die Wand dort ist über und über mit Graffiti bedeckt. Es bereitete mir nicht geringe Mühe, die in Kursivschrift abgefassten Inschriften zu entziffern, aber mit Lucius' Hilfe gelang es mir in vielen Fällen. Einige sind allerdings mit einer solchen Sauklaue geschrieben, dass man allenfalls raten kann, was die Schreiber zum Ausdruck bringen wollten.

Der „Klassiker" unter den Sex-Bekenntnissen ist die Formulierung, dass zum Beispiel *Posphorus hic futuit*, „Posphorus hier gefickt hat", aber auch, dass *Placidus hic futuit, quem voluit*, „Placidus hier gefickt hat, wen er wollte". Ein Anonymus bekannte: *hic ego puellas multas futui*, „hier habe ich viele Mädchen gevögelt", und ich erfuhr, dass *Myrtis felatris* sei, eine „Schwanzlutscherin", und *Phoebus pedico*, ein „Arschficker", sowie *Restituta bellis moribus*, eine Prostituierte „von nettem Wesen". Ein Schreiber bekannte sich dazu: *pedicare volo*, „ich will arschficken", ein anderer, dass *Naebris, eia, assibus duobus* zu haben sei, „Naebris, aber hallo, für zwei As". Das ist offenbar der Standardtarif, manchmal sogar mit dem „Zusatzservice" der Fellatio.

Dieses Preisniveau fand ich schockierend niedrig. So viel kosten in Rom zwei Laibe Brot oder ein halber Liter Wein gehobener Qualität. Ich sprach Lucius darauf an: „Sind das wirklich realistische Preise für einen Bordellbesuch?" – „Sie können es ja selbst ausprobieren", entgegnete er. „Wenn Sie gut verhandeln, landen Sie genau da. Die Nachfrage ist groß, aber das Angebot riesig. Viele Mädels haben nichts anderes gelernt – oft wurden sie vorher von ihren Herren zur Prostitution gezwungen, und wenn sie die Freilassung erreicht haben, müssen sie ja von irgendetwas leben. Und gehen Sie mal davon aus, dass der Bordellwirt auch noch ordentlich abkassiert. Allerdings dürfen Sie auch nichts Besonderes erwarten. Das ist oft ein Ex-und-hopp-Geschäft. Ein paar Augenblicke – und Schluss! Hier, gucken Sie mal auf dieses ehrliche ‚Bekenntnis': *hic ego, cum veni, futui, deinde redei domi*; ‚kaum angekommen, habe ich gevögelt, danach bin ich nach Hause zurückgekehrt' – Beischlaf im Minutentakt sozusagen."

„Müsste es nicht *domum* heißen, Akkusativ, *nach Hause*?", fragte ich, um über die mich ziemlich schockierende „Wahrheit" hinwegzukommen. – „Wunderbar", entgegnete Lucius, „wie ein germanischer Besserwisser römischen Fickern ihre grammatischen Grenzen aufzeigt."

Viele, viele weitere Graffiti zeigen, dass hier ein Cluster entstanden ist. Man kennt die Stelle und tritt gern in einen „Dialog" mit anderen Bordellbesuchern ein – der natürlich kein echter Dialog ist. Und auch keine Nachrichtenbörse, sondern eine aus meiner Sicht eher fragwürdige Form der Selbstbespiegelung. „Was haben diese Schreiber davon, dass sie sich mit ihren Sex-Abenteuern brüsten?", fragte ich meinen Begleiter. – „Ich vermute, das ist eine kollektive Form der Selbstüberhöhung. Man will deutlich machen, dass man dabei war, sich einfach einreihen. Auch eine Art der Selbstbestätigung, wenn auch nur für zwei oder drei As. Und irgendwie ist es wohl auch verlockend, dort den *stilus* anzusetzen, wo es schon Dutzende vor einem getan haben. *Diesen* Kick kann ich selbst nachvollziehen, der treibt uns Gladiatoren-Verehrer auch an. Du willst das Feld nicht nur den anderen überlassen, verstehen Sie?"

„Ich denke schon. Auch wenn ich das bei Bordellbesuchern, ehrlich gesagt, für ziemlich abartig halte. Du kaufst dir ein Mädchen für einen kurzen Augenblick – und renommierst dann mit so einem ‚Gelegenheitsfick'? Finde ich eher peinlich. ‚Habe heute Tuniken eingekauft', ‚habe Oliven eingelegt', ‚habe Brot gebacken' oder so etwas wäre genauso banal und uninteressant für andere. Das schreibt aber keiner." – „Wenn Sie wüssten! Genau solche Mitteilungen vertrauen etliche Leute der Wand an, wirklich ganz alltägliches Zeug, das außer ihnen selbst keinen Menschen interessiert. Sie dürfen das nicht so funktional sehen. Wandkritzeleien sind Zeitvertreib, sind Langeweile, sind Selbstbespiegelung, sind einfach Freude am Schreiben – ich kann's, der andere kann's nicht, und ich zeige, dass ich's kann. Den Inhalt dieser *scripta* können Sie oft glatt vergessen."

„Bei uns in Germanien gibt es eine Sitte, dass Verliebte ein Herz in einen Baumstamm ritzen und die Namen eines Paares dazuschreiben. Das hat etwas mit echten Gefühlen zu tun und ist eine romantische Form der Liebeserklärung und des Treueschwurs. Gibt es diese Sitte auch in Rom?" – „Das Ritzen von Namen in eine Baumrinde kommt vor, aber selten. Aber das ‚Verewigen' einer Liebesbeziehung als Wandinschrift ist gang und gäbe. Auch da gibt es beliebte Orte, die solche Schreiber geradezu anziehen. Wollen Sie einen davon sehen? Da haben sich eine Menge meiner ‚Kollegen' ein Denkmal gesetzt – sich und ihrer Liebe."

„Wenn Sie noch Zeit haben, Lucius, dann sehr gern. Fände ich auch deutlich appetitlicher als das Markieren von ‚Fickkontakten', wenn ich das angesichts dieser geistlosen Kommentare auch mal so drastisch ausdrücken darf." – „Na dann lassen Sie uns doch eine neue ‚Station' aufsuchen. Was meinen *Sie*, wohin Liebesbekundungen und -wünsche gehören?"

„Ganz schlicht würde ich sagen: an einen Venus-Tempel. Der Göttin der Liebe bringen ihre ‚Jünger' doch auch bei den Circusprozessionen ihre Huldigung dar." – „Und bei den Wandkritzeleien verhält es sich ebenso. Da haben Sie absolut recht. Wir müssen ungefähr eine Meile gehen, dann kommen wir zum Tempel der Venus Erycina an der Porta Collina. Dort werden Sie finden, was Sie suchen."

Wir machten uns auf den Weg. Ob das denn mit der Ehrfurcht vor der Göttin vereinbar sei, wenn man seine Liebeshändel an die Wände und Säulen ihres Heiligtums schreibe, fragte ich Lucius. – „Jede Inschrift ist doch praktisch eine Huldigung an ihr *numen*, ihre göttliche Kraft. Eine Anerkennung ihrer Macht. Warum sollte die Göttin sich dagegen wehren? Und vergessen Sie nicht: Die Pracht ihres Heiligtums wird durch solche *scripta* in keiner Weise verunziert. Kritzeleien sind keine Schmierereien!"

Nach einiger Zeit erreichten wir den Tempel. Lucius wandte sich zielstrebig einer Seitenwand zu. „Wenn ich mich recht entsinne, ist das hier die ‚Pinwand' der Liebenden. Schauen Sie hier: *amore tuo moreor, pereo, vita, in amore*; ‚ich sterbe aus Liebe zu dir, ich vergehe vor Liebe, mein Leben', schreibt da einer. Und andere kritzeln ähnliche Bekenntnisse dazu." Direkt daneben las ich *suavis amor nostro est animo*, „süß ist die Liebe für unser Herz", und *vale, mea Sava. Fac me ames*, „tschüss, meine Sava, sieh zu, dass du mich liebst". Ähnlich wendet sich ein Secundus an seine Prima: *rogo, domna, ut me ames*, „ich bitte dich, Herrin, mich zu lieben". *Tibi contingat semper florere, Sabina*, wünscht ein anderer: „Möge es dir vergönnt sein, stets zu blühen!"

Leidenschaftlich wünscht sich ein Liebhaber: *o utinam liceat collo complexa tenere braciola et teneris oscula ferre labellis*, „möge es mir erlaubt sein, meine Arme um deinen Hals geschlungen zu halten und Küsse auf deine zarten Lippen zu pressen". Kann man Liebende für ihre Leidenschaft schelten? Sicher nicht, ist sich ein Schreiber sicher: *alliget hic auras, si quis obiurget amantes, et vetet assiduas currere fontis aquas*, „wenn einer Liebende schilt, könnte er ebenso gut die Winde fesseln und dem Quellwasser verbieten, immerzu zu fließen". Ein spontaner Einfall war diese Einsicht gewiss nicht, denn sie kam in der metrischen Form eines elegischen Distichons daher. Wie so manche anderen Kritzeleien: Liebespoesie über das Medium Graffiti – das hat doch was. Darunter war sogar Abschreckendes: *si quis forte meam cupiet violare puellam, illum in desertis montibus urat Amor*, „wenn einer etwa meinem Liebchen auflauern will, dann soll Amor ihn in einsamem Gebirge verbrennen". Insgesamt aber überwogen die positiven Kommentare. Besonders hübsch fand ich *amantes ut apes vitam mellitam exigunt*, „Liebende führen wie Bienen ein honigsüßes Leben". Was allerdings nicht jedem einleuchtet. Eine andere Hand hat direkt dazugeschrieben: *velle!*, „hättest du wohl gern!".

Auffällig war, wie Männer dieses Graffiti-Terrain dominieren. Ich fragte Lucius danach. – „Das ist nicht so erstaunlich", erwiderte er,

„denn viel weniger Frauen können schreiben, und außerdem erlegt die Moral Frauen eine größere Zurückhaltung in der Öffentlichkeit auf. Da gehört schon Mut dazu, sich als Frau hier hinzustellen und ein Liebesbekenntnis abzulegen. Aber schauen Sie mal hier“ – er deutete mit dem Finger auf eine Kritzelei: „*Methe Cominiaes Atellana amat Chrestum*; ‚die Schauspielerin Methe, Sklavin der Cominia, liebt Chrestus‘. Oder hier“ – Lucius wies auf einen „Spruch“ weiter unten. „Typisch Frau: *Virgula Tertio suo: indecens es*; ‚Virgula an ihren Tertius: du bist unanständig‘. Aber wer weiß, wer das wirklich geschrieben hat ... Da schlüpfen so manch eine Schreiberin und manch ein Schreiber in eine fiktive Gestalt und wechseln das Geschlecht.“

Als ich den Liebes-Cluster weiter durchforstete (und mir Notizen machte), stieß ich auf eine sehr sympathische Äußerung. „Schauen Sie, Lucius: So soll es sein – *virum meom vendere nolo*, ‚ich will meinen Mann nicht verkaufen‘.“ – „Das ist ja auch das Schöne an dieser Textsorte“, schmunzelte Lucius: „Sie ist offen für alle möglichen Deutungen und erlaubt auch spontane Kommentare, mündliche wie schriftliche; Zauberwort ‚interaktiv‘.“

„Na, Sie sind ja up to date in literaturwissenschaftlicher Terminologie“, lobte ich ihn. „Oh Entschuldigung, wieder ein Barbarismus. Ich korrigiere: modern. Das ist ja wohl gutes altes Latein.“ – „Manchmal kommen Sie mir schon etwas skurril vor“, merkte Lucius an. „Das ist übrigens auch gutes altes Latein: *Scurra* ist der Spaßmacher.“

„Es gibt schlimmere Komplimente“, gab ich zurück. „Aber in diesem Zusammenhang hätte ich noch eine Frage. Wenn ich der Spaßmacher bin – was machen *Sie* eigentlich beruflich?“ – „Ich bin freiberuflicher *scriptor* oder *pictor*, wie Sie wollen.“

„Schreiber und Maler – das müssen Sie erklären.“ – „Ich trage Werbebotschaften auf Wandflächen auf, zum Beispiel Ankündigungen von Gladiatorenkämpfen. Der Veranstalter legt natürlich Wert darauf, seine ‚Wohltaten‘ bekanntzumachen und die Menschen dazu einzuladen. Außerdem Werbeparolen aller Art – von speziellen Produkten eines Ladens bis zur Ankündigung von Auktionen, manchmal auch Miet- und Verkaufsangebote von Wohnungen.“

„Ich verstehe. So etwas kenne ich von Reklametafeln an Hauswänden. Sie aber tragen die ‚Botschaften' direkt auf die Wände auf?" – „Genau. Schauen Sie dahinten: eine Werbung für ein kleineres Badehaus. Stammt von uns. Mein Kollege weißt die Wände – *dealbator* heißt er in der Fachsprache, Tüncher –, und ich trage dann in großen schwarzen oder roten Lettern den Text auf. Alles natürlich in Absprache mit den Hausbesitzern."

„Daher also Ihre intimen Kenntnisse, wo Wände schon durch Kritzeleien ‚besetzt' sind." – „Natürlich schauen wir uns die Flächen vorher genau an, die infrage kommen. Sie tun Ihren Kunden ja keinen Gefallen, wenn Sie die Kritzeleien übertünchen und die Schreiber da despektierlich behandeln. Wir wollen keinen Ärger, deshalb prüfen wir, wo es passt, und nehmen dann Kontakt mit dem Gebäudeeigentümer auf."

„Und im Nebenberuf kritzeln Sie selbst Wände voll …" – „Nennen wir es lieber ‚Hobby', auch wenn das wieder so ein Barbarismus ist. Der hat aber im Lateinischen keine rechte Entsprechung. Außerdem beschränke ich mich auf die Förderung ‚meiner' Gladiatoren. Also der Kämpfer, die ich toll finde und deren Erfolg ich will. An dem übrigen Kritzelzeug beteilige ich mich nicht."

„Könnte man ‚Förderung' auch durch ‚Promotion' ersetzen?" – „Sie können es nicht lassen. Aber gut, ‚Promotion' haben die Britanner aus dem Lateinischen ‚geklaut', *promovere*, nach vorn bringen, darum geht es mir tatsächlich. Aber ich mache das rein privat, stehe nicht im Sold einer Gladiatorenschule oder eines Spielgebers."

„Ich beneide Sie. Diese enge Verbindung von Beruf und Hobby finde ich faszinierend. Auch wenn da zwei Welten des Schreibens aufeinandertreffen." – „Das stimmt. Aber beides beruht auf der Grundüberzeugung von mir, die Sie arrogant finden mögen: ‚Wer schreiben kann, hat mehr vom Leben!'."

Wie hätte da ausgerechnet ich widersprechen sollen? Lucius hatte einen Punkt gemacht, wie man heute sagt. Oder in seiner Sprache: ein *punctum*. Ich bedankte mich bei ihm ganz herzlich für seine Kritzeleien-Führung. Und versprach, dass ich künftig die Augen weiter offen halten würde für Graffiti – gerade dort, wo man sie gar nicht vermutete, aber auch für Werbebotschaften von ihm und seinen Kollegen, die sehr viel auffälliger waren als die unscheinbaren Kritzeleien und die daher künftig zu Recht den Namen ‚Dipinti', Malereien, beanspruchen würden.

19 Im Gespräch mit Fortunata, Edelprostituierte: „Säulenhallen werden erotisch unterschätzt."

Bummeln, flanieren oder, wie man früher sagte, lustwandeln in Rom? Vergessen Sie's – jedenfalls im Hinblick auf normale Straßen! Da ist so viel los, dass Sie froh sein müssen, überhaupt im Verkehr voranzukommen und von Fuhrwerken nicht angefahren zu werden. Baustellen ohne Ende, Mega-Fußgängerstaus, Händler, die ihre Waren auf den Straßen verkaufen und Bürgersteige gern mit „Sonderangeboten" vollstellen – das ist oft ein einziges Chaos. Oder, lateinisch gesprochen, eine unüberschaubare *turba*, die sich da durch die City ergießt. Das deutsche „Trubel" ist nicht zufällig ein Lehnwort zu *turba*.

Wer sich wirklich mal von der Hektik der Großstadt erholen will, sollte seine Zuflucht zu einer der vielen Säulenhallen nehmen, die Rom schmücken. Sie haben geradezu Oasencharakter. Meist sind sie nur über ein paar Stufen zu erreichen, sodass Wagen darin gar nicht fahren können, und nur wenige Fußgänger passieren sie als Abkürzungen. Bei einigen wird der Zugang auch von Kustoden kontrolliert – nicht zuletzt wegen der Kunstschätze, die in ihnen ausgestellt sind. Nicht alle Beutekunst aus Hellas und anderen Ländern des Ostens ist nämlich in den Stadtpalästen und Landvillen der Reichen verschwunden; manche Skulpturen, Gemälde alter Meister und andere Kunstwerke werden dem Volk auch in der „Wunderwelt" der Portiken präsentiert; *amoenitas*, „Ästhetik", ist zum Teil geradezu Programm.

Außerdem sind in manche Säulenhallen sehr schöne Grünanlagen integriert: Buschpflanzungen und kleine Baumalleen, sogar Weinstöcke und dazu Springbrunnen und andere Wasserspiele. Säule und Platane, üppige Marmorpracht und lebendige Vegetation, kulturelle Schätze und natürliche Anmut – eine attraktive Mischung, um den Stress der Großstadt für einige Zeit abzuschütteln. Meine römischen Bekannten zählen die Portiken folgerichtig zum Freizeitbereich: Das Promenieren dort ist *otium* wie Baden, Sport oder Plaudern. Man spricht von einer *otiosa turba* in den Säulenhallen, von „Menschen im Freizeitmodus".

Meine Lieblingsportikus ist die Säulenhalle des Pompeius, ein prächtiges Säulengeviert, das zum Komplex des ältesten steinernen Theaters in Rom gehört. Weil das Theater damals als sittengefährdender Ort galt, gegen den die überzeugten (oder zumindest sich überzeugt gebenden) Anhänger des *mos maiorum* Sturm liefen, hatte Pompeius es als eine Art Anhang zu einem Venus-Heiligtum getarnt. Das Statuenprogramm der Säulenhalle ist daher auch dem Herrschaftsbereich der Liebesgöttin angepasst. Neben Standbildern berühmter Dichterinnen wie Sappho, Corinna und Melanippe stehen dort Statuen von Frauen des Mythos, die besondere amouröse Beziehungen eingegangen sind wie zum Beispiel Pasiphaë, die sich mit einem Stier gepaart und den Minotaurus zur Welt gebracht hat. Eine dritte Gruppe erinnert an berühmte Hetären der griechischen Welt: Unter anderem beleben die Edelprostituierten Neaira und Lais, Pannychis und Phryne die Porticus Pompei.

Man könnte insofern von einem erotischen Genius loci sprechen. Und tatsächlich haben sich die Säulenhalle des Pompeius und die anderen Säulenhallen zu beliebten Flirt-Treffpunkten entwickelt. Auf der Suche nach einem Mädchen? Ovid, der berühmteste literarische Lehrmeister der Liebe, rät dazu, zunächst einmal durch die Portiken zu schlendern: Das sei gewissermaßen die erste Adresse, um zarte Bande zu knüpfen – für Männer wie für Frauen. Oder aber, wenn man nicht in Versuchung geführt werden wolle, eine unglückliche Liebe fortzusetzen, sich in Säulenhallen *nicht* blicken zu lassen.

Wer etwas genauer hinschaut, stößt tatsächlich auf Herren und Damen, die sich – bewusst oder unbewusst – an die Tipps des „Liebeslehrers" halten, indem sie beim Flanieren das Terrain entsprechend sondieren, auch wenn das nicht der beherrschende Eindruck in einer Säulenhalle wie der Porticus Pompei ist.

Mir hingegen stand nicht der Sinn nach amourösen Abenteuern. Das änderte sich auch nicht, als mich bei einem meiner Spaziergänge eine hübsche Frau unvermittelt ansprach: „Na, so ganz allein unterwegs? Ausgerechnet hier im Reich der Venus ohne weibliche Begleitung?" Ich schaute sie erstaunt an. Dass man von Frauen direkt angesprochen wird, ist – außer wenn es ums Verkaufen von Waren geht – sehr ungewöhnlich in Rom. Es dämmerte mir schnell, dass hier eine besondere „Ware" angeboten wurde. Die Dame war stark geschminkt, roch nach – recht teurem – Parfüm und trug eine gelbe Toga. Sie war sehr aufwendig frisiert und bewegte sich ziemlich elegant, aber irgendwie auch ein bisschen aufreizend. „Darf ich Sie ein Stück begleiten?", fragte sie, noch bevor ich auf ihre ersten Fragen antworten konnte. Mir war klar, dass sich da eine *meretrix*, Prostituierte, an mich heranmachte. Ich sah, wie sie zwei anderen, ähnlich aufgemachten jungen Frauen zuwinkte, die ebenfalls in der Säulenhalle spazieren gingen und offenbar nicht ungern angesprochen wurden. Andererseits entsprach diese Frau so gar nicht dem üblichen Bild, das man in Rom von käuflichen „Mädchen" hat, die leicht bekleidet in sehr kurzer Tunika vor Hauseingängen sitzen und auf bürgerliche Umgangsformen deutlich weniger Wert legen.

„Mein Freund hat mich kürzlich verlassen – ein Schiffskapitän, mit dem ich ein paar schöne Wochen zusammen war", erklärte sie mir ganz unverblümt, „ein großzügiger Mann, der mich mit Geschenken überhäuft hat. Aber nun ist er weg, neues Geld verdienen. Und ich bin allein. Und wenn Sie es auch sind, könnten wir uns doch gemeinsam eine angenehme Zeit machen."

Ich war perplex, wie deutlich mir da ein Antrag gemacht wurde, der offenkundig sexuelle Dienstleistungen gegen großzügige Geschenke anbot. „Sie suchen einen festen Freund, wenn ich recht verstehe?", fragte ich vorsichtig. – „Wir sind ja beide erwachsen", entgegnete sie. „Deswegen können wir offen sprechen: Sie gefallen mir, aber mir gefallen vor allem großzügige Männer. Wenn Sie einer sind, werden wir uns gut verstehen."

„Ich denke, ich sollte Ihnen genauso klar antworten, wie Sie sprechen", sagte ich. „Ich glaube schon, dass ich großzügig bin, aber nicht in der Weise, wie Sie es meinen. Ich brauche keine *amica*, Freundin, dieser Art. Aber ich finde Sie durchaus sympathisch", fügte ich hinzu, „und ich komme aus Germanien und möchte die römischen Sitten näher kennenlernen. Deshalb würde ich mich über ein längeres

Gespräch mit Ihnen freuen – wenn Sie dafür Zeit haben. Ich bedaure, dass ich Ihnen als *amicus* nicht zur Verfügung stehen möchte, und habe natürlich Verständnis, wenn Sie unter diesen Umständen an einem weiteren gemeinsamen Spaziergang kein Interesse haben." – „Klare Worte – und eine ungewöhnliche Absage", erwiderte sie. „Aber ein Germane – das klingt spannend. Und ich will der Völkerverständigung nicht im Wege stehen." Sie lachte. „Wissen Sie, dass wir etwas gemeinsam haben?"

„Verraten Sie es mir." – „Meine Haare" – sie deutete auf ihre in der Tat ungewöhnlich blonde Frisur – „stammen aus demselben Land wie Sie. Sie werden es ja nicht weitersagen: Das ist eine Perücke, die ich von meinem Coiffeur teuer gekauft habe: edle germanische Ware, hat er mir versichert."

„Und perfekt angepasst. Ich wäre nie darauf gekommen, dass es sich dabei um einen künstlichen Haarschopf handelt." – „Teilweise künstlich, mein Lieber! Ich habe ja keine Glatze!"

„Entschuldigen Sie; ich wollte Ihnen nicht zu nahe treten." – „Ja, leider. Das haben Sie ja schon deutlich zum Ausdruck gebracht."

„Kann man sagen, dass Sie die Säulenhalle hier als eine Art Kontakthof nutzen?" – „Sagen wir lieber, dass ich hier einen Mann suche, dem ich eine aufmerksame *amica* sein darf."

„Oder, griechisch ausgedrückt, eine Hetäre, Begleiterin, wie die berühmtesten Vorgängerinnen, die als Statuen gewissermaßen Pate stehen?" – „So könnte man das formulieren."

„Sie grenzen sich damit also deutlich von den *puellae*, Mädchen, ab, die überall in Rom auf Kunden warten?" – „Sie meinen die *puellae* an den Theatern, am Circus, am Vicus Tuscus, vor den Tempeln oder sogar an den Gräbern gleich außerhalb der City, die sich für ein paar Augenblicke verdingen?"

„Ja, man stößt ja überall auf sie. Wenn ich recht sehe, auch hier in der Säulenhalle." – „Das ist, verzeihen Sie, unterste Schublade. Mädels, die sich für zwei As oder so anbieten. Massenware gewissermaßen. Beherrschen *die* Konversation, können die witzig sein, können die singen und tanzen? Kann man die auf Partys mitnehmen? Sind die vorzeigbar?"

„Ich verstehe, was Sie meinen. Aber ich habe keine Erfahrung und kann nichts dazu sagen. Ich habe nur gehört, dass zwei As tatsächlich der Normaltarif für eine flüchtige sexuelle Dienstleistung sein sollen. Darf ich fragen, wo bei Ihnen der Preis liegt? Und wie Sie heißen?" – „Nennen Sie mich Fortunata."

„‚Die Glückliche'! Ein verheißungsvoller Name! Aber vermutlich nicht der echte?" – „In diesem Gewerbe benutzen die meisten Frauen Künstlerinnen-Namen. Bleiben wir bei Fortunata. Ich habe ja schon klargestellt, dass ich an längerfristigen Engagements als *amica* interessiert bin. Aber wenn Sie unbedingt einen ‚Kurztarif' wissen wollen: 23 As."

„Also fast das Zwölffache dessen, was Ihre ‚Kolleginnen' verlangen … Aber mir steht es nicht zu, das zu werten. Es geht mir mehr um Informationen. Landeskunde, wenn ich so sagen darf. Wenn mich jemand bei mir zu Hause fragen sollte." – „Für eine *puella* mit Klasse müssen Sie in Germanien wahrscheinlich ebenfalls deutlich mehr hinlegen. Bei mir bekommen Sie dafür auch ein Wohlfühl-Ambiente, keine schäbige *cella meretricia* im Souterrain, kein schmuddeliges Bordellmilieu mit gemauerten Liegen, Kassierer vor der Tür und Schnellsex im Viertelstundentakt. Mein Atelier liegt in einer erstklassigen Wohngegend, ist komfortabel, sauber und einladend. Natürlich ziehe ich auch gern in die Wohnung meines Freundes mit ein – wenn er das wünscht und wirklich solo ist."

„Sie suchen Ihre Kunden, pardon, Ihre *amici*, üblicherweise in Portiken?" – „Ein kultiviertes Ambiente ist mir wichtig; da treffen Sie auch am ehesten auf kultivierte Menschen. Säulenhallen werden in erotischer Hinsicht von vielen unterschätzt. Ich habe da schon manchen *amicus* kennengelernt."

„So wie es auch anderen Kolleginnen von Ihnen geht? Wenn ich vorhin richtig gedeutet habe, haben Sie zwei Damen ein Zeichen gegeben." – „Sie sind ein sehr guter Beobachter. Ja, gelegentlich flanieren wir hier zu zweit oder dritt. Die Herren haben dann eine größere Auswahl."

„Sind Sie eigentlich steuerpflichtig? Beziehungsweise stimmt es, dass käufliche Damen seit einiger Zeit einen Teil ihrer Einnahmen an den Fiscus abführen müssen?" – „Prostituiertensteuer, seit Kaiser Caligula: Ein Beischlaf pro Tag sozusagen an die Staatskasse. Da kommt hübsch was zusammen, wird auch von den Prätorianern ziemlich streng kontrolliert. Die Mädels müssen sich ja auch als Gewerbliche registrieren lassen. Da ist es besser, Sie versuchen nicht, durch die Maschen des Gesetzes zu schlüpfen. Aber *mich* betrifft das nicht. Ich spiele als *amica* in einer anderen Liga."

„Auch wenn Sie den – entschuldigen Sie – Tarif von 23 As bekommen?" – „Das wäre ein Grenzfall. Kommt aber so gut wie nie vor. Geschenke sind dagegen nicht steuerpflichtig. Wüsste ich jedenfalls nicht. Zumal ich hohe Ausgaben habe. Sehen Sie mich an: Ein geschmackvolles Äußeres gibt's nicht zum Nulltarif."

„Sodass Sie vermutlich auch nicht in die Feierlichkeiten am Floralienfest einbezogen sind?" – „Jupiter bewahre! Damit habe ich nichts zu tun! Das haben Sie aber hübsch umschrieben mit ‚Feierlichkeiten'. Die Mädels müssen da auf offener Bühne einen Striptease hinlegen und werden dabei von einer Horde grölender, betrunkener Männer angefeuert. Schrecklich! Und echt peinlich für alle Beteiligten. Auch für die Zuschauer, finde ich. *Ioci* nennen die das, Scherze. Aber wenn Sie registriert sind, haben Sie keine Chance, sich diesem Treiben zu entziehen. Sehr lustig!" Sie schüttelte sich. „Haben Sie das Spektakel schon mal mit eigenen Augen gesehen?"

„Leider nein. Es würde mich schon interessieren, auch wenn das nicht Ihre Billigung findet. Ich bin allerdings nicht sicher, ob ich im nächsten Mai noch hier sein werde." – „*Ich* werde dann sicher nicht hier sein! Bevor da irgendjemand auf dumme Gedanken kommt, verbringe ich die Floralia-Tage lieber auf dem Land."

„Sie sind eine bemerkenswerte Frau, wenn ich das so sagen darf: selbstständig und selbstbewusst." – „Und eine, die ihren Lebensunterhalt selbst verdient. Eine echte *meretrix*. Ich mag den Begriff nicht, aber er trifft es in einer bestimmten Weise."

„Eine ‚Prostituierte'? Aber Sie haben doch gerade überzeugend dargelegt, dass Sie *keine* seien." – „Ich halte mich mehr an die ursprüngliche Bedeutung. Das ist die ‚Verdienerin', die Frau, die ihr eigenes

Einkommen ‚verdient'. Von *mereri*, ‚verdienen', abgeleitet. In diesem Sinn würde ich mich als *meretrix* bezeichnen wollen. Sonst aber als *amica*, das haben Sie ganz richtig gesehen."

„Meine spezielle *amica* von der Säulenhalle des Pompeius ..." – „Überlegen Sie es sich, ob wir das nicht auf eine dauerhaftere Grundlage stellen können. Ich bin morgen wieder hier. Und vergessen Sie nicht: Säulenhallen werden erotisch unterschätzt."

„Leben Sie wohl! Und viel Erfolg! Vielleicht treffen Sie ja auf einen neuen Catull, einen Tibull oder einen Properz, der Sie als seine *puella* unsterblich macht." – „Besser nicht! Finanziell können Dichter mit Kaufleuten, Kapitänen und Großgrundbesitzern nicht mithalten. Da muss man Prioritäten setzen. Literarischer Ruhm macht nicht satt."

20 Im Gespräch mit Seneca, Staatsmann und Philosoph: „Das ist Weisheit: sich der Natur zuzuwenden …"

Wie kam ich als schlichter Couchsurfer zu einem Gespräch mit dem führenden Kaiserberater Seneca, der zum Zeitpunkt meiner Romreise zugleich der prominenteste Philosoph war? Es war im Wesentlichen purer Zufall – und im richtigen Moment ein sehr hilfreiches Kompliment. Die Sitte, sich innerhalb der Oberschicht gegenseitig ständig zu Partys einzuladen und dazu auch nicht eingeladene interessierte oder interessante Gäste mitzubringen, führte dazu, dass ich Zugang zu ziemlich exklusiven Zirkeln bekam – weil manche meiner Gastgeber diesen Zirkeln angehören. Ich wurde mitunter als „Exot" regelrecht weitergereicht. Man fand es „spannend", einen germanischen Barbaren zu Gast zu haben, der sich für die römische Zivilisation wirklich zu interessieren schien und deren Sprache leidlich beherrschte. Und so kam ich auf einer dieser Gesellschaften mit einem von Senecas Sekretären ins Gespräch.

Er war erstaunt, dass die Werke seines Chefs in Germanien überhaupt zur Kenntnis genommen würden. „Das ist jetzt aber ein Understatement, zu dem Römer sonst ja nicht so neigen", merkte ich einigermaßen keck an. „Tatsächlich sind Senecas Schriften sehr weit verbreitet, und er spielt als Denker vor allem in Sachen anspruchsvoller Lebenshilfe, wenn ich so sagen darf, eine gewichtige Rolle. *De vita beata*, „Das glückliche Leben", ist geradezu ein Hit auf dem germanischen Buchmarkt. – „Germanischer Buchmarkt – so etwas gibt es?", fragte der Sekretär zweifelnd.

„Glauben Sie es mir einfach …" – Und dann gelang mir gleichsam der *lucky punch*, indem ich vorschlug: „Noch lieber wäre es mir, wenn ich dem verehrten Meisterdenker selbst berichten dürfte, wie berühmt er bei uns ist. Und ihm ein paar Fragen zu aktuellen Herausforderungen stellen dürfte, vor denen wir zurzeit in Germanien stehen. Ich könnte Senecas Antworten im Rahmen meiner Möglichkeiten in meiner Heimat auch öffentlich machen." – „Das hört sich interessant an", erwiderte der Sekretär. „Und eine kleine Schwäche hat der große Seneca schon: Er möchte ja tatsächlich möglichst viele Menschen an seinen Gedanken teilhaben lassen. *Rectum iter aliis monstro*, sagt er, wenn man ihn auf seine enorme literarische Produktion anspricht: ‚Ich zeige anderen den richtigen Weg'. *Gloria*, Ruhm, ist für ihn natürlich wie alle Zufallsgüter Schall und Rauch. Aber tief in seinem Inneren ist er doch ein echter Römer, der sich – sagen wir – über Reichweite freut. Ich verspreche, ich werde ihn auf Ihre Bitte ansprechen. Vielleicht findet er ja Zeit für Sie."

Das hörte sich nicht nur nach typischem Party-Geschwätz an, wie man lästige Bittsteller höflich loswird und abwimmelt, fand ich damals. Und mein Eindruck war richtig. Ein paar Tage später erhielt ich von einem Boten die Nachricht, Seneca wolle mich am nächsten Tag um die Mittagszeit in seinem Wohnhaus empfangen.

Senecas Domizil, ein sehr weitläufiges, zweistöckiges Stadtpalais, liegt unweit des Palatins. Alle Personen, die es betreten wollen, werden vom Sicherheitspersonal freundlich, aber sehr genau kontrolliert. Am Eingang empfing mich der Sekretär, auf dessen Vermittlung mein Besuch zustande gekommen war. Er führte mich in eine große, hervorragend ausgestattete Bibliothek mit Hunderten von Buchrollen – mindestens, denn in manchen geschlossenen Schränken mochten weitere kostbare *volumina* lagern.

Nach wenigen Augenblicken erschien der Hausherr. Er begrüßte mich auf herzlich-joviale Weise. „Sehr viel Zeit habe ich leider nicht", entschuldigte er sich allerdings direkt, „der Palast erwartet mich am frühen Nachmittag. Es ist mir ein bisschen unangenehm, Sie hier in sehr opulenten Räumlichkeiten zu empfangen. Ich habe Sorge, dass das einschüchternd auf einen germanischen Besucher wirkt. Wenn ich recht unterrichtet bin, ist der Komfort germanischer Häuser etwas limitierter. Sagen jedenfalls unsere Ethnologen. Deshalb möchte ich vorschlagen, wir gehen in die *cella pauperis*. Da ist alles ganz spartanisch eingerichtet, da werden Sie sich wohler fühlen."

„*Cella pauperis*?", fragte ich irritiert, „Armenzimmer – was verstehen Sie darunter?" – „Das ist so ein Spleen mancher von uns, wenn sie zur Abwechslung mal ein bisschen Armsein spielen wollen. Wobei *pauper* nicht dasselbe ist wie *egens*, ‚mittellos, bedürftig', sondern eher ‚eingeschränkt' bedeutet, ‚nicht gerade wohlhabend'. Der Architekt dieser *domus* hat darauf bestanden, einen solchen ‚Rückzugsbereich vom Luxus' zu planen, wie er sich ausdrückte. Das sei jetzt große Mode, geradezu der letzte Schrei. Ich persönlich finde es ziemlich affig und habe auch schon mal Standesgenossen, die zum Spaß Armut simulieren, als *dementes* abgekanzelt, als ‚Verrückte'. Andererseits ist es schon eine prägende Erfahrung, mal ein paar Tage sozusagen auf Sparflamme zu leben, eine schlichte Liege zu benutzen, einen groben Mantel zu tragen und hartes Brot zu essen. Sie glauben ja gar nicht, wie viel Sorgen sich viele Millionäre machen. Die leben in ständiger Angst, ob alles so bleibt, ob sie ihren Reichtum nicht durch widrige Umstände einbüßen. Wenn sie dann die Erfahrung gemacht haben, wie wenig schwer es ist, arm zu sein, dann lässt das diese Existenzsorgen verfliegen. Also: Ein bisschen Armutstraining schadet nicht. Im Gegenteil. Und deshalb habe ich meinen Widerstand gegen die *cella pauperis* hier im eigenen Haus aufgegeben und habe den Architekten gewähren lassen. Man könnte das Zimmer ja auch *cella modestiae* nennen, Bescheidenheitszimmer. Das entspräche dann dem Ideal des *modus*, Maßes, das wir Stoiker vertreten."

Wir traten in den schmucklosen Raum ein, in dem eine Liege, ein Tisch mit drei Stühlen, ein Lese- und Schreibpult sowie zwei Truhen standen, und setzten uns. Seneca sagte: „Ich höre von meinem Sekretär, dass man meine Schriften in Germanien zur Kenntnis nimmt und, wenn ich ihn richtig verstanden habe, sogar schätzt. Und dass Sie meine Meinung zu Problemen hören wollen, die Sie im Augenblick bedrücken, und das dann Ihren Landsleuten vermitteln möchten. Lassen Sie uns ohne Umschweife beginnen. Und bedienen Sie sich." Er zeigte auf den Wasserkrug, der auf dem Tisch stand.

„Wir leiden in Germanien zurzeit unter einer Welle von Wut. Wir haben Wutbürger, die extrem unzufrieden sind, obwohl es vielen von ihnen materiell ausgesprochen gut geht, und die auf Andersdenkende zumindest mit Worten äußerst aggressiv losgehen. Und wir haben in bestimmten Bereichen – man spricht von sozialen Netzwerken – vielfach einen Umgangston, der als Hatespeech, *lingua odii*, bezeichnet wird. Alles in allem durchzieht Wut unsere Gesellschaft wie ein Gift. *Sie* vertreten das Prinzip des *secundum naturam vivere*, der Natur gemäß leben. Was meinen Sie: Ist Wut naturgemäß?" – „Wir Menschen sind zu gegenseitiger Hilfe geschaffen. Wir suchen die Gemeinschaft. Das menschliche Leben besteht darin, sich gegenseitig Gefallen zu erweisen und in Eintracht miteinander zu leben. Was aber ist grausamer, was feindseliger als die Wut? Sie will schaden, sie will vernichten, sie ist gierig darauf zu strafen. Was verkennt die Natur mehr als diese grausame und verderbliche Fehlhaltung?

Aber ist es wirklich falsch, auf Strafe zu dringen, wenn gravierende Fehler gemacht werden? Sowohl der Arzt als auch der Gesetzgeber versuchen, zunächst mit Worten – und zwar mit sanfteren – auf diejenigen einzuwirken, die ihren Pflichten nicht nachkommen. Kommen sie damit nicht weiter, greifen sie zu Mahnungen und Vorhaltungen. Erst wenn das zu nichts führt, denken sie an Strafe. Sie strafen aber nicht, weil Fehler gemacht worden sind, sondern damit nicht erneut oder weiterhin Fehler gemacht werden. Über Strafe freut sich auch der Strafende nicht, sofern er ein moralisch anständiger Mensch ist. Wer indes Strafe fordert, weil er wütend ist, findet an der Strafe – und damit an dem Leid des Bestraften – Vergnügen. Das entspricht nicht dem auf Mitmenschlichkeit angelegten Wesen des Menschen. Also ist Wut nicht naturgemäß."

„Wut ist demnach ein asozialer Affekt, wenn ich Sie richtig verstehe, gewissermaßen un-menschlich?" – „Schauen Sie sich doch einen Wütenden an! Vom Rasenden ist er kaum zu unterscheiden: drohender, grimmiger Gesichtsausdruck, finstere Stirn, wechselnde Gesichtsfarbe, flackernde Augen, bebende Lippen, zusammengepresste Zähne, hektischer, gepresster Atem, die Hände zusammengeschlagen, mit den Füßen auf den Boden stampfend, der gesamte Körper erschüttert. Manche haben da ganz richtig von zeitweiligem Wahnsinn gesprochen. Der Wütende ist außer sich, er vergisst jeden Anstand, denkt nicht an bestehende soziale Bindungen, ist für vernünftige Überlegungen unzugänglich. Kurzum – Wut ist ein widerwärtiger Affekt, eine Raserei."

„Andere Philosophen wie Aristoteles meinen, Wut könne auch nützlich sein – als Ansporn für Tapferkeit im Kampf beispielsweise." – „Da sie der Vernunft nicht zugänglich ist, sind der Ratio die Zügel über den Affekt aus der Hand geschlagen worden. Die Wut entwickelt eine verheerende Eigendynamik. Da unkontrolliert, unbeherrscht und unbeherrschbar, reißt sie sich selbst in den Abgrund. Nein, man darf die Wut gar nicht erst in sich aufsteigen lassen, sondern muss sie im Keim ersticken. Der Rückweg zur Rettung ist schwierig, da die Vernunft ja keine Gewalt mehr über die Wut hat. Wut lehnt jedes Maß ab, sie ist zügellos und ungezähmt. Der Wüterich richtet – auch und gerade in Kampf und Krieg – den größten Schaden für sich selbst an."

„Aber man hört so vieles, über das man sich aufregen muss. Darf man da nicht wütend werden?" – „Das meiste Unheil richtet Leichtgläubigkeit an. Nicht alles, was einem an die Ohren dringt, ist glaubwürdig – außer man will es glauben. Dem Verdacht fehlt nie ein schlüssiger Beweis. Was wir ungern hören, glauben wir gern und geraten in Wut, bevor wir zu einem ausgewogenen Urteil kommen. Nur eine kritische Haltung gewöhnt uns daran, nicht alles leichtfertig zu glauben."

„Was wir heute Fake News nennen, *nuntii falsi*, sind demnach Treibmittel der Wut?" – „Ja, und dass viele der Versuchung nachgeben, bei den geringsten Anlässen, bei den banalsten Vorkommnissen, die ihnen nicht passen, in Wut zu geraten. Das beste Gegenmittel ist Zeit. Zeit, um über die Dinge nachzudenken und die Urteilskraft nicht an eine ungestüme Wut abzutreten."

„Wie kann man denn einem weiteren Ausgreifen von Wut und Hass entgegentreten?" – „Am meisten wird es bringen, Kinder von Anfang an in einer heilsamen Weise zu erziehen. Deren Lenkung ist schwierig, weil wir auf zwei Dinge gleichzeitig achtgeben müssen: nicht die Wut in ihnen zu nähren, aber auch nicht ihre Anlage abzustumpfen, den jungen Menschen zwischen Überheblichkeit und Jähzorn hindurch zu geleiten. Bei Wettkämpfen soll er sich nicht einfach besiegen lassen, aber auch nicht in Wut geraten. Er soll nicht verwöhnt werden, denn nichts befördert Wut so sehr, wie wenn jemandem ständig alles nachgesehen wird. Nichts soll der junge Mensch im Zorn ertrotzen. Man sieht doch: Je höher einer steigt, umso mehr lässt er seiner Wut freien Lauf."

„Interessante These. Wenn man das weiterdenkt, heißt das ja: Je besser es jemandem geht, umso eher lässt er sich gehen, wird zum Wutbürger und schlägt verbal um sich, wenn ihm etwas nicht passt oder die ganze Richtung seiner Meinung nach nicht stimmt. Aber wie soll man als Betroffener mit Beschimpfungen und mit Hatespeech umgehen?" – „Hohn und Spott der Mitbürger gleichmütig ertragen und ebenso Beschimpfungen, die in der Volksversammlung oder im Senat über einem ausgeschüttet werden."

„Also sich einfach nicht beleidigen lassen und schon gar nicht verbal zurückkeilen?" – „Wesen eines hochherzigen Geistes ist es, über Beleidigungen mit Geringschätzung hinwegzugehen. Die schimpflichste Art der Strafe ist es, wenn jemand gar nicht wert erscheint, bestraft zu werden. Edel ist der, der wie ein großes wildes Tier das Gekläffe winziger Hunde hört, ohne sich aus der Ruhe bringen zu lassen. Kleinlich und erbärmlich ist es, einen, der beißt, zurückzubeißen."

„Sie wollen mit Ihrem Appell gewissermaßen die Infektionsgefahr reduzieren; Wut ist Ihrer Meinung nach hochgradig ansteckend?" – „Andere Fehlhaltungen erfassen die Menschen einzeln, Wut aber ist der einzige Affekt, der in die Öffentlichkeit eindringen kann. Oft hat sich der Zorn in einem Volk gemeinsam Bahn gebrochen. Und von ganz wenigen Worten aufgehetzt, waren Männer und Frauen, Jung und Alt, Hoch und Niedrig sich einig, und die ganze Masse hat sogar den Aufhetzer überholt."

„Was ist also zu tun? Aufklärungsarbeit?" – „Es ist dringend notwendig, die Scheußlichkeit und Wildheit der Wut darzulegen und sich vor Augen zu führen, wie viel Scheusal in einem wütenden Menschen steckt."

„Wer sich auf diese Weise klarmacht, welches Wutpotenzial in ihm lauert, kann und sollte sich steuern, empfehlen Sie?" – „Es ist leicht, seine Affekte zu unterdrücken, sobald sie sich regen. Die Anzeichen gehen einer Krankheit voraus. Es gibt bei der Wut wie bei Sturm und

Regen mancherlei Vorboten. Und es ist hilfreich, seine Krankheit zu kennen und ihre Kräfte zu bekämpfen, sobald sie sich rühren. Man muss wissen, was an einem selbst schwach ist, um sich am besten dagegen zu schützen."

„Wie geht man mit Provokationen um?" – „Es ist wenig hilfreich, alles zu sehen und alles zu hören. Viele Beleidigungen gehen an uns vorbei. Die meisten davon treffen den nicht, der sie gar nicht wahrnimmt. Du willst dich gegen Wut wappnen? Sei nicht neugierig! Wer sich erkundigt, was gegen ihn gesagt worden ist, wer übler Nachrede nachgeht, auch wenn sie im Verborgenen geblieben ist, versetzt sich selbst in Unruhe. Manches muss man einfach von sich wegschieben, über manches kräftig lachen, manches dem anderen einfach ‚schenken'. Oft kommt die Wut zu uns, öfter aber kommen wir zu ihr. Kämpfe gegen dich selbst! Wenn du die Wut besiegen willst, kann sie dich nicht besiegen."

„Was sagen Sie denen, die sauer sind, dass sie ein bestimmtes Ziel nicht erreicht haben – beruflich, finanziell, politisch oder in einer persönlichen Beziehung? Dieser Frust lässt viele wütend werden." – „Das ist geradezu unverschämt: Obwohl man vieles bekommen hat, es als Unrecht anzusehen, dass man mehr hätte bekommen können. Danke lieber für das, was du bekommen hast, und freue dich inmitten deiner Annehmlichkeiten, dass es noch etwas gibt, auf das du hoffen kannst. Schau dir an, wie viele hinter dir, und nicht, wie viele vor dir sind! Du machst schlicht die falschen Rechnungen auf."

„Das heißt, wir sollten das Anspruchsdenken aufgeben, mit dem sich so mancher das Leben selbst mies macht?" – „Was hat man davon, Wut anzusagen, als wäre man für die Ewigkeit geboren, und die sehr, sehr kurze Lebenszeit damit zu verplempern? Warum toben wir und bringen unser Leben wie Aufständische durcheinander? Warum hältst du nicht dein kurzes Leben zusammen und machst es friedlich für dich und die anderen? Solange wir atmen, solange wir unter Menschen sind, wollen wir Menschlichkeit üben, wollen wir niemandem Anlass zur Furcht oder zur Gefahr sein. Von Herabsetzungen, Kränkungen, Streit und Zank und Sticheleien wollen wir uns nicht die

Laune verderben lassen: Während wir uns umblicken, wie man so sagt, und uns umdrehen, ist der Tod schon da."

„Ihr Wort in der Wutbürger und Hetzer – und deren Opfer – Ohr! Ich möchte Sie noch auf ein weiteres Problem ansprechen. In Germanien und anderswo diskutieren wir leidenschaftlich, ob wir unserer natürlichen Umwelt zu viel zumuten und damit auf Dauer unsere Lebensgrundlagen gefährden, weil wir sie zu stark ausbeuten. Geben Sie uns als ‚Apostel' des *secundum naturam vivere* bitte ein paar Gedanken dazu mit auf den Weg. Was stellen Sie sich unter Ihrem ‚Slogan' vor?" – „Wir müssen uns an den Weg halten, den die Natur für uns vorgesehen hat, und dürfen nicht von ihm abweichen. Wenn wir ihm folgen, ist alles leicht und ohne Mühe. Alle, die sich indes gegen die Natur stemmen, führen kein anderes Leben als die, die gegen die Strömung des Wassers rudern."

„Das sind aber hier in Rom gar nicht so wenige Oberschicht-Angehörige, scheint mir, die sich vom Pfad des einfachen, ‚natürlichen' Lebens abgewandt haben – falls darunter die Grundbedürfnisse von Menschen zu verstehen sind." – „Die Natur reicht für das, was sie fordert, aus. Die *luxuria*, Genusssucht, hat sich von der Natur losgesagt. Sie reizt sich jeden Tag selbst, wächst in vielen Jahrhunderten und unterstützt mit ihrem Einfallsreichtum Fehlhaltungen. Erst hat sie angefangen, Überflüssiges haben zu wollen, dann sogar ausgesprochen naturwidrige Dinge. Jenes natürliche Maß ist uns abhanden gekommen, das unsere Grundbedürfnisse mit der entsprechenden Abhilfe enden ließ. Mittlerweile gilt es als Primitivität und Armseligkeit, einfach nur das zu wollen, was genug ist."

„Mal eine Frage zu *Ihrer* Gesellschaft: Was halten Sie für ihr Krebsübel?" – „*Avaritia*, Habsucht, Gier. Sie brachte Armut mit sich, und indem sie vieles begehrte, verlor sie alles."

„Hat es die nicht immer gegeben?" – „Es gab ein unentwickeltes Zeitalter. Was war glücklicher als dieses Menschengeschlecht? Sie genossen die Natur gemeinsam, die Natur sorgte wie eine Mutter für ihren Schutz, sie stellte den sorglosen Besitz der gemeinsamen Güter dar."

„Nehmen wir an, diese Rekonstruktion des ‚Goldenen Zeitalters' ist richtig. Dann ist dieser Idealzustand der Unschuld aber nicht wieder erreichbar. Sie vertreten die Meinung, dass der Philosoph gewissermaßen als Anwalt der Vernunft und der Natur seinen Mitmenschen die Maßstäbe für ein ebenso moralisches wie naturnahes Leben vermitteln sollte?" – „Er zeigt sich und den anderen, dass wir das für unseren Lebensunterhalt Notwendige haben können, wenn wir mit dem zufrieden sind, was die Erde auf die Oberfläche gestellt hat. Wenn die Menschheit ihm zuhört, wird sie kapieren, dass der Koch genauso überflüssig ist wie der Soldat."

„Das klingt ziemlich utopisch. Bleiben wir beim Koch. Für ein natürliches Essverhalten in Ihrem Sinne bedarf es keiner elaborierten Kochkunst?" – „Ich habe Hunger. Also muss ich essen. Ob es gewöhnliches Brot ist oder Brot aus feinstem Weizenmehl, hat mit der Natur nichts zu tun. Sie will nicht, dass der Bauch Spaß hat, sondern dass er gefüllt wird. Für mich wird die Grenze für Essen und Trinken dort sein, wo ich die Bedürfnisse der Natur erfülle, nicht dort, wo der Magen vollgeschlagen und wieder entleert wird."

„Und exquisite Lebensmittel aus aller Welt – sollen wir darauf verzichten?" – „Wie lange noch werden viele Schiffe das herbeischaffen, was gerade mal eine einzige Tafel mit Leckerbissen füllt – und das nicht nur aus einem einzigen Meer?! Alles, was uns nützen kann, hat unser Gott und Vater ganz in unsere Nähe gelegt. Er hat nicht darauf gewartet, dass wir es mühselig suchen, sondern hat es von sich aus bereitgestellt. Für unsere Gesundheit steht alles da, für Leckerbissen dagegen muss alles mühselig und aufwendig beschafft werden."

„Die ‚Globalisierung' der römischen Welt mit ihrem überaus regen Handel – halten Sie die auch für eine Verirrung?" – „Unser tiefer, unersättlicher Schlund durchwühlt hier die Meere, dort die Länder. Kein Tier ist vor uns sicher. Und wir erkennen nicht, dass der Hunger größer ist als der Magen? Wer die Lust an exquisiten Speisen verlieren will, sollte einfach auf das schauen, was rauskommt!"

„Nicht sehr appetitlich, was Sie da sagen. Aber das hat wohl Methode. – Darf ich einen weiteren Aspekt ansprechen? Römische

Bauherren, das ist mir immer wieder aufgefallen, sind stolz darauf, die Natur zu zähmen, ihr ihren Willen aufzuzwingen: Man baut mit Vorliebe dort, wo es sich vom natürlichen Terrain her nicht gerade anbietet – auf Bergen, wo erst ein Bauplatz geschaffen werden muss, oder ins Meer hinein. Architekten, Ingenieure und Bauarbeiter leisten Erstaunliches, ja Bewundernswertes. Ein falscher Ehrgeiz?" – „Wie lange noch, und es wird keinen See mehr geben, über den nicht die Giebel von Villen ragen? Keinen Fluss, dessen Ufer keine Bauten säumen? Überall dort, wo sich die Küste zu einer Bucht krümmt, legt man sofort Fundamente für einen Bau und, nicht zufrieden mit einem künstlichen Boden, den man mit seinen Händen geschaffen hat, will man auch noch das Meer hineinleiten. Die Dächer der Häuser mögen an allen Orten leuchtend aufragen, die Menschen mögen vieles, mögen Gigantisches bauen – trotzdem bleibt jeder ein Körper, und zwar ein ziemlich kleiner. Was nützen einem viele Schlafzimmer? Man liegt immer nur in *einem*."

„Ihre Kritik am ‚Landschaftsverbrauch' betrifft nicht die große Masse der Bürger. Angesichts der Kräfteverhältnisse in Ihrer Gesellschaft scheint es mir wenig wahrscheinlich, dass Sie mit Ihren Mahnungen durchdringen. Und Sie fordern ja zudem, wenn ich Ihre Schriften richtig verstanden habe, eine ziemlich radikale Umkehr, eine Orientierung an anderen moralischen und geistigen Werten, eine Rückbesinnung auf die Natur. Betrachten wir Sie einen Moment als Gesellschaftsarzt, als Mahner der Menschheit. Wie würden Sie Ihren Therapie-Ansatz formulieren, wenn möglich, in gewohnt sententiös-‚knackiger' Weise?" – „Das ist Weisheit: sich der Natur zuzuwenden und sich wieder in einen Zustand zu versetzen, aus dem uns der allgemeine Irrsinn vertrieben hat. Ein großer Teil der Gesundung besteht darin, uns von den Wortführern des Wahnsinns loszusagen und uns aus dieser Gesellschaft von gegenseitig schädlichem Einfluss weit zu entfernen."

Doch dann stand Seneca leider plötzlich auf und entschuldigte sich. „Ich muss mich jetzt leider verabschieden. Nero erwartet mich."

„Und damit eine andere Welt", gab ich zurück und bedankte mich für das Gespräch. – „Das können Sie wohl sagen", antwortete Seneca lächelnd. „Und ich bin mir wohl bewusst, dass meine Stellung als Ratgeber des Kaisers und meine Lebensumstände wie etwa dieses nicht gerade naturgemäße Domizil als Gegensatz zu meinem philosophischen Programm wahrgenommen werden können. Ich habe auch nie behauptet, dass ich schon der Weise bin, der ich gern wäre. Ich kenne meine Schwächen und Fehlhaltungen. Und auch mein Defizit an persönlicher Glaubwürdigkeit. Aber das heißt ja nicht, dass die stoische Lehre und die Forderungen für unsere Lebensgestaltung, die sich daraus ableiten, falsch oder obsolet wären. Es wäre sehr schön, wenn Sie Ihren Landsleuten das näherbringen könnten."

Was ich ihm zusagte und hiermit tue. Man muss gewiss nicht mit allem einverstanden sein, was Seneca darlegt. Aber die Lektüre seiner Werke ist gewiss keine Zeitverschwendung, sondern ein Bildungserlebnis im Sinne der Old School. Und eine Form des geistigen Couchsurfings, das dem historiografischen Couchsurfing an Unmittelbarkeit überlegen ist. Die persönliche Begegnung mit Seneca war eindrucksvoll gerade auch in dem – dialektischen? – Spannungsfeld zwischen einer prächtigen aristokratischen *domus* und einer schlichten *camera pauperis*. Aber die Begegnung mit seiner geistigen Welt ist sicher nachhaltiger.

QUELLEN

Abkürzungen: CIL: Corpus Inscriptionum Latinarum; ILS: Dessau, Inscriptiones Latinae Selectae; AE: Année Epigraphique

1. Aulus Umbricius Scaurus

S. 10 *Umbricius Scaurus*: Führender garum-Produzent in Pompeji (Grabinschrift: CIL X 1024=ILS 6366); Haus VII 16, 15 mit Mosaiken und Werbeinschriften im Atrium (AE 1992, 278a-d). Haus in Rom: fiktiv – S. 11 *cave canem*: „Vorsicht, Hund!", Inschrift z.T. mit Mosaik-Abbildung mehrmals in Pompeji; vgl. auch Petron 29, Varro, Men. 143 – *ianitor*: Martial V 22, 9 f.; Juvenal III 183 ff.; Lukian merc. cond. 10 f.; Seneca const. sap. 14, 1 f.; Horaz c. III 14, 23 f. – S. 14 *kostbare Jauche*: Seneca ep. 95, 25 – S.16 *Baelo Claudia*: Sehenswerte Ruinenstadt am Atlantik, u.a. mit Produktionsstätten für garum – S. 17 *Therapeutikum*: Plinius NH XXXI 97

2. Lucius Umbricius Gerulus

S. 20 *Gesprächspartner*: fiktiv – *horrea Albi*: fiktiv – S. 25 *keinen Gaul*: Petron 117, 12 – *Hausfrau*: Juvenal VI 332 f. – *Prostituierte*: Festus p. 22; Historia Augusta Commod. 2 – S. 16 *Berufsverein der urinatores*: CIL VI 1872=ILS 7266 – S. 27 *modius*: 8,7 l; *amphora*: ca 26, 2 l – *Serer*: heute China – S. 28 *griech. Profi-Redner*: Aelius Aristides, Rom-Rede. Sie wurde allerdings erst um 155 vorgetragen; im Folgenden wichtige Aspekte der Rede –S. 29 *Preise für Korn*: Tacitus ann. XV 18, 2 – S. 30 *Roms achter Hügel*: Monte Testaccio, „Scherbenberg", antiker Name nicht bekannt, ca 35 m hoch, ca 53 Millionen Amphoren – S. 30 *100 römische Pfund* = 32, 4 kg. Die Amphore wog ca 30 kg.

3. Hylas

S. 32 *Hylas* wird in einer Grabinschrift erwähnt (CIL VI 37835 = ILS 9348). Er wurde 25 Jahre alt, erzielte mit Viergespannen 21 Siege sowie weitere Platzierungen. Lebenszeit: 1. Jh. Weitere biographische Details sind fiktiv – *Marcus Ateius*: fiktiv – S. 32 *Nero als Anhänger der Grünen*: Sueton Nero 22,1; Martial XI 33 – *Fluchtafeln*: A. Audollent, Tabellae defixionum, Paris 1904, 286 ff. – S. 33 *Neue Rennställe*: Versuch, eine goldene und purpurne factio zu installieren, verläuft im Sand: Suet. Dom. 7, 1 – *Fiscus springt ein*: Cassius Dio LXI 6, 2 f.; Sueton Nero 22, 2 – S. 34 *trigarium*: Plinius NH III 202 – S.35 *primus agitator*: CIL XIV 2884, Z. 2 – S. 37 *Gerüchte um Giftanschläge*: Cassius Dio LIX 14, 5 – S. 38 *mit Anhängern durch Rom ziehen*: Plinius NH XXIX 9 – S. 39 *gloria circi*: So rühmt Martial den Wagenlenker Scorpus (X 53, 1 f.) – S. 41 *genaue Prozentsätze*: Darüber ist nichts bekannt – *nicht mal der Kaiser*: Cassius Dio LXIX 16, 3 – *Juristisches zur infamia*: Digesten III 2, 1 – S. 42 *Zuwendung von Frauen*: Ovid am. III 2, 7 ff.; Tertullian spect. 22, 2 – *Einschreiten gegen licentia*: Sueton Nero 16, 2 – S. 44 *Niederlage des Arminius*: sog. Schlacht im Teutoburger Wald 9 n. Chr. – *anbaggern lassen*: Ovid ars am. I 157 f.; am. III 2, 21 ff. – *Ehrenplätze für Ritter*: Sueton Nero 11, 1; Tac. ann. XV 32 – S. 45 *Blutbad*: Sueton Cal. 26, 4 – *Raserei des Circus*: Tertullian spect. 16, 1; Juvenal IX 144 – *nicht getrennt sitzen*: Ovid ars am. I 135 ff.; am. III 2 – S. 46 *ungeduldig*: Seneca Maior contr. I p. 24 – *Startplätze aussuchen*: Nach M. Junkelmann, Die Reiter Roms, I, 1990, 149 – S. 46 *Doppelschritt* (passus): 1,5 m – S. 48 *Kritiker*: Plinius ep. IX 6, 2 – S. 49 *schrecklicher Unfall*: naheliegende Vermutung, aber nicht gesichert.

4. Antonia

S.50 *Antonia*: fiktive Gestalt – *Werbeschild „Wir haben"*: Ital. Epigrafia digitale XII 7. 3 (2017) – S. 51 *Welche Qualität?* : CIL IV 1679 – S. 52 *acht Fuß*: römischer pes = 29,6 cm – *Fett und Rauch*: Horaz epist. I 14, 21 ff.; sat. II 4, 62 – S. 53 *von Seneca geklaut?*:

Seneca ep. 110, 18 – S. 54 *eingedickter Most*: Rezept nach Apicius V 8, 2; vgl. Athenaios II 54 f. – *merkwürdiger Vogel*: Horaz sat. II 2, 26 – *Gesetz*: Digesten III 2, 4, 2; XXIII 2, 43, 7 ff. – S. 56 *Verbote*: Sueton Tib. 34, 1; Cass. Dio LX 6, 7; Sueton Nero 16, 2; Cassius Dio LXII 14, 2 – *salax taberna*: Catull c. 37, 1

5. Syrisca

S. 59 *Syrisca*: Das Setting sowie einige Motive wurden von der Elegie „Copa" aus der Appendix Vergiliana übernommen. Deren Protagonistin ist eine syrische Schankwirtin – *vergönnt ist*: Zitat Ps.-Vergil Copa 11 ff.; 37 f. – S. 61 *Decke*: Ovid am. I 4, 47 f. – *abpflücken*: Copa 33 – S. 62 *nach draußen*: vgl. CIL IV 3494i – *Würfelkunst*: Sueton Aug. 71; Claud. 39, 1 – *Gerücht*: Sueton Nero 30, 3 – S. 63 *selbst schuld*: Digesten XI 5, 1 pr. – *digitus impudicus*: „schamloser" ausgestreckter (Mittel-) „Finger" – S. 65 *sündige Orte*: Tacitus ann. XIII 25; Historia Augusta Ver. 4, 6 f. – *stehen bleiben!*: Vorlage: Juvenal III 281 ff. – *nur einstecken*: Juvenal III 289 – S. 66 *sic me ...*: „so hat Apollo mich gerettet"; Horaz sat. I 9, 78

6. Orbilius

S. 67 Der *Orbilius* der neronischen Zeit ist fiktiv. Die biographischen Details zum Orbilius des 1. Jh. v. Chr. sind historisch – *plagosus*: Horaz epist. II 1, 70 f.; vgl. Sueton gramm. 9, 4 – S. 68 *Buch*: Sueton gramm. 9, 3 – S. 69 *Schulgeld*: Juvenal VII 215 ff.; 242 f.; Ovid fasti III 829 – *Graffito*: CIL IV 8562 (aus Pompeji) – *Dienstleistung*: Cicero off. I 150 – S. 71 *Zepter der Lehrer*: Martial X 62, 10; XIV 80 – S. 72 *Buchstaben nachziehen*: Quintilian inst. or. I 1, 27 – S. 73 *Nachbar*: Martial IX 68, 11 f. – S. 75 *Leier-Modus*: Augustinus conf. I 13, 22 – *inculcare*: Quintilian inst. or. I 1, 31 – S. 76 *Leidensgeschichte*: Augustinus conf. I 9; I 13 f.; Seneca ben. VI 24, 1 – S. 77 *Gebäck, Buchsbaumbuchstaben, Handführen*: Horaz sat. I 1, 24 ff.; Quintilian inst. or. I 1, 26 f. – S. 77 *innovative Konzepte*: Quintilian inst. or. I 3, 14; I 1, 10 f.; I 1, 26; I 3, 9 – *nemo ...*: Quintilian inst. or. III 1, 6

7. Flavia

S. 80 *Flavia*: fiktive Gestalt – *Südwind, schwere Luft*: Horaz sat. II 6, 18; c. III 29, 12; Seneca ep. 104, 6 – *frische Farbe*: Martial X 12, 8 ff. – *Totengöttin*: Libitinae quaestus acerbae, Horaz sat. II 6, 19 – *Gaius Popilius*: Name auf einem Gefäß aus Ocriculum, ILS 8568 – *Ocriculum*: heute Otricoli – *Meile*: tausend Doppelschritte = 1,5 km – S. 81 Tagesfahrverbot: CIL I^2 593 = ILS 6085, Z. 56 ff. – *Pflaster*: Martial IX 57, 5 – *villa Ocriculana*: Eine solche besaß z.B. Milo, Cicero Milo 64 – S. 82 *Flöhe*: Plinius NH IX 154; Historia Augusta Hadr. 16, 4 – S. 84 *Einblick*: Aufnahme eines Bekannten des Herrn in die Verwalterwohnung bei Columella I 8, 7 – *Kontrolle*: Columella I 8, 18 f. – S. 85 *Großstadt*: Columella I 8, 2 – *Umstellung*: Horaz epist. I 14, 14 ff. – S. 86 *Zähmungskonzept*: Columella XII 1 – *Respekt*: Cato r.r. 143, 1 – *Stellvertreterin*: CIL XI 871 – S. 87 *in ihren Armen*: Columella XII 1, 2 – S. 88 *Arbeitsflüchtling*: Columella XII 1, 5; 3, 7 – *moderne Theorien*: Plinius NH XVIII 36; vgl. Historia Augusta Hadr. 18, 10 – S. 89 *cura*: Columella XII 1, 6 – S. 90 *Melken, Schafschur*: Columella XII 3, 9

8. Simulus

S. 92 *Simulus*: Protagonist des Kleinepos „Moretum" (Kräuterkäsegericht) aus der Appendix Vergiliana. Übernahme des Settings und einiger Motive – S. 95 *Vorurteile*: Plautus Most. 6 ff.; Catull c. 22, 14; Cicero de or. III 42 ff.; Ovid ars am. II 127 f. – S. 99 *Gans*: anders als bei Philemon und Baucis, Ovid Met. VIII 684 ff. – S. 100 *als reicher Mann*: Moretum 79 f. – S. 101 *zu neuem Leben*: Moretum 7 ff. – *Singen*: Moretum 28 f. – *Gewürzkräuter*: Moretum 87 ff. – S. 103 *improbus labor*: Vergil georg. I 140 f.

9. Sergius

S. 106 *Sergius und Eppia*: fiktive Gestalten bei Juvenal VI 82 ff. – *Ankündigungen*: nach einem Dipinto aus Pompeji CIL IV 3884 – S. 107 *Gladiatoren als Lampenverzierungen*: Petron 45, 11 ff. – *cena libera*: nur wenige Quellen dazu verfügbar, u. a. Plutarch Mor. 1099 b; Tertullian Apol. 42, 5; Passio Perpetuae 17. Für Rom ist keine cena libera bezeugt; sie war wohl nur in Landstädten üblich, wo die Spielgeber für ihre Veranstaltungen werben mussten – S. 109 *Schwärmerei*: für Gladiatoren in pompejanischen Graffiti: CIL IV 4342, 4397, 4353, 4556 – *Höcker, triefendes Auge*: Juvenal VI 106 ff. – S. 111 *lanista*: Besitzer einer Gladiatorenschule; geringes Sozialprestige – *brennen, fesseln*: Seneca ep. 37, 1 – S. 113 *man lebt und isst*: Seneca ira II 8, 2 – S. 114 *hordearii*: Plinius NH XVIII 72 – *schlemmen; nicht überlebt*: Plutarch Mor. 1099b

10. Trimalchio

S. 117 Die Cena Trimalchionis („Gastmahl des Trimalchio"), Teil der „Satyrica" Petrons, spielt in einer süditalischen Stadt. Das Geschehen wurde hier nach Ocriculum verlegt. Die Darstellung orientiert sich stark an dem wunderbaren Roman – S. 118 *topiarius*: Cicero ad Qu. fratrem III 1, 5; Digesten XXXII 60, 3 – S. 119 *lavatur*: CIL XIV 4015 = ILS 5720 – S. 120 *silberner Nachttopf*: Petron 27 – *lautitiae ...*: Extravaganzen, feiner Geschmack, ausgefallene Genüsse – *Claqueure*: Sueton Nero 20, 3; 25, 1; Tacitus ann. XIV 15, 5; Cassius Dio LXI 20, 4 – S. 121 *Villendekor*: Petron 29, 3-7 – *Liedchen*: Petron 31, 4 ff. – S. 122 Silbergewicht: Petron 31, 10 – Trimalchios Begrüßungsauftritt: Petron 33 – S. 123 Falerner: Petron 34, 7 – *Skelett*: Petron 34, 8 ff. – *Tierkreiszeichen*: Petron 35-36, 4 – S. 124 *Trancheur*: Petron 36, 5-8 – *Astronomische Expertise*: Petron 39 f. – S. 125 *nächste Einlage*: Petron 40 f. – *Tafeltyrann*: Petron 41, 9 – S. 126 *Trimalchios* Gäste: Petron 38 – *Darmprobleme*: Petron 47, 1-7 – S. 127 *drei Schweine*: Petron 47,8-13 – *kreative Mythologie*: Petron 48, 7 f. – *Schweine-Gag, Prügelszene*: Petron 49 – S. 129 *Erfolgszahlen*: Petron 53 – *Liebling des Herrn*: Petron 71, 11 – *Aufstieg und finanzieller Erfolg*: Petron 76 – S. 130 *Grabmal*: Petron 71,5 – 12 – *Testament*: Petron 72, 1 ff. – S. 130 *Ehekrach*: Petron 74, 8-17 – S. 131 *Frosch zum König*: Petron 77, 5 – *Totenfest, Feuerwehr*: Petron 77, 7- 78

11. Andromachos

S. 134 *Andromachos*: Arzt aus Kreta, Leibarzt Neros, Erfinder des Heilmittels ‚Galene'. Dessen Zusammensetzung schildert er in 174 elegischen Versen – *600 Jahre lang*: So Plinius NH XXIX 11 – S. 135 *Praxisräume*: Beschreibung nach der in Rimini ausgegrabenen domus del medico – *Gefäß in Fußform*: in der domus del medico entdeckt – S. 137 *Mithridaticum zugänglich*: Plinius NH XXV 6 f.; Celsus XVII 16,6 – S. 138 *Schwert*: Gellius XVII 16 – *reich gemacht*: Galen XIV 2; später wurde die ‚Galene' zum ‚Theriac' weiterentwickelt – *ehrenvolle Entwicklung*: A. wurde später Neros Hofarzt – S. 139 *viel Geld herausholen*: Plinius NH XXIX 21 – *Verschwörungstheorie*: Plinius NH XXIX 14 – S. 140 *mildes Hilfsmittel*: Celsus II 11, 5 – *straflos töten*: Plinius NH XXIX 18 – S. 141 *tuto ...*: Celsus III 4, 1 – *Hygiene*: so der „ideale Arzt" bei Galen XVII 144 f. – S. 142 Ärztetribunal: Plinius NH XXIX 11 – S. 144 *Thessalos*: Galen math. med. I 1 ff. – *Leichenträger*: Martial I 30; 47 – S. 145 *eine Stufe mit Handwerkern*: Cicero off. I 151; Varro r.r. I 16, 4 – S. 146 *Verkaufen von Wissen*: Plinius NH XXIX 16; 21; 25 – *Chirurgie*: griech. cheir, „Hand", ergon, „Werk, Arbeit" – S. 147 *Barbaren*: Plinius NH XXIX 14

12. Cyparene

S. 148 Eine ornatrix namens *Cyparene* wird erwähnt in der Grabinschrift CIL VI 9777 = ILS 7420 – S. 149 *Angriff mit der Haarnadel*: Motiv bei Ovid ars am. III 239 ff.; Juvenal VI 491 ff., Martial II 66 – *Gesichtsmaske*: Ovid medicam. 51 ff. – *rutschende*

Maske: Ovid ars am. III 209 ff. – S. 152 *Menschenverächter*: Sklavenhändler galten als betrügerisch und skrupellos (Plinius NH VII, 50; XXI 170); Augustin vergleicht sie mit dem Teufel (serm. 7, 3) – S. 153 *ad statuam confugere (Sklavenasyl)*: Digesten I 12, 1, 1; I 6, 1 f.; Seneca benef. III 22, 3

13. Laelia

S. 155 *Marcus Sutorius*: fiktive Gestalt – *Laelia:* Vestalin bis zu ihrem Tod 62 (Tacitus ann. XV 22, 2), ob virgo Vestalis maxima, ist ungesichert, biographische Details fiktiv – *Anstößigkeit des Mimus*: Ovid trist. II 241 ff.; 497 ff. – S. 157 *1000 Sesterze*: nicht gesichert. Im spanischen Urso lag die Besoldung bei 600 Sesterzen (CIL II 5459 = ILS 6087). In Rom waren die Lebenshaltungskosten deutlich höher – S. 158 *Eid*: Gellius X 15, 31 – *incestum*: Insgesamt sind 22 Fälle bekannt, in 10 davon führte die Untersuchung zur Todesstrafe – S. 159 *König Numa*: Legendärer zweiter König Roms; Plutarch Numa 9-11 – *damals*: 42 v. Chr. (Cassius Dio XLVII 19, 4, glaubwürdiger als Plutarch Numa 10, 3) – *Gerücht*: Vergewaltigung der Vestalin Rubria durch Nero, Sueton Nero 28, 1 – S. 160 *Vestalia*: Ovid fasti VI 249 ff. – *Palladium*: Dionys von Halikarnass II 66, 3 ff.; Plutarch Cam. 20 f.; Plinius NH VII 141; Ovid fasti VI 443 ff. – S. 161 *auspeitschen*: Dionys von Halikarnass II 68; Festus p. 94 L. – S. 162 *Argei*: Ovid fasti V 621 ff.; Festus p. 14 L.; Dionys von Halikarnass I 38, 3. Die Senizid-These ist umstritten – S. 163 *Statuen*: Mehrere solcher Statuen aus der Spätantike sind in situ erhalten – S. 164 *Wettkämpfe der Athleten*: Sueton Nero 12, 4 – *mitgehen*: Prudentius, Symm. II 1091 ff. (allerdings polemisch überzogen) – *Loge*: Sueton Aug. 44, 3

14. Aquillius Aphrodisius

S. 165 *Aquillius Aphrodisius* erscheint in einer in Rom gefundenen Inschrift als dissignator, praeco und magister vici, Bestatter, Herold und Chef eines Viertels (CIL VI 2223). Datierung: eher 2. als 1. Jh. – *griechisches Sprichwort*: Dissoi logoi I 3 – S. 166 *Konzessionär*: für Puteoli und Cumae belegt; für Rom entsprechend geschlossen, aber historisch nicht verbürgt – S. 167 *unentgeltliche Leistung*: so jedenfalls in Puteoli und Cumae – S. 168 *Vorrang*: Digesten XI 8, 45 – S. 169 *Gier*: Seneca ben. VI 38, 4 – S. 170 *Gesang*: Festus s.v. ‚nenia' p. 154 f. L. – S. 171 *freizuhalten*: Zusammenstoß mit einer Prozession: Horaz sat. II 6, 19 – S. 174 *für Männer nicht*: Plutarch Mor. 270d; Herodian IV 2, 3 – *lautes Schluchzen*: Lukian de luctu 12 – S. 175 *théama*: Polybios VI 53

15. Telethusa

S. 178 *Telethusa und Kolleginnen*: fiktive Gestalten – *fallax forum*: Scholien zu Horaz sat. I 6, 113 – S. 179 *matella*: Nachttopf – S. 180 *magister*: Martial I 41, 12 – *Hintern, Hüften*: Juvenal XI 163 f.; Martial V 78, 25 ff. – S. 181 *schlimmer als das*: Juvenal XI 171 f. – *sexy Gades am Rand der Welt*: iocosae Gades, Martial I 61, 9; Horaz c. II 2, 10 f.; Silius Italicus I 141 – S. 182 *Culibonia*: Name in Pompeji bezeugt (CIL IV 8473) – *Prostituiertenname*: Priapea 19, 1 f.; 40, 1; Martial VI 71 – S. 183 *angemacht hat/scharfe Nesseln*: Martial V 78, 26 f.; VI 76, 2 f.; Juvenal XI 167 – *Herrin*: Martial VI 71, 5 – S. 184 *vieles ist abstoßend*: Ovid ars am. III 218 – *laszive Hüften*: Martial V 78, 28

16. Vacerra

S. 185 *Vacerra*: literarische Figur bei Martial XI 77 – S. 185 übel *riechend*: Apuleius Met. I 17 – *necessaria* – erst seit dem 4. Jh. ein gängiger Begriff – S. 186 *Kaiserbild*: Sueton Tib. 58 – S. 187 *um zu speisen*: Martial-Zitat (XI 77) – S. 189 *der Mann*: Die Anekdote verbindet sich mit dem Dichter Lukan (Sueton, vita Lucani) – S. 190 *cacata charta*: Catull c. 36, 20

17. Vatinius

Vatinius: Schuster aus Benevent, später Neros Hofnarr; biographische Details nach: Tacitus ann. XV 34, 1 f.; dial. 11; Cassius Dio LXIII 15; Juvenal V 46; Martial XIV 16 – *wenig Gegenliebe*: vgl. Plinius ep. IX 17, 2 – S. 192 *Boxkampf*: Lukian conv. 17 ff. – *auffällige Nase*: Martial XIV 96; Juvenal V 47 – S. 193 *verwachsen*: Tacitus spricht von einem corpus detortum, einem verkrüpppelten Körper (ann. XV 34, 2) – *spastische Verrenkungen*: Martial VIII 13; Plutarch Mor. 520c; Quintilian decl. 298; Seneca ep. 50, 2 – S. 194 *einäugige Thais*: nach Martial III 8. Martial verwendet allerdings nie Klarnamen – *Cordus*: nach Martial II 57 – S. 195 *Aelia*: nach Martial I 19 – S. 196 *Ruf verlieren*: auctor ad Herennium 14 – S. 197 *Gerücht*: Cassius Dio LXIII 15, 1 – *widerlichste Scheusale*: Tacitus ann. XV 34, 2

18. Lucius

S. 197 *Graffiti*: Sämtliche zitierten Graffiti stammen aus Pompeji (CIL IV) – S. 198 *M. Attilius*: 10238 und 10236 – S. 201 *admiror, paries*: 1904; vgl. 2487 und 2461 – S. 202 *Beleidigungen*: 4833, 2409a, 1949, 2082, 8422, 10243 – S. 203 *Bordell-Graffiti: Posphorus usw.*: 2241, 2265, 2175, 2292, 2194, 2202 – *pedicare volo usw.*: 2210, 8394, 8185 – S. 204 *hic ego*: 2246 – *Tuniken eingekauft usw.*: 10067, 8489, 8972 – S. 205 *Huldigung*: Ovid ars am. I 147 f.; am. III 2, 55 f. – S. 206 *amore tuo moreor (statt morior!) usw.*: 9054, 1791, 2414, 8364, 9171 – *o utinam usw.*: 5296, 1649, 1645, 8408a/b – S. 207 *Methe usw.*: 2457, 1881 – *virum meom*: 3061

19. Fortunata

S. 210 *Fortunata*: fiktive Gestalt in Anlehnung an ein pompejanisches Graffito (CIL IV 8034) – *Sonderangebote*: Martial VII 61 – *amoenitas*: Tacitus ann. XV 40, 1 – *otiosa turba*: Martial XI 1, 9 – S. 211 *erste Adresse*: Ovid ars am. I 67 f.; III 387 f.; rem. am. 627 f. – S. 212 *gelbe Toga*: Dass registrierte Dirnen eine farbige Toga tragen mussten, wird oft vermutet, ist aber nicht sicher belegbar – ähnlich aufgemachte Frauen: Catull c. 55, 10 – S. 215 *Staatskasse*: Sueton Cal. 40 – *Floralienfest*: Ovid fasti V 331 ff.; Martial VIII 674; Valerius Maximus II 10, 8; Seneca ep. 97, 8 – S. 216 *puella-Motiv*: Properz I 8, 17 ff.; II 16; Tibull I 9; Ovid ars am. III 529 ff.

20. Seneca

S. 217 *Lucius Annaeus Seneca*, aus Corduba, Spanien, ca 1-65 n. Chr., stoischer Philosoph, von 54 bis 59 als Erzieher Neros führender Staatsmann Roms, als vermeintlicher Verschwörer zum Selbstmord gezwungen. Bis heute gelten seine Schriften als wichtige Ratgeber zur „Lebenshilfe" – S. 218 *rectum iter*: Seneca ep. 8, 3 – *Stadtpalais*: fiktiv – S. 219 ff. alles Seneca-Zitate – *dementes*: cons ad Helv. 12, 3 – *Existenzsorgen*: ep. 18, 7 f. – *cella pauperis*: Senecas Aussagen zum „Armutstraining" sind belegt; seine eigene cella pauperis ist fiktiv – S. 220 *Wir Menschen*: Zitat Seneca de ira I 5; alle folgenden Zitate aus de ira – *wirklich falsch?*: I 6; I 19, 7; I 6, 5 – *schauen Sie sich*: I 1 – S. 221 *der Vernunft*: I 7,3-8,1; 11 – *das meiste Unheil*: II 24 – *der Versuchung nachgeben*: II 5, 1; 22, 3; 29, – *am meisten*: II 21 – S. 222 *Hohn und Spott*: II 25, 4 – *Wesen*: II 32, 3; 34, 1 – *andere Fehlhaltungen*: III 2, 2 f. – *dringend notwendig*: III 3, 2 – *es ist leicht*: III 10, 2 und 4 – S. 223 *wenig hilfreich*: III 11; 12, 1; 13, 1 – *geradezu unverschämt*: III 31 – *was hat man*: III 42, 2; 43, 1 und 5 – S. 224 *wir müssen*: Seneca ep. 122, 19; alle folgenden Zitate aus Senecas epistulae – *die Natur reicht*: 90, 18 f. – *avaritia*: 90. 38 – *unentwickeltes Zeitalter*: 90, 36 und 38 – S. 225 *es zeigt sich*: 90, 16 – *ich habe Hunger*: 119, 3; vita beata 20, 5 – *wie lange noch*: 60, 2; 110, 10; 110, 15 – *tiefer Schlund*: 89, 22; 110, 13 – S. 226 *wie lange noch*: 89, 21 – *das ist Weisheit*: 84, 68 f.